美国“血流不止”，全球“元气大伤

华尔街的没落

——透析美国次贷危机与中国经济走向

2008 年 9 月是一段令华尔街刻骨铭心的日子，往日叱咤风云的五大投资银行——高盛、摩根士丹利、美林、雷曼兄弟和贝尔斯登——至此全部黯然退出历史舞台。

张 明 郑联盛 著

中国财政经济出版社

图书在版编目（CIP）数据

华尔街的没落：透析美国次贷危机与中国经济走向/张明，郑联盛著. —北京：中国财政经济出版社，2009.1

ISBN 978-7-5095-1148-0

Ⅰ. 华… Ⅱ. ①张…②郑… Ⅲ. ①住房抵押贷款-金融危机-研究-美国 ②经济-研究-中国 Ⅳ. F837.124 F12

中国版本图书馆 CIP 数据核字（2008）第 202762 号

责任编辑：付克华　　责任校对：李　丽

封面设计：大盟文化公司　　版式设计：兰　波

中国财政经济出版社出版

URL：http：//www.cfeph.cn

E-mail：cfeph@cfeph.cn

社址：北京市海淀区阜成路甲 28 号　邮政编码：100142

发行处电话：88190406　财经书店电话：64033436

涿州市新华印刷有限公司印刷　各地新华书店经销

787×1092 毫米　16 开　12.5 印张　250 000 字

2009 年 1 月第 1 版　2009 年 1 月涿州第 1 次印刷

印数：1-5 060　定价：32.00 元

ISBN 978-7-5095-1148-0/F·0966

（图书出现印装问题，本社负责调换）

本社质量投诉电话：010-88190744

序

美国金融危机尚未谢幕，但剧终之后世界经济会何去何从，已经需要预做准备。

美国金融危机的演变，犹如多米诺骨牌的倒塌。风起于青萍之末。2006 年下半年美国次级住房抵押贷款的违约率已经开始不断攀升。第一张倒掉的牌是专门发放次级抵押贷款的房地产金融机构。早在 2007 年 4 月，作为美国第二大次级抵押贷款金融机构的新世纪金融公司申请破产保护，并引发了其他房地产贷款金融机构的破产。第二张倒掉的牌是专门投资高风险的次级抵押贷款金融产品的对冲基金。2007 年 7 月，正是由于美国第五大投资银行贝尔斯登旗下两家对冲基金出现巨额亏损，才引发了全球金融市场的恐慌。第三张倒掉的牌是投资银行。由于投资银行深度涉及次级贷款金融产品，当金融市场上次级贷款金融产品的价格缩水之后，投资银行出现了亏损，需要做资本减计，同时由于风险管理的要求，不得不降低财务杠杆，从而迫使投资银行在金融市场上大量抛售风险资产，这又引发了其他金融资产价格的下跌。第四张倒掉的牌是房利美和房地美。这两家公司的倒台，意味着危机已经不再是单纯的次级贷款危机，而是同时动摇金融市场和房地产市场的大地震。第五张倒掉的牌是美国最大的保险公司 AIG。AIG 豪赌 CDS 市场，最终输得血本无归。第六张牌倒掉的是货币市场。美国企业主要依赖货币市场融资，很多大企业是在货币市场上发行短期商业票据，以应付购买原材料、支付工人工资等资金需求。但是，雷曼兄弟破产之后，货币市场上的资金突然“人间蒸发”，这使得很多实体企业遇到了严重的流动性短缺。

华尔街上已经是风声鹤唳、草木皆兵。为了克服市场上的恐慌，美国出台了高达7000亿美元的救市计划。但是，华尔街对这一救市计划的“欢迎”是一跌再跌。美国的住房价格可能还会继续下跌10%—15%，等待救助的商业银行和企业排起了长队，失业率居高不下，种种迹象表明，“病来如山倒，病去如抽丝”，美国将进入长期的经济衰退。

全球经济增长的黄金时期已经一去不复返了。过去十多年，全球经济出现了难得的高速增长。不仅美国经济欣欣向荣，中国和印度也开始发力追赶，俄罗斯、巴西、澳大利亚、中东等资源和能源出口国更是赚得盆满钵满。这段时期不仅全球经济增长速度很高，而且通货膨胀率也维持在较低的水平。《纽约时报》记者托马斯·弗里德曼的畅销书《世界是平的》将这一切归功于IT技术带来的生产方式革命。IT技术和互联网创造了一个全球竞争的平台，使得生产方式打破了过去的流水线模式，代之以“拼积木”的新型生产方式。生产的链条可以被拆开，拆成一个个部件，放在全球各个地方生产，最后再重新组装起来。于是，普天之下，每一个国家、每一个企业都可以充分地参与到全球分工之中，世界经济的竞技场被铲平了。

但是，在繁荣的全球经济头顶上高悬着一柄达摩克利斯之剑。这就是全球国际收支失衡。美国的贸易逆差越来越大，而中国和其他国家的贸易顺差越来越大。这种格局注定是不可持续的，因为我们找不到收敛解。但是，在高速经济增长时期，你无法劝说人们调整固有的生活方式。让美国人多储蓄些，少消费些？美国人是不会答应的。有来自中国的物美价廉的进口商品，有各国的人们把钱借给美国人，他们为什么要停止挥霍呢？让中国人多消费些，少出口些？中国人也不会答应的。我们好不容易搭上了全球经济的快车，好不容易挣到了美元，怎么能够洗手不干呢？

泛滥的美元和低估的人民币汇率，加剧了这种全球国际收支失衡。泛滥的美元在美国国内推高了房地产价格，在国际上推高了石油、农产品和其他初级产品的价格。泛滥的美元游走世界，创造了“新兴市场”、“金砖四国”、“边疆市场”（Frontier Market）等令人心潮澎湃的

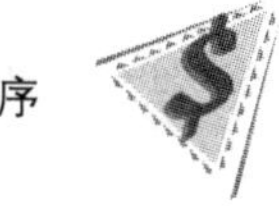

概念。汇率的低估，加剧了资源的错误配置。大量的资金、资源和劳动力汇集到沿海地区、涌入制造业部门，使得中国经济的天平越来越倾斜。

美国经济在遭遇这场金融危机之后，将进入一次漫长的调整。与2000年网络泡沫崩溃之后不同的是，这次的金融危机直接打击了美国的消费。收入的下降以及未来收入进一步下降的预期将使得美国人被迫调整其生活方式，美国人应学会多存钱、少花钱了。这一改变将使得美国的贸易逆差减少。事实上，过去两年美国贸易逆差的减少速度已经出乎大多数经济学家的预测。但如果消费下降，又如何刺激美国经济增长呢？靠出口拉动经济增长几乎是不可能的，因为这次金融危机已经引起全球性的经济衰退。事实上，唯一有可能拯救美国的就是再出现一次比IT技术更灿烂的技术革命。

美国金融危机的余震仍然不断出现。包括东欧、俄罗斯、印度、韩国、越南、巴西等“新兴市场”都可能会在余震中受到打击。华尔街的钱没有了，欧美投资者很可能会从境外抽回资金。对于这些严重依赖外资的新兴市场来说，一旦资本流动出现逆转，金融危机将接踵而至。美国现在采取的是极其扩张的货币政策。伯南克几乎像是开着直升飞机从天空中抛售货币。由于现在货币需求几乎为无穷大，所以这样的政策并没有引发通货膨胀。但一旦金融危机尘埃落定，会出现什么情况？是美国迅速出现通货膨胀的野火，还是会出现大量的套利交易？过去几年，日本的利率非常之低，所以很多投机者在日本借入日元，然后换成其他货币，赚取利差。如果美国仍然维持低利率政策，是否会出现类似的套利交易？如果是这样的话，野火就会被引到其他国家。

关注美国金融危机，是为了制定中国的对策。就在2008年上半年，来自美国金融海啸的冲击尚未显示，但就在最近两个月，信心突然出现逆转。很多企业家都说，过了“十一”长假，局面完全变了，之前还是一片光明，“十一”之后好像灯被拉灭了，眼前一片黑暗。

美国金融危机对中国的影响，一是通过金融渠道。中国2万亿美元的外汇储备处于深度套牢的尴尬局面。而且，随着美国为了救市大

量发行新的国债，中国又会面临是否继续增持美国国债的艰难选择。如果中国抛售美元资产，美元将急剧贬值，中国会急剧亏损，但是，如果继续持有美元资产，在可预见的未来，美元仍然会持续贬值，中国会缓慢地亏损。2 万亿美元的外汇储备，使得中国陷入“人质”地位。

美国金融危机对中国的影响，二是通过贸易渠道。过去10 年，中国经济是美国经济的镜中像。像喜亦喜，像忧亦忧。美国挥霍，中国买单。但是，随着美国人调整其储蓄和消费行为，对中国产品的需求也会减少，这将直接影响到中国的出口。

当前中国面临的问题，有些是由于我们过去做得不好，比如医疗、教育。由于我们过去投资不足、开放不力，所以成为未来中国经济增长的瓶颈，但是，还有些问题恰恰是由于我们过去做得太成功。成功是失败之母，如今我们 2 万亿美元的外汇储备，就源于过去热火朝天的鼓励出口、鼓励外资政策。

值得担忧的是，目前的很多政策仍然在沿袭着过去的惯性思维。出口退税和增加对中小企业的贷款能够拯救已经频频告急的中小企业吗？如果美国经济进入更寒冷的冬天，我们又如何能够继续鼓励出口呢？国际市场上的订单是由美国人的钱包还是商务部的优惠政策决定的？出口企业缺的究竟是钱，还是前途呢？海啸即将登陆，因此我们应该让这些企业离开险境，离得越早越好，离得越远越好。如果仍然沿袭过去的思路，只是一味地通过提高出口退税、增加银行贷款等方式保出口，出口企业必然仍旧栖栖遑遑地呆在拥挤的海滩。当大洋彼岸的海啸真的到来的时候，依然身处险境的企业可能死无葬身之地。

政府的政策一定要调整。亡羊补牢，犹未晚矣，如果今日能够利用来自外部需求减少带来的挑战，加速结构调整，必然会为中国未来的长久发展创造更坚实的基础。过去，我们对基础设施投资太多，但对人力资本投资不足；我们的制造业发展日新月异，但服务业却沉疴不起；我们的储蓄居高不下，但国内消费却迟迟难以启动；我们长于占领国际市场，却拙于推动国内竞争；种种隐患，在高速增长时期可能被暂时掩盖，在外部环境日益恶化的时候，问题将被醒目地暴露。

中国的全球化之旅刚到中途，但我们已经变得比启航的时候更加清醒：太平洋上不太平，全球化的风暴可以使航船倾覆。寻找新的航线，绕过危险的暗礁，才能到达我们光荣的终点。

《华尔街的没落》一书的两位作者均是中国国际经济学界刚刚崭露头角的年轻学者。张明博士现在是中国社会科学院国际金融研究中心的秘书长。他从2006年就已经开始跟踪美国金融危机。他曾在毕马威、日本的 Asset Manager Group 工作过，对资本市场尤其是房地产金融有着深入的了解。我对美国金融危机很多的了解，得益于他的研究。郑联盛博士曾经在路透社、财政部等机构工作，一直在密切关注全球经济的动向。我和张明、郑联盛，以及中国社会科学院国际金融研究中心的其他学者紧密地跟踪着美国金融危机的最新发展，《华尔街的没落》是我们推出的第一本关于这一主题的研究，之后，我们还将继续向读者奉献更具价值的新作。

何帆

2008年12月

目　录

第一章

次贷危机鸟瞰

2006年下半年，美国次级住房抵押贷款市场问题初现端倪，贷款违约率不断攀升，到2007年夏天终于爆发了次贷危机。严重的是，次贷危机引发金融市场流动性萎缩，金融机构面临“断血”风险，不断有大型金融机构陷入困境。尤其是2008年9月以来，随着美国政府宣布接管房利美和房地美，美林被收购，雷曼兄弟宣布申请破产保护，美国国际集团（AIG）被国有化，高盛和摩根转型银行控股公司。在不到3周的时间内，美国金融市场跌宕起伏，次贷危机全面升级，演绎了全球金融历史上一次重大的“金融海啸”。实际上，次贷危机已经演化为新一轮的金融危机。格林斯潘认为美国已经陷入“百年一遇”的金融危机。在格林斯潘的眼中，它甚至比大萧条更为严重。

危机从美国房地产信贷市场向其他金融市场蔓延，房地产信贷危机演变为信用危机，次贷危机演化为金融危机，这对金融市场的稳定和全球经济的发展等带来了严重的挑战。这次危机给美国经济和全球经济的发展带来了巨大的不确定性，更为重要的是，本轮金融危机将给国际货币体系和全球金融秩序带来全面而深远的影响。

一、危机的4个阶段

美国新一轮的金融危机是从次贷问题演化而来。截至2008年10月，该危机的发展可以分为4个阶段。在危机爆发前还有一个前奏，即危机浮现期，从2006年底到2007年上半年，标志性事件是2007年4月，美国第二大次级抵押贷款机构——新世纪金融公司申请破产保护，成为美国房地产业最大的一宗抵押贷款机构破产案。随后，美国第五大投资银行贝尔斯登公司旗下的两只基金，传出因涉足次级抵押贷款债券市场出现亏损的消息。

（一）次级抵押贷款市场危机

危机爆发与传导的第一阶段是次级抵押贷款市场危机。这一阶段开始于2007年7—8月，次贷问题集中爆发，大批与住房贷款相关的金融机构破产倒闭。2007年7月，标准普尔和穆迪两家信用评级机构分别下调了612种和399种抵押贷款债券的信用等级，美国次贷危机正式爆发。随后8月，美国次贷危机发

生连锁反应，银行间市场拆借利率急剧上升，金融市场流动性逆转，出现流动性紧缩。2007 年 9 月，受次贷的冲击，英国第五大抵押贷款机构北岩（North Rock）银行遭遇挤兑风潮。

（二）流动性危机

危机传导的第二阶段是流动性危机。2007 年底至 2008 年初，随着花旗、美林、瑞银、高盛等大型金融机构因次贷问题出现了巨额亏损，大规模进行资产减记，市场流动性需求剧增而资金供给严重萎缩，整个市场陷入严重的流动性紧缩。2008 年 2 月，瑞银集团宣布第四季度净亏损 125 亿瑞士法郎（约合 114 亿美元），成为全球银行界有史以来最大的季度亏损。次贷危机的爆发使得实行以市定价资产负债管理的美国金融机构陷入严重的资产减计浪潮，各金融机构又急剧紧缩信用，即使央行大量注入流动性，市场整体流动性紧张的状况仍无法改善，次贷危机升级为流动性危机。

（三）信用危机

第三阶段是信用危机。该阶段最大的事件是美国第五大投资银行贝尔斯登被收购。贝尔斯登是美国的一级市场交易商（Primary Dealer），为大批中小型券商提供担保和清算服务。根据美国证券交易委员会的规定，从事资产清算的公司必须拥有足够的现金作为保证金，而问题是贝尔斯登面临次贷危机所导致的流动性紧缩，其于中的现金无法满足清算需要。美联储决定让纽约联储通过摩根大通银行向贝尔斯登提供应急资金。这也是自 1929 年以来，美联储第一次向非商业银行提供应急资金。但仅仅过了两天，贝尔斯登就被摩根大通收购了。更为严重的是，到 6 月 30 日，被美国联邦储蓄保险公司（FDIC）列入监控名单的“问题银行”已经由第一季度的 90 家激增至 117 家，创下了自 2003 年中期以来最高的纪录。截至 2008 年 8 月底，发达国家的金融机构合计披露了大约 5050 亿美元的资产减记（IMF，2008a）。如此众多的投资银行和商业银行陷入困境，如此大规模的资产减记，意味着流动性危机已经严重影响美国信用体系的运转，金融机构很难通过自身的信用在市场上获得再融资，金融市场的资金融通功能和金融体系的稳定性受到了极大的挑战，在某种程度上说，次贷危机已经演化为信用危机。

（四）偿付危机与系统性危机

第四阶段是危机的全面升级，许多金融机构面临严重的偿付危机，次贷进一步演化为系统性的金融危机。该阶段始于 2008 年中期，美国加州因迪美银行倒闭和房利美与房地美财务危机就是典型的事件。情况更为严重的是，2008 年 9 月 7 日美国政府担心系统性风险蔓延，宣布接管房利美和房地美（“两房”），之后仅一周美林被美国银行收购，次日雷曼兄弟宣布申请破产保护。仅两日之后，美政府将 AIG 国有化。五大投资银行 3 家倒下、“两房”被接管、AIG 国有化、美国政府至此已经付出 7000 亿美元的代价，标志着美国次贷危机已演化为新一轮的金融危机，即美国金融体系的“系统性危机”①。

从美国新一轮金融危机的发生、发展的各个阶段的特点来看，这次危机体现了美国住房抵押贷款市场风险的不断转移和升级。金融风险起源于信贷机构的不审慎贷款、过度金融创性、居民的过度消费与不到位的金融监管。在次贷危机爆发之后，信用风险转移至投资银行、商业银行和保险公司等，进而升级为金融体系的系统性风险。

二、危机如何席卷金融市场

随着次级抵押贷款违约率的上升，以次级抵押贷款资产池为基础发行的 MBS 与 CDO 的市场价值显著缩水，给持有这些证券的投资者带来了严重损失。信用风险因此从次级抵押贷款市场蔓延至全球金融市场。然而，基于次级抵押贷款的金融产品总规模不过 1.4 万亿美元，其中全球银行、对冲基金和保险公司的购买比例分别为 35%、21% 和 23%（Greenlaw 等，2008），这些金融机构购买的以次级抵押贷款为基础的金融产品规模，与其庞大的资产负债表相比并不算太大。那么，投资银行、两房、保险公司、商业银行等主要金融机构，为何在次贷危机爆发后纷纷申请破产保护或者被政府接管呢？本部分我们将从不同类型的金融机构在危机中如何遭遇损失的角度，来剖析次贷危机如何由信贷危机演变为金融市场系统性危机②。

（一）投资银行

2008 年 3 月，贝尔斯登申请破产保护，最终在美联储的支持下被摩根大通

① Martin Wolf, The end of Lightly Regulated Finance has Come Far Closer, Financial Times, Sept., 18, 2008.

② Roubini（2008）对美国金融市场的系统性坍塌作出了著名的预言：第一步是整个结构性投资工具与管道体系的崩溃；第二步是美国投资银行遭到挤兑；第三步是其他流动性差，而且由于不计后果的贷款而最终没有偿付能力的杠杆机构的倒闭，包括两房、AIG 与 300 多家抵押贷款机构；第四步是货币市场的恐慌；第五步是数以千计的高杠杆对冲基金出现赎回，即使私人股权基金也难以幸免；最后一步是传统商业银行无力偿付债务而被迫破产。

收购。2008年9月，美林被美洲银行收购，雷曼兄弟宣布申请破产保护，高盛与摩根士丹利宣布转型为银行控股公司。华尔街五大投资银行在不到半年的时间内集体消失，投资银行作为一类重要的金融机构在美国不复存在。投资银行是如何在次贷危机中集体倒下的呢？

我们认为，投资银行3个典型的经营特征是导致投行在过去10余年间赚得高额利润以及投行在次贷危机爆发后迅速崩溃的共同原因。这些特征包括：过度依赖短期货币市场进行融资，财务杠杆比率内生化，以及实施市值定价的会计记账方法。

1. 过分依赖短期货币市场进行融资。

与商业银行能够获得稳定的居民存款作为融资来源不同，投资银行要募集资金，传统上只能依靠发行股票、发行债券、银行贷款等途径，通过上述渠道募集的资金具有较长期限和较高成本的特征。在过去10余年，投资银行越来越依赖短期货币市场进行融资。一方面，投资银行可以通过发行期限为3—9个月不等的资产支持商业票据（Asset - Backed Commercial Papers，ABCP）进行融资；另一方面，投资银行也可以通过到期日更短（通常为隔夜）的债券回购市场（Repo）融通资金。

通过短期货币市场进行融资的优点是显而易见的，发行商业票据或债券回购的成本要明显低于发行债券或银行贷款的成本。而且，在过去10年，随着中国等持有高外汇储备的新兴市场国家进入全球金融体系，短期货币市场充满了流动性，融资成本不断降低。然而，过分依赖短期货币市场，使得投资银行的资产负债结构出现严重的期限错配。以摩根士丹利为例，在截至2006年11月30日的年度资产负债表上，总负债为1.09万亿美元，其中流动负债约占60%。该公司的流动资产与流动负债之比为50%，说明该公司资产负债表存在严重的期限错配①。

一旦短期货币市场出现流动性短缺，则投资银行的融资成本将显著上升，甚至不能获得新的资金。而为了偿付当期的商业票据，投资银行将不得不通过抛售到期日更长的资产来获得资金。这种集体抛售资产的行为无疑会造成账面的亏损，进一步加剧投资银行在短期货币市场上的融资难度（Roubini，2008）②。

① 相关数据引自 http：//finance. yahoo. com/q/bs? s = MS&annual。

② Roubini（2008）指出，包括投资银行、对冲基金、私人股权基金、结构性投资工具与管道、货币市场基金与非银行抵押贷款机构在内的“影子银行体系”成员都借入期限非常短、流动性好的资金，而杠杆率远高于银行，然后贷款或投资于流动性较差的长期工具。一家本身有偿付能力但流动性较差的机构，其流动性负债也许会遭到自我实现的破坏性挤兑。当资产泡沫破裂后出现的去杠杆化导致人们无法确定哪些机构具备偿付能力时，这些影子银行普遍就会遭到挤兑。一旦投资者意识到其投资毒性及其超短期资金周转失灵，第一步就是整个影子银行体系的崩溃。

TED息差是指3个月伦敦银行间拆借利率（LIBOR）与3个月美国国债收益率之间的差额，这是衡量银行间相互拆借意愿的重要指标，也是衡量短期货币市场流动性的重要指标。如图1－1所示，自2007年8月次贷危机全面爆发以来，TED息差就由过去的平均50个基点左右上升到平均150个基点左右。在2008年9月，雷曼兄弟申请破产保护之后，该息差甚至蹿升至超过400个基点，这说明短期货币市场已经基本停摆。由于金融机构不能继续发放新的ABCP，导致美国商业票据市场规模迅速萎缩。如图1－2所示，美国商业票据市场余额已经由2007年7月底的2.2万亿美元，萎缩至2008年10月中旬的1.5万亿美元，缩水了32%。

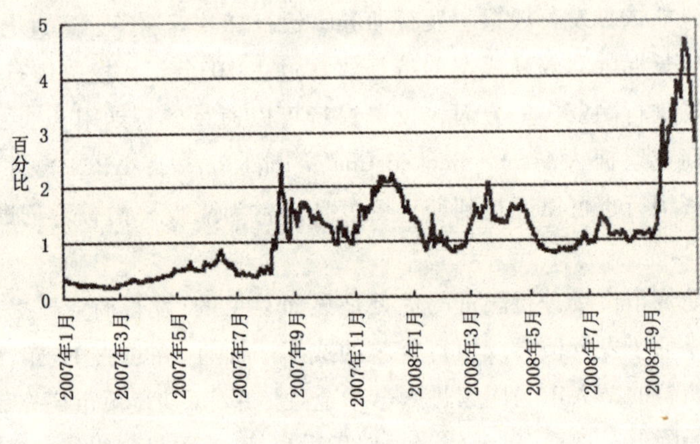

资料来源：Bloomberg。

图1－1 TED息差

2. 财务杠杆比率内生化。

投资银行普遍实施了在险价值（Value At Risk，VAR）的资产负债管理模式，而这种模式将财务杠杆的变动内生化。在险价值管理的核心思路是，投资银行的财务杠杆比率与投资银行对自身资产风险水平的评估反向变动。如果投资银行认为当前每单位金融资产承担的风险水平（即在险价值）较低，则投资银行可以放大财务杠杆，反之亦然。在市场繁荣时期，由于账面资产市场价格上涨，投资银行倾向于低估每股资产承担的风险，从而不断提高杠杆比率。

如表1－1所示，从2006年5月到2007年11月，美国4家著名投资银行的日均在险价值指数从1.00上升到2.00。对于实施以在险价值为基础的资产负债管理的金融机构而言，这就意味着其不得不将杠杆比率降低一倍。

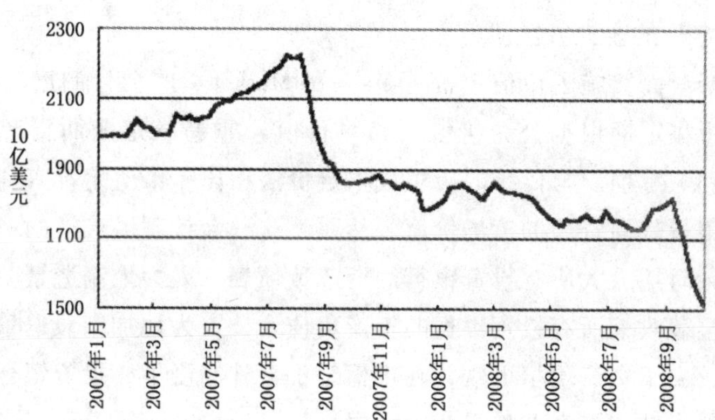

资料来源：Bloomberg。

注：数据经过季节调整。

图 1-2 美国商业市场票据余额

表 1-1 4 家著名投资银行过去 3 个月内平均每日在险价值的变动

	2006 年 5 月	2006 年 8 月	2006 年 11 月	2007 年 2 月	2007 年 5 月	2007 年 8 月	2007 年 11 月
VAR 指数	1.00	0.89	1.05	1.29	1.38	1.58	2.00

资料来源：引自 Greenlaw 等（2008）。

注：这 4 家投资银行包括贝尔斯登、高盛、雷曼兄弟和摩根士丹利。每个月的数据反映了过去 3 个月的日均 VAR 状况。其中 2006 年 11 月有关高盛的数据缺失。

一旦危机爆发，由于账面资产市场价格下滑，投资银行将重新评估每股资产承担风险，从而不得不启动去杠杆化（Deleveraging）——即降低杠杆比率——去杠杆化有两条途径，第一是募集新的资本金，第二是通过出售风险资产来偿还负债。如果所有的投资银行同时出售风险资产，则资产的市场价格将显著压低，在导致投资银行出现大幅账面亏损的同时，不得不启动新一轮的去杠杆化进程。以摩根士丹利为例，在该公司 2006 年 11 月 30 日的资产负债表上，资本金为 354 亿美元，总资产为 11206 亿美元，财务杠杆比率高达 31.7 倍；而在该公司 2008 年 8 月 31 日的资产负债表上，资本金为 358 亿美元，总资产为 9874 亿美元，财务杠杆比率已经降至 27.6 倍①。

财务杠杆的内生变动将在市场繁荣时期急剧放大投资银行的资产规模和账面利润，在市场衰退时期急剧放大投资银行的资产减记和账面亏损。这使得投资银行的资产负债表具有典型的顺周期性。

① 相关数据引自 http：//finance. yahoo. com/q/bs? s = MS。

3. 市值定价的会计方法。

投资银行全面实施了市值定价（Mark to Market）的会计制度。市值定价意味着投资银行将定期根据公允价值（市场价值）重新核定账面资产价值，并导致相应的盈利与亏损。与传统的历史成本定价法相比，市值定价有利于更加准确地反映投资银行账面资产的市场价值。然而，这种会计制度最大的一个问题在于它在市场繁荣时期放大所有投资银行的资产负债表，人为地制造繁荣景象；在市场衰退时期显著收缩所有投资银行的资产负债表，人为地加剧衰退景象。次贷危机爆发以来，由于资产价格下跌，在市值定价会计制度下，投资银行不得不根据资产市场价值来减记资产并披露相关亏损。

4. 3 种因素的交互作用。

以上分析表明，3 种制度性因素在次贷危机爆发后是交互作用的。一旦危机引起某类资产价格的下跌（次贷危机中最先是以次贷为基础的 MBS 与 CDO），在市值定价制度下，投资银行不得不减记资产、披露亏损。由于实施在险价值管理模式，投资银行不得不启动去杠杆化进程，抛售资产来偿还负债，而这将导致资产价值进一步的下跌，引发新一轮的减记资产和去杠杆化。而金融资产价格持续大幅度下跌自然会影响短期货币市场的信心，加剧投资银行进行短期融资的成本与难度。为偿还到期负债，投资银行不得不出售风险资产。这个恶性循环将不断持续下去，直至整个系统最终崩溃。

（二）房利美与房地美

房利美（Fannie Mae）与房地美（Freddie Mac）作为政府授权企业（Government Sponsored Enterprises，GSE），在美国住房抵押贷款市场上扮演着至关重要的角色。当前美国住房抵押贷款市场规模约为 12 万亿美元，而房利美和房地美持有或担保了大约 5.3 万亿美元的抵押贷款债权，占整个市场规模的 44%。从理论上而言，“两房”受次贷危机的冲击不大：第一，根据法律规定，“两房”不得直接投资于次级抵押贷款及其衍生金融产品；第二，作为政府授权企业，“两房”具有美国联邦政府的隐含担保，即一旦面临破产倒闭的威胁，政府一定出手相救。导致“两房”在次贷危机中濒临倒闭的主要原因包括：第一，随着房价的进一步下跌，信用风险由次级抵押贷款市场蔓延到优质抵押贷款市场；第二，“两房”的财务杠杆比率过高，导致较小的账面损失就足以侵蚀所有资本金。

本轮美国房地产平均价格已经下跌了 20%。在房价下跌初期，仅有次级抵押贷款借款者出现违约。随着房价的进一步下跌，很多原本具有还款能力的借款

者逐渐发现，自己持有的房产价值已经低于未清偿的银行贷款价值。即使冒着信用记录不良的风险，越来越多的优质抵押贷款的借款者也选择停止还本付息，任由银行收回抵押品。这就导致优质抵押贷款市场的违约率上升，进而自然影响到占有优质抵押贷款半壁江山的“两房”出现了账面损失。

无论如何，优质抵押贷款的违约率依然远低于次级抵押贷款的违约率，那为什么“两房”最终不得不被政府接管呢？其中的关键原因在于，正是由于“两房”具有政府的隐含担保，在道德风险的激励下，过去10余年间，“两房”通过不断地发放债券而提高自己的财务杠杆比率。截至2007年底，“两房”的核心资本合计832亿美元，而这些资本支持着5.2万亿美元的债务与担保，杠杆比率高达62.5[①]。“两房”的财务杠杆率甚至是华尔街投行平均水平的两倍左右。62.5的杠杆比率意味着，即使两房的账面资产仅缩水2%，减记资产后“两房”的资本金就已经变为负值（张明和郑联盛，2008）。“两房”危机的引爆点是雷曼兄弟公司分析师在2008年7月7日发布的一项报告，该报告指出，“两房”必须筹集高达750亿美元的资本金才能渡过难关。这份报告彻底摧毁了市场对于“两房”的信心。“两房”的股价开始深幅跳水，“两房”债券的信用违约风险也不断飙升。鉴于“两房”对于美国房地产金融市场顺利运行的重要性，美国联邦政府不得不在2008年9月7日宣布正式接管“两房”。

（三）保险公司

2008年9月16日，美联储宣布向陷入破产边缘的美国国际集团（AIG）——美国最大的保险公司——提供850亿美元的紧急贷款，并持有该集团近80%的股份。作为金融市场上典型的风险规避者，保险公司购买次贷金融产品的规模并不大，而且购买的大多是最高等级的MBS，为什么保险公司会在次贷危机中陷入如此困境呢？

要深入了解保险公司的问题，就必须首先了解信用违约互换（Credit Default Risk，CDS）这种金融衍生产品。CDS是一种重要的信用衍生产品（Credit Derivatives）。信用衍生产品是一种在参与者之间转移信用风险的协议，而CDS是一种将参照实体的违约风险从合同买方转移到合同卖方的协议。合同买方（即保险买方）定期向合同卖方（即保险卖方）支付保费。而如果发生参照实体违约、破产等信用事件，那么保险卖方就必须向保险买方赔偿损失（图1-3）。在CDS产生初期，保险买方与参照实体之间通常有真实的债权债务关系（保险买方拥

① End of Illussions. Economist, July 17th, 2008.

有对参照实体的债权)，因此 CDS 是用来套期保值的，对信贷市场的顺利运转具有推动作用。然而，随着 CDS 市场的发展，越来越多的保险买方与参照实体之间并没有债权债务关系，保险买方仅仅就参照实体在未来一段时间内是否会出现信用问题，而与保险卖方进行赌博。这种脱离债权基础的 CDS 交易就沦为投机工具。在次贷危机爆发之前，全球 CDS 市场的规模已经发展到了 62 万亿美元之巨，约为美国 GDP 的 4.2 倍，其中绝大多数属于投机性质。

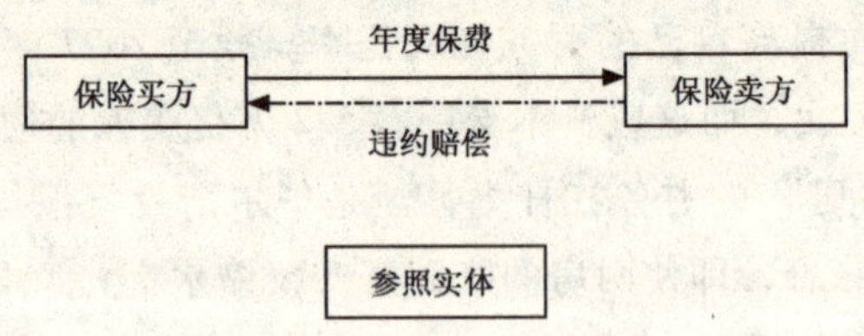

资料来源：Mengle (2007)。

图 1-3 信贷违约互换

保险公司在很大程度上参与了 CDS 的投机活动。一方面，保险公司出售了很多以华尔街投行以及两房为参照实体的 CDS，保证这些机构在未来一段时间内不会违约。而随着投行以及两房的破产倒闭，保险公司面临着巨大的赔付压力。另一方面，保险公司出售的 CDS 成为很多基于次级抵押贷款的合成型 CDO (Synthetic CDO) 得以构造的基础 (张明，2008b)。随着这些 CDO 的市场价值大幅度下降，保险公司也面临着来自优先级或超优先级债券持有者要求赔付的压力。在这两方面的赔付压力下，保险公司的资本金迅速缩水，最终不得不向政府求援。

(四) 商业银行

与投资银行相比，商业银行在应对金融危机时具有两大优势：第一，商业银行可以吸纳居民储蓄，这是一种比较稳定的融资来源。商业银行对短期货币市场的依赖程度明显低于投资银行。第二，商业银行必须遵守巴塞尔资本协议的规定，即自有资本充足率（资本金与风险资产的比率）不得低于 8%，这事实上限制了商业银行的财务杠杆比率。简而言之，自有资本充足率不得低于 8% 相当于财务杠杆比率不得高于 12.5 倍。因此，从理论上而言，商业银行在次贷危机中的损失应该相对较小。然而事实并非如此，美国的华盛顿互惠与美联银行，英国的苏格兰皇家银行、哈利法克斯苏格兰银行、布拉德福德—宾利银行，比利时的富通银行与德克夏银行，德国的许珀地产融资抵押银行等商业银行均在次贷危机

中亏损惨重，最终不得不寻求兼并收购或者政府注资。究竟是何种原因导致商业银行在次贷危机中遭遇困境呢?

根本原因在于，在过去10余年的时间里，商业银行对投资银行获得的巨额利润非常羡慕，但囿于巴塞尔资本协议的管制而难以直接开展高风险、高收益金融产品投资。在牟利动机的驱使下，商业银行普遍通过两种渠道来规避巴塞尔资本协议的管制：第一是建立资产负债表外的投资实体；第二是通过购买CDS来将风险资产转化为无风险资产。

为规避巴塞尔资本协议对表内资产的监管，商业银行设立了大量的结构性投资载体（Structural Investment Vehicle，SIV）来进行高风险金融产品投资。SIV是一种特别目的载体（Special Purpose Vehicle，SPV），它通过发行商业票据来融资，然后投资于更长期限的高风险资产，商业票据和风险资产之间的息差收入即为SIV的利润。由于SIV具有典型的“借短投长”的特征，其经营不免面临两种风险：第一，如果SIV购买的长期证券的价值低于SIV销售的短期证券的价值，那么SIV就面临资不抵债的风险；第二，如果短期货币市场上出现流动性短缺，使得SIV不能再以合理的利率发行新的商业票据融资，那么SIV就将被迫通过抛售风险资产来偿还到期的商业票据，从而遭受严重损失。从这一点来看，SIV遭遇的问题与投资银行别无二致。尽管在金融市场稳定时期，SIV可以独立于商业银行之外成功运作，但是当次贷危机爆发之后，SIV亏损累累，商业银行不得不向旗下的SIV提供信贷援助，并最终承担SIV的巨额亏损。例如，由于旗下SIV的巨额亏损，美洲银行2007年第四季度的盈利下降了95%；同样受旗下SIV投资的拖累，英国的北岩银行于2007年8月爆出巨亏，并于2008年2月被英国政府国有化。

除了设立表外投资实体之外，商业银行也可以通过购买CDS来规避自有资本充足率的要求。例如，一家商业银行的资本金为80亿美元，其总资产为1400亿美元，根据巴塞尔协议的规定，这家商业银行只能持有1000亿美元的风险资产。由于持有无风险资产的收益率极低，商业银行存在强烈的动机去扩大风险资产的比重。因此，这家商业银行以1亿美元的代价，向保险公司为自己账面上200亿美元的风险资产购买了CDS。一旦一年之内这200亿美元风险资产出现违约，则保险公司将赔付商业银行遭受的相关损失。在购买CDS之后，这200亿美元的风险资产就转变为无风险资产，因此商业银行就可以再购买200亿美元的风险资产。最终的结果是，商业银行的实际风险资产由之前的1000亿美元上升到1200亿美元，只不过其中的200亿美元由于受到CDS的保护，名义上转变为无风险资产。次贷危机爆发之后，由于保险公司出现问题，CDS不能获得赔付，则商业银行的风险资产由1000亿美元突然上升至1200亿美元，则在巴塞尔资本协议约束下，商业银行突然出现了资本金不足的问题。为了遵守巴塞尔资本协议，商业银行需要向投资者或政府募集资本金，或者通过出售风险资产来降低风险资产在总资产中所占的比重。当所有商业银行均在市场上出售风险资产时，风险资产的市场价值必然大幅度压低，商业银行在出售资产的过程中将遭遇巨额亏损。

（五）金融市场系统性危机

如前所述，随着次贷危机的扩展与深化，投资银行、“两房”、保险公司、商业银行等主要金融机构都遭受了巨额亏损，这些金融机构对于亏损的反映都是去杠杆化。去杠杆化有两种渠道：一是募集新的资本金；二是出售风险资产、提高流动性资产在资产组合中的比重。危机爆发以来，很多金融机构均寻求获得私人投资者、主权财富基金以及政府的注资。而当所有金融机构均提高对流动性资产的需求时，金融市场上就会出现显著的流动性短缺。而当商业银行降低风险资产（主要是贷款）的比重时，金融市场上便出现持续的信贷紧缩。此外，当所有金融机构均在市场上抛售股票等风险资产时，全球资本市场上就会出现了两种重要趋势：一是各主要资本市场股票指数大幅下挫（图1－4）；二是短期国际资本从新兴市场国家撤出，重新流回发达国家。股票市场下滑加剧了机构投资者的账面亏损，而短期国际资本流向的逆转则可能引爆新一轮的新兴市场国家金融危机，例如目前的韩国。

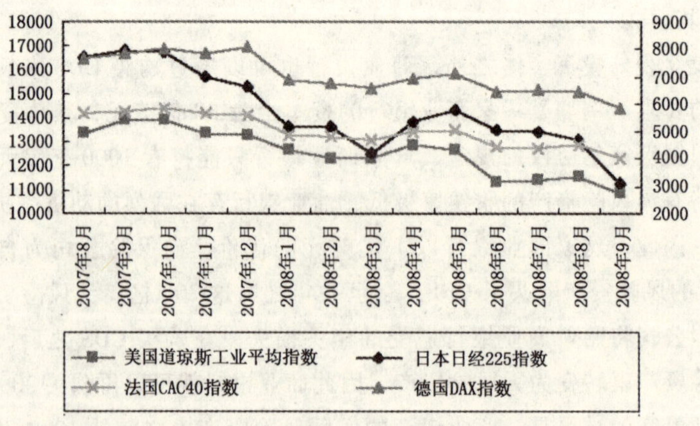

资料来源：Bloomberg。

图1－4　主要发达国家的股票指数走势

三、危机如何席卷全球

从2008年第3季度开始，美国次贷危机已经演变为全球范围内的金融危机。欧洲金融市场率先受到传染，其主要原因包括：第一，欧洲商业银行大量投资于美国次贷金融产品，资产价值大幅缩水；第二，欧洲商业银行与雷曼兄弟之间进行了大量的衍生产品交易，雷曼兄弟的倒闭使得欧洲商业银行面临巨大的交易对手风险（Counterparty Risk）；第三，欧洲商业银行通过购买美国保险公司（例如AIG）出售的信用违约保险（CDS）来规避巴塞尔资本协议对自有资本充足率的要求，而美国保险公司倒闭之后，欧洲商业银行普遍面临资本金不足的窘境。

欧洲实体经济对银行融资的依赖程度远高于美国。一旦商业银行集体陷入危机，欧洲的金融市场与实体经济就会面临巨大冲击。由于自身结构性改革乏力、劳动力市场缺乏弹性、失业率居高不下、缺乏新的经济增长点，欧洲经济增长近年来本就乏力。次贷危机爆发之后，欧盟各国基本上是各自为战，短时间内难以形成一个统一的跨国财政刺激计划，从而导致危机迅速蔓延和深化。

由于欧美发达国家主要金融机构均遭受大量亏损，它们不得不主动收缩财务杠杆，这意味着国际机构投资者将出售在新兴市场国家的风险投资，并将这些资金调回本国金融市场。从而导致国际短期资本流动发生逆转，开始由新兴市场国家流回发达国家。国际资本流动的转向对新兴市场国家形成了两大冲击：第一，大量的短期国际资本外流导致新兴市场国家股票市场指数不断重挫，资本项目收支状况出现逆转；第二，大量的短期国际资本外流造成新兴市场国家货币相对于美元大幅度贬值，从而恶化了新兴市场国家的外债负担。近来，东亚的韩国，西欧的冰岛，东欧的乌克兰、匈牙利、白俄罗斯，拉丁美洲的阿根廷与巴西均面临严重的资本外流，各国的本币汇率、国债与股市均直线下跌，有的国家甚至面临“国家破产”的风险。以上这些遭遇危机的国家存在一个共同特点，就是大量举借外债来为本国居民、企业与政府部门融资。一旦次贷危机导致外资大量撤出，这些国家就会面临资金链断裂的风险。

东欧、拉美与亚洲国家可能爆发金融危机，这将进一步冲击欧洲的商业银行。来自国际清算银行的最新数据表明，西欧国家商业银行对上述新兴市场国家的跨国贷款占到这些国家贷款总额（4.7万亿美元）的3/4。例如，奥地利、瑞士、瑞典、英国和西班牙对新兴市场国家的贷款占本国GDP的比率分别为85%、50%、25%、24%和23%（邓瑾，2008）。如果新兴市场国家陷入债务危机，则欧洲商业银行将承受新一轮的冲击。

欧元区与日本经济已经在2008年第2季度陷入负增长，其中欧元区为-0.8%，日本为-2.4%。随着美国经济步入衰退，出口对于欧元区和日本经济的拉动作用将继续减弱。预计欧元区与日本经济将在2008年下半年继续保持负增长，从而陷入技术意义的衰退。IMF在2008年11月最新公布的对欧元区经济2008年和2009年的GDP增长率预测分别为1.2%与-0.5%，与2008年10月的预测相比，分别降低了0.1%与0.7%。IMF在2008年11月最新公布的对日本经济2008年和2009年的GDP增长率预测分别为0.5%与-0.2%，与2008年10月的预测相比，分别降低了0.2%与0.7%（IMF，2008）。

发达国家实体经济增速的下降将通过进口渠道影响发展中国家，进而发展中国家实体经济增速的下降将通过进口渠道影响到原材料以及能源出口国。国际短期资本从新兴市场国家的流出可能冲击后者的金融市场，进而拖累新兴市场国家的实体经济。因此，在未来一段时间内，新兴市场国家的经济增长也将显著低于次贷危机爆发前的水平。如果新兴市场国家爆发较大规模的金融危机，其整体增长水平可能下降得更多。IMF预计2008年和2009年全球新兴市场经济体和发展中经济体的GDP增长率分别为6.6%和5.1%，明显低于2006年和2007年的7.9%和8.0%。IMF预计2008年和2009年亚洲发展中国家的GDP增长率分别为8.3%和7.1%，中国的GDP增长率分别为9.7%和8.5%（IMF，2008）。

随着发达国家救市方案的效果逐渐显现，全球金融市场可能在2009年下半年恢复平静，发达国家经济将首先陷入衰退，然后将在较低的经济增长水平上调整3—5年的时间。部分新兴市场国家可能再度爆发金融危机，但新兴市场国家整体的经济增长前景依然保持在较高水平。

四、救市方案艰难出台

2008年9月14—21日，华尔街经历了历史上最黑暗的一周。9月14日，美洲银行与陷入困境的美林达成协议，以440亿美元收购后者。9月15日，美国政府拒绝拯救雷曼兄弟，后者被迫申请破产保护。9月16日，美联储宣布向陷入破产边缘的美国国际集团（AIG）提供850亿美元的紧急贷款，并持有该集团近80%的股份。9月21日，美联储宣布批准高盛与摩根士丹利转为银行控股公司。考虑到2008年3月贝尔斯登被摩根大通收购，曾经风光无限的华尔街五大投行事实上已经寿终正寝。

与此同时，美国财政部长保尔森向国会提交了一份7000亿美元的救市方案，即经济稳定紧急法案（The Emergency Economic Stabilization Act of 2008，简称EESA）。该方案最初的版本是由美国国会简单开出一张巨额支票，由美国财政部和美联储自由决断，用于购买遭遇困境的金融机构资产负债表上的不良资产。该方案主要的救援计划因此被称之为“问题资产纾困计划（Troubled Assets Relieve Program，TARP）”。该计划与20世纪80年代美国政府用来为储蓄贷款协会纾困的重组信托基金（Resolution Trust Fund，RTF）颇为相似。

该方案一经提出就受到很多经济学家和市场人士的尖锐批评。以克鲁格曼、斯蒂格利茨和罗比尼为代表的批评者指出，用规模如此之大的财政资金去购买金融机构账面上的不良资产，并不能从根本上解决问题，政府无疑是用纳税人的钱去冒险。第一，美国金融机构目前面临的最大问题就是资产减记后的资本金不足，因此最有效的方法就是直接用财政资金向金融机构注资，而不是购买金融机构的不良资产①；第二，如果政府试图用购买金融机构不良资产的方式来缓解危机，那么政府必须支付高于不良资产市场价值的价格。这种过高的资产定价无疑将损害纳税人的利益；第三，次贷危机的根源在于抵押贷款的借款者不能按期还本付息，而保尔森的救市方案并不能降低住房抵押贷款市场的违约率。

在来自国会两党领导人的压力下，保尔森被迫调整了最初的救市方案。新增条款主要包括：一是7000亿美元的财政资金分期支付。美国财政部可以直接动用2500亿美元。经美国总统同意后，可以动用另外1000亿美元。而其余3500亿美元的支付，则由美国国会视救市方案的效果之后投票决定；二是部分资金将用于帮助抵押贷款的借款者与贷款者之间重新商议合同条款，避免违约家庭失去自己的房屋；三是对接受援助的金融机构管理层的薪酬水平施加限制，防止获得援助的金融机构管理层利用“金色降落伞”等激励计划攫取大量奖金后拍屁股走人；四是允许财政部获得部分金融机构的股权，从而保证一旦金融机构恢复正常经营，纳税人可以得到一定程度的补偿；五是成立一个由两党议员组成的委员会来监督救市资金的使用；六是总统将在该方案实施5年后重新审查该方案是否盈亏平衡。如果该方案未能收支相抵，财政部就有权向该方案受益者征收相关税

① 7000亿美元的救市金额，相对于12万亿美元的住房抵押贷款、62万亿美元的CDS、数百万亿美元的金融衍生产品而言规模不算太大。如果7000亿美元全部用于充实问题金融机构的资本金，则可能在很大程度上解决问题（考虑到资产与资本金之间的杠杆效应）。但如果7000亿美元仅用于购买不良资产，则这一救市方案的效果就不得不大打折扣。事实上，美国在历次大规模金融危机期间，均采用了利用财政资金直接向金融机构注资的方式。为什么美国财政部这次提出用财政资金购买不良资产的方案，目前尚不得而知。一个重要的原因就是如果利用财政资金注资，很多金融机构就会被国有化。这可能是一贯标榜自由市场资本主义的美国政府与国会所不愿意看到的。

费以弥补资金缺口。

美国财政部与国会两党领导人就修改后的救市方案达成了一致。然而，2008年9月29日，该方案在众议院的投票表决中以228票对205票被否决。保尔森被迫再次调整救市方案，向其中加入两项新内容：一是提出一项针对美国家庭与企业的、将近1500亿美元的额外减税计划；二是将美国联邦存款保险公司的存款保险上限10万美元临时调增至25万美元。再度修正后的方案最终相继在美国参议院和众议院获得通过，并由美国总统布什签署实施。

由于英国政府在2008年10月8日宣布了更为激进的一揽子救市方案，包括向各大商业银行注入高达350亿英镑的资本金。美国政府在具体的救市方案上面临更大的压力。在各方面利益的平衡下，2008年10月13日，美国政府表示，将从7000亿美元中拿出2500亿美元为美国8家最大的商业银行注资，受惠者包括花旗集团、摩根大通公司、美国银行、富国银行、高盛集团、摩根士丹利、纽约银行和道富银行。此外，作为美国银行业监管部门的联邦储蓄保险公司将在3年内为银行间同业拆借提供担保，并将进一步放宽联邦存款保险的上限①。

五、危机尚未见底

虽然，美国、英国、德国、法国和日本等西方主要经济体实施了史无前例的金融危机救援，美国救市计划涉及资金金额为8500亿美元，截至2008年10月底，欧盟各国救援市场的资金规模累计超过2.5万亿美元。但是，从各地的金融市场来看，市场并不理会如此大规模的金融救市行为，各主要股票市场仍然跌跌不休，度过了历史上最为黑暗的10月。可以看出，目前市场的信心仍然十分低迷，金融危机见底尚待时日。

① 我们可以从金融企业的资产负债表来梳理美国政府的救市举措。金融企业的资产负债表包括资产、负债和资本金（权益）三部分。向货币市场注入流动性、在贴现窗口向金融机构提供抵押贷款、对金融机构的新增债务进行担保，这是从负债方入手进行救市。利用财政资金购买金融机构的不良资产，这是从资产方入手进行救市。直接用财政资金向金融机构注资，这是从资本金方入手进行救市。目前美国7000亿财政资金的用途已经从购买不良资产向财政直接注资转换，考虑到金融机构普遍具有20倍左右的财务杠杆，注资的效果明显优于购买不良资产，这说明股票市场的持续下跌、信贷市场的持续紧缩以及英国政府的注资行为，使得美国政府迅速抛开了意识形态方面的考虑，开始采取更为直接、更为有效的救市措施。从目前来看，美国与欧洲各国政府已经步入了正确的救市方向。

（一）7000 亿美元救市方案并不意味着次贷危机的终结

7000 亿美元救市方案的通过虽然有助于缓解金融机构进一步的资产减记压力，在短期内提振市场信心，但并不足以帮助美国金融市场和实体经济从次贷危机的漩涡中脱身。向金融机构注入资本金的方案明显优于购买金融机构不良资产的方案，但前者要充分发挥作用仍有待时日。各种证据表明，次贷危机仍将会继续深化、扩展，仍将有更多的金融机构倒闭或被兼并收购，美国实体经济很有可能陷入严重的衰退，美联储有可能进一步降息，美国财政部将被迫动用更多的财政资金，美国的财政赤字将进一步扩大，从而对美国国债的信用等级以及美元的有效汇率构成进一步的打压。

第一，美国的房价仍将进一步下跌。迄今为止美国 10 个城市或 20 个城市的标准普尔 Case 希勒指数均下跌了 20% 左右，市场普遍估计美国平均房价还有 10% 左右的下跌空间。房价继续下跌无疑将导致次级乃至优质抵押贷款违约率的继续上升，从而造成基于抵押贷款债权的 MBS 和 CDO 的信用等级进一步调降、市场价值进一步缩水。如果金融机构继续持有这类 MBS 和 CDO 资产，则它们不得不继续减记资产；如果金融机构将这些资产出售给财政部，则财政部同样面临减记资产的问题。

第二，美国政府对房利美、房地美和 AIG 的救助均贯彻了只保护债权人而让这些机构的股东均承担损失的原则。美国政府以很低的价格获得上述机构的股权，不但使得老股东的股权被严重稀释，股票的市场价格也显著缩水。由于美国很多中小州立银行均是两房的优先股股东，这些中小银行将因为两房的倒闭而承受严重的账面损失。

第三，目前美国的商业票据市场、债券回购市场等短期货币市场基本上陷入停顿，代表着短期融资利率水平的 TED、OIS 以及美元 LIBOR 与联邦基准利率之间的息差均处于历史性的高水平。如果短期货币市场的紧张状况不能及时得到缓解，则所有依赖于短期货币市场进行融资的机构，包括投资银行、对冲基金、商业银行旗下的特别投资载体以及管道等依赖于“借短投长”模型进行营利的金融机构，将持续面临越来越严重的短期债务压力。为了偿还债务，它们不得不继续仓促抛售金融资产，而资产抛售将造成这些机构持有的资产余额的价值下降。换句话来说，由于短期融资市场陷入停顿，金融机构不得不抛售风险资产以偿还短期债务，但风险资产的抛售将造成金融机构所持有的资产的价值进一步下降，导致更多的资产减记和潜在亏损。如果 7000 亿美元救市计划不能立刻缓解短期货币市场以及信贷市场面临的压力，或者金融机构以市定价（Mark to Market）

的会计方式不有所调整，金融机构就会继续爆出亏损甚至破产倒闭。

第四，信贷紧缩的局面没有得到根本性缓解。虽然联邦基准利率已经调降至2%的水平，但是由于商业银行自身出现投资亏损而出现惜贷现象，以及违约率上升造成金融机构提高了对各类贷款的审核，导致美国居民和企业部门均面临较为严重的信贷紧缩。持续的信贷紧缩、股票市场与房地产市场价值缩水的财富效应与托宾Q效应，使得危机从金融领域传导至实体经济。目前美国的居民消费、企业投资和房地产投资均出现下滑趋势，而唯一比较强劲的出口也将因为欧洲经济和日本经济的走软而好景不长。美国很有可能在2008年下半年陷入负增长。

第五，次贷危机以来美国政府的救市举措将极大地恶化美国政府的财政状况。2008年年初白宫曾预计，2008年财年美国政府的财政赤字将达到4100亿美元。而次贷危机爆发之后，美国政府先后推出了1680亿美元的减税计划、用2000亿美元救助两房、用850亿美元救助AIG、7000亿美元的救市方案，以及与7000亿美元的救市方案捆绑在一起的大约1500亿美元的额外减税，简单计算，次贷危机爆发以来美国政府与救市相关的潜在财政支出已经高达1.3万亿美元。这还不包括美联储通过各种创新机制向金融机构注入的上万亿美元的流动性贷款中可能出现的坏账。唯一可以确定的是，次贷危机尘埃落定之后，美国政府的财政赤字将达到创纪录的水平。在经济衰退、金融市场动荡、财政赤字飙升的背景之下，美国国债的信用等级以及美元的有效汇率都将面临严峻考验。

（二）欧洲的危机可能更加严重

就在2008年9月底之前，还有不少欧洲政客对美国次贷危机幸灾乐祸，认为这是盎格鲁—撒克逊式金融自由主义的重大失败。更有人认为这是美元没落、欧元上升的标志性事件。很多欧洲政客甚至提出应拒绝美国提出的联手拯救金融市场的请求。

然而2008年9月底的一系列事件证明这只是欧洲政客们的短视和一厢情愿。短短一两周的时间内，比利时与荷兰合资的富通银行（Fotis）、比利时与法国合资的德克夏银行（Dexia）、德国的许珀地产融资抵押银行（Hypo Real Estate AG）、英国的布拉德福德—宾利银行（Bradford & Bingley）等欧洲著名的金融机构纷纷告急，导致欧洲多国政府不得不联手拯救。

爱尔兰在未与其他欧元区国家及英国充分沟通的情况下，贸然提出为自己国内六大主要贷款商的所有负债提供保险的激进举措，导致其他国家的储蓄存款大量流入该国银行系统，被其他欧洲国家指责为重新挑起了“以邻为壑”的单边政策。受巨额外债所困，冰岛甚至陷入了国家破产的边缘，该国在病急乱求医的

情况下甚至向俄罗斯申请贷款，这被欧盟国家视为对欧盟现有经济政治格局的一大冲击。

据英国《每日电讯》报道，法国财政部长拉加德曾经请求美国财政部长保尔森对 AIG 进行救援。因为 AIG 为欧洲银行提供了价值 300 亿美元的信用保险，而且这些信用保险被欧洲银行用于“降低监管资本要求，而非用于降低所承担的风险”。一旦 AIG 轰然倒塌，一大批欧洲银行将面临资本金严重不足的困境。此外，欧洲银行的杠杆比率以及表外资产的规模和风险，可能并不亚于其美国同行。由于欧洲金融体系相对美国而言更加依赖于银行融资，一旦银行体系爆发危机，欧洲实体经济面临的打击将更加沉重。

更令人担忧的是，作为一个松散的政治实体的欧盟，很难像美国那样，能够在很短的时间内通过一个庞大的财政刺激方案来应对危机，这已经远远超过了欧洲央行的权限。事实上，由法国总统萨科齐提出的成立欧盟紧急基金的倡议，很快就被德国总理默克尔否决了。

在市场面临严重危机的情况下，欧盟这种讨价还价式的缓慢决策方式注定会错过出台救市方案的最佳时机。目前已有很多分析人士对于欧洲央行未能及时降息提出批评。欧盟也很难出台整体性的财政纾困方案。再考虑到欧洲的金融市场不如美国金融市场灵活，则一旦金融危机在欧洲全面爆发，欧洲的金融市场和实体经济将面临更为严重的冲击。这也是为什么近来虽然美国金融市场负面消息频出，但美元相对于欧元却不断升值的根本原因之一。

从更深层次的角度来看，欧元区国家作为一个不完美的“最优货币区”，应对非对称性外部冲击的能力是非常薄弱的。由于欧元区国家统一使用欧元，这意味着成员国放弃了实施相机货币政策的权力。受马约关于财政赤字与对外负债占 GDP 比率的限制，成员国事实上也放弃了动用大规模财政刺激政策的权力。在各国缺乏实施自主财政政策和货币政策的前提下，一旦发生非对称性外部冲击，从理论上来讲，要靠生产要素和劳动力在欧元区范围内无限制的流动才能最终吸收冲击，避免对实体经济产生显著影响。然而问题在于，欧洲劳动力市场恰恰是僵化的、缺乏流动性的，劳动力价格也明显缺乏弹性。因此，由于各国受到次贷危机的冲击不一样，各国很难就实施区域内统一的货币政策或财政政策达成共识，造成应对危机反应不足以及缓慢的事实。在欧元区东扩之后，这一内在缺陷变得更加明显。甚至有人把爱尔兰的单边无限存款保险政策、冰岛向俄罗斯申请紧急贷款援助的举措视为欧洲货币一体化陷入困境的标志性事件。

（三）未来走势

美国新一轮金融危机不仅是流动性危机，更是偿付危机；不仅是次贷危机，更是金融危机；不仅是房贷危机，更是系统性危机。由次级住房抵押贷款问题引发的住房抵押贷款危机，逐步深化蔓延至承担房贷证券化和持有证券化产品的投资银行，投资银行纷纷破产直接导致商业银行和保险机构的资产负债表承压，进而危及整个金融行业。虽然现在投资银行倒下了、房利美及房地美被接管、AIG国有化，但是到目前为止大部分破产还仅限于金融部门，危机的第二阶段，即大规模的企业破产、失业和生产能力破坏等情况尚未出现。但是，金融危机是否进一步恶化进而演化成经济危机？金融危机的后续发展将是如何，这是一个值得思考的重要问题。

此轮金融危机是大萧条以来最严重的金融危机，比 1987 年美国股灾、1998 年长期资本公司问题、2001 年网络泡沫以及 1990 年日本房地产泡沫、1997 年东亚金融危机等美国国内外的危机都要严重。至于新一轮危机是否会造成比大萧条更大的冲击，目前尚不明朗，这取决于危机发展的方向。美联储前主席格林斯潘认为，美国金融危机已经是“百年一遇”的危机，堪比大萧条。从危机的发展过程来看，美国金融市场和政府丧失了一定的公信力（Credibility）。美国的金融危机是市场欺诈的结果，不仅是次贷危机，也是信用危机，不仅是市场危机，更是信心危机①。

美国新一轮的金融危机尚未结束。美国财政部长保尔森认为，只有房地产市场的矫正过程完成，金融市场才可能稳定，这个过程可能至少需要几个月的时间。而目前，美国房地产市场正在深化调整过程之中，从次贷市场向 Alt - A 和一级抵押贷款市场蔓延，美国房地产价格可能还要继续下跌 10%—15%。一般而言，金融危机见底有 4 个维度的衡量指标：一是泡沫化资产价格回落至可持续的水平；二是金融行业去杠杆化；三是金融机构的损失得到确认；四是金融体系的救援和重组（Wolf，2008）。目前来看，这 4 个过程都在发展之中，因此美国金融危机仍将持续一段时间。

金融危机全面升级还尚未见底，将造成重大的损失。2008 年 4 月，国际货币基金组织认为，次贷危机将造成大约 1 万亿美元的损失②。但是，随着“两房”、雷曼、美林和 AIG 相继出现危机，次贷危机已经演化为涉及面更广、危害

① Joseph Stiglitz. The Fruit of Hypocrisy. September 16，2008. http：//www.guardian.co.uk.

② IMF. Financial Stability Report. April，2008.

程度更大的金融危机，危机的损失将远远超过1万亿美元。抵押贷款市场的调整远没有触底，那些没有卖出的房子将进一步压低价格。

市场预期，美国房地产价格（以标准普尔的Case－Shiller住房指数衡量，Composite－10 CSXR与Composite－20 CSXR）将继续下挫10%—15%。在美国5100万拥有住房的家庭中，有800万都在拖延偿还抵押贷款，而且正在失去自己的房子。然而，价格缩水15%将把陷入偿贷危机的家庭总数提升到2000万以上。

因此，可以说美国实体经济最困难的阶段尚未到来。金融危机的进一步演化将给整个金融体系、银行和非银行部门带来深层次影响。次贷问题引发的金融危机有可能让美国付出将近3万亿美元的代价，相当于美国GDP总量的20%以上①。

作为最大的经济体和最重要的进口国，美国经济增长的放缓甚至陷入衰退，将给发达经济体、新兴经济体（尤其是外向型）和发展中国家等造成巨大的外需困境。受金融危机波及的国家将不断扩大，甚至一些本来与国际金融市场距离深远的国家都无法幸免，美国金融危机的冲击将持续较长一段时间，其影响的范围和程度将远远超过大萧条以来的任何一次危机。

六、国际收支体系的重构

迄今为止，2007年8月全面爆发的次贷危机仍愈演愈烈。危机在2008年9月进入了一个新高潮。一方面，美国金融市场上爆发了系统性危机，华尔街五大投行无一幸免、美国最大的保险公司AIG轰然倒下、美国最大的居民储蓄银行华盛顿互惠以及美国第四大商业银行美联银行被并购、房利美与房地美被政府接管，即使7000亿美元的救市方案出台，也没能避免股市再创新低；另一方面，次贷危机演变为全球金融危机，欧洲一大批商业银行被政府国有化，冰岛面临国家破产风险，爱尔兰贸然实施单边的全面存款保险，日本股市大跌，韩国危机重现。整个全球金融体系进入了大动荡、大调整时期。我们不禁要问，次贷危机过后，国际货币金融体系将发生什么样的变化？

在过去一二十年的时间内，全球国际收支格局大致如下：东亚国家输出实体商品、石油输出国输出资源，美国通过输出美元金融产品来换取实体商品和资源

① Nouriel Roubini. The Worst Financial Crisis Since the Great Depression. http：//www. rgemonitor. com.

的流入。东亚国家与石油输出国通过出口获得了经济增长，而美国消费者通过进口获得了实惠与福利的提升。由于美国金融市场输出美元金融产品的潜力是无限的，因此在这个国际体系中，美国的经常账户逆差可以不断扩大，美国的对外债务可以不断累积。然而，随着美国经常账户逆差以及对外债务规模的不断扩大，总有一天东亚国家和石油输出国会对美元丧失信心，一旦东亚国家和石油输出国不再接受美元资产，那么目前的国际收支格局就会轰然倒塌，全球商品及金融市场可能陷入危机。

然而，次贷危机的爆发加剧了全球国际收支格局的调整。虽然目前美元汇率没有大幅度贬值，但美元资产本身出了问题。在危机爆发初期，国外投资者发现，以美国住房抵押贷款为基础的金融产品——例如 MBS 和 CDO——其中蕴含了极大的风险。购买了这些产品的投资者损失惨重。随着次贷危机的深化，美国股市暴跌，华尔街投资银行纷纷倒下。但凡购买了大量美国股票或者与华尔街投资银行进行了大量交易的国外投资者都出现了进一步的亏损。两房的倒闭让国际投资者恍然大悟，原来向来被认为是低风险的美国机构债也不是那么可靠。目前美国政府财政救市成本已经高达 1.3 万亿美元，而且有可能不得不通过发行国债来筹集资金。1.3 万亿美元的新增国债将对 10 万亿美元的存量国债市场造成巨大冲击，持有大量国债的外国央行可能不得不面临资产组合大幅缩水的风险。

因此，次贷危机对美元在国际货币体系中的储备货币地位、对美国金融市场在全球金融市场中的枢纽角色、对美国经济在全球经济增长中的引擎作用都产生了严重的负面影响。随着其他各国对美元、美国金融市场以及美国经济逐渐丧失信心，美国的金融霸权地位将不可避免地步入衰退。

然而，因为目前没有一个强有力的替代者来取代美元、美国金融市场和美国经济的地位，所以美国霸权的衰落注定是一个漫长的过程。欧洲金融市场的危机可能比美国更加严重，而且欧洲实体经济和金融市场应对危机的能力及灵活性还不如美国。日本仍未从长期的经济衰退中完全走出来。金砖四国目前独善其身还成问题，更不用说取代美国的主导地位了。

当前国际收支格局有两种潜在的调整方式：第一种调整方式是美国居民压缩消费增加储蓄；东亚国家刺激内需、降低出口对经济增长的作用；石油输出国大幅减产。这种结构性调整的方式注定是痛苦的，但也是可持续的。第二种调整方式是全球政府尽快帮助美国摆脱危机，继续延续过去的国际收支格局。这种方式从短期来看成本较低，但是并不能从根本上解决国际收支失衡问题，国际收支体系最终仍有崩溃的那一天。全球国际收支格局将如何演变，让我们拭目以待。

专栏 1　金融危机是格林斯潘时代的遗产

中国社会科学院世界经济与政治研究所　何帆

这是怎么一回事呢？一开始不过是美国南方一些地区的房地产价格下跌，但到 2007 年 8 月，突然引发了一场波及全球的金融危机。美联储、欧洲中央银行等各国央行鼎力合作，终于使市场度过了最恐慌的时候。但病来如山倒，病去如抽丝，真是“没有最坏，只有更坏”，不仅次级贷款出现风险，往日的优质贷款也出现了问题；不仅对冲基金损失，就连素来稳健的国际商业银行也无一幸免。原本以为次贷危机到今年就该见底，但最近爆发的房利美和房地美危机、雷曼兄弟破产、美林被收购、AIG 濒临破产，预示着华尔街最冷的冬天还没有到来。

那么，今天的危机与昨日的繁荣有何联系呢？自 20 世纪 90 年代以来，美国经历了长达十年的高增长、低通胀的“新经济”时代。2000—2006 年，美国房地产市场何等风光！美国过去不是没有遇到危机，在格林斯潘执掌美联储的 19 年间，他领导的美联储成功应对了纽约股市大崩盘、墨西哥金融危机、亚洲金融危机、网络经济泡沫、“9·11”恐怖袭击等一系列危机。

在华尔街看来，格林斯潘是神。20 世纪 90 年代大选的时候，华尔街流传着一种说法：管他谁当选呢，只要格林斯潘还是美联储主席就够了。很多严肃的经济学家也非常推崇格林斯潘，弥尔顿·弗里德曼就称赞格林斯潘是美联储成立以来最有建树的主席。然而，2007 年美国次贷危机的爆发，使得往日的辉煌顿时黯然无光。《纽约时报》把格林斯潘称为“泡沫先生”，很多经济学家指责格林斯潘要对网络泡沫和房地产泡沫负责。而对格林斯潘批评得最为犀利的著作之一，就是由威廉·弗莱肯施泰因和弗雷德里克·希恩所写的《格林斯潘的泡沫：美联储的无知年代》。

在两位作者看来，美联储在过去 19 年最关键的时候犯下了一系列错误：1987 年股市崩溃、20 世纪 80 年代的储蓄与贷款协会危机、1998 年的长期资本管理公司（LTCM）倒闭危机、2000 年科技股泡沫、对千年虫的盲目恐惧、2007 年以来的次贷和信贷危机等。令人吃惊的是，格林斯潘在每次危机中所犯的错误都是一样的，就是降息的幅度过大，而且维持过低利率的时间太长。

利率太低，使得金融市场上的流动性过剩。格林斯潘成功地使美国婴儿潮一代疯狂地将自己的储蓄取出来，投向股票市场，以弥补因降息而缩水的收益。他还不断地为“新经济”摇旗呐喊，他认为通货膨胀率被高估，而生产率被低估，因此美国要担心的不是通货膨胀，而且股票市场并没有什么泡沫。调低通货膨胀的结果是，类似社会保障这样的与通货膨胀挂钩的财政支出项目被削减，而政客们会把这笔钱挪作他用。至少在格林斯潘对“新经济”大加赞赏的时候，经济学家根本找不到生产率提高的证据。后来，学者们才领悟到，从新技术问世到生产率的提高，需要一个较为漫长的适应期。而格林斯潘所津津乐道的生产率奇迹仅仅是一个统计上的幻觉。

专栏图：曾担任美联储主席的格林斯潘

经常被人们提起的“格林斯潘对策”（Greenspan Put）说，资产价格下跌的时候，格林斯潘就会立即出手，但当资产价格上涨的时候，他却坐视不管。例如，1998 年 LTCM 危机之后，美联储在 1998 年 9 月份已经降了一次息，而市场也较为稳定，但到 1998 年 10 月 15 日，格林斯潘又匆忙临时召开会议，再次降低利率。这是美联储历史上最不负责的举动之一。当市场形成预期，相信只要市场低迷政府一定会救市之后，投机行为成了全民娱乐，这直接触发了

1999 年之后网络股的疯狂上涨。

是泡沫总会破灭的。当网络泡沫崩溃之后，格林斯潘故伎重施，仍然希望通过降低利息刺激美国经济。而且，在降低利息的同时，美国的住房贷款机构不断放宽房贷标准，尤其是针对收入较低、信用等级较低的客户，开发出各种新型贷款，例如可调整利率贷款。这种贷款在最初 2—3 年利率非常优惠，但到 2—3 年之后就会重新设定利率，大部分借款者到时候其实是很难偿还贷款的。这种所谓的创新使得没有足够金融知识和风险意识的贷款人盲目贷款，但这些借款就成了隐蔽的定时炸弹，到期就会爆炸，让借款人无力还款，从而陷入困境。格林斯潘当时对这种非固定利率贷款非常支持，他认为在降息的背景下，这种贷款方式能够让贷款人省很多钱。但房地产价格从 2006 年之后开始下跌，很多贷款买房者才惊奇地发现，其所要偿还的贷款，已经远远超过了房产的价值。

格林斯潘在为自己辩护的时候说，股市泡沫和房地产泡沫的出现有着更深远的原因，央行想力挽狂澜是无能为力的。那么，按照同样的逻辑，其在位期间美国经济的繁荣也与其个人能力没有太大的关系。

格林斯潘制造了泡沫，而他过去所享受的尊重中又有多少泡沫呢？股市泡沫崩溃了，房地产泡沫崩溃了，最后崩溃的，则是格林斯潘自己的泡沫。

不过，就算格林斯潘是一个开“赌场”的老大，但是参与“赌博”的是全民。制造泡沫成为一场社会运动之后，群众的力量就变得不可忽视。次级贷款之所以泛滥成灾，固然有华尔街的欺诈、美联储的失职，但是，掀起巨大泡沫的是更为壮阔的社会性的波澜。美国政府和国会始终对次级贷款推崇有加，因为这有助于让穷人得到住房，而有房子的选民将是最忠心的选民。狂欢的宴会一旦开始，就马上变得失控。从寻欢作乐的人们手中拿走酒杯，是最不得人心的事，但放纵的恶果一定是第二天醒来之后的头疼和懊悔。华尔街喝醉了酒，现在又正拿新酒去解宿醉。

我一直觉得，中国是幸运的。幸运就幸运在，每当我们犯了错误的时候，总有人会犯更大的错误，让我们猛地醒悟，原来这条路是不该走的。中国的金融改革和开放刚刚步入深水区，隔岸观火，美国为我们提供了前车之鉴。这不是头脑发热凯歌突进的时候，而是辗转反侧冷静思索的关节。

第二章

次贷危机是怎样酿成的

从2006年下半年危机初现端倪，到2008年9月危机全面爆发，美国次贷问题已经演化为新一轮的金融危机。美国新一轮的金融危机是美国自己酿下的毒酒，不仅自己喝，还让别人喝。本轮金融危机的爆发具有特定的诱发因素，是美国金融体系对宽松的货币政策、过度的金融创新、不到位的金融监管和信贷消费支撑的增长模式的一次大规模的彻底清算。

一、流动性过剩

美国及全球主要经济体长期实行宽松的货币政策，造成全球流动性过剩是美国新一轮金融危机的根本原因。由于互联网泡沫的破灭，美国经济和全球经济在2000年前后陷入衰退，2001年爆发的“9·11”事件更是雪上加霜。为了刺激总需求和恢复经济增长，发达国家在2001—2003年间普遍实施了宽松的货币政策，包括降低利率和扩大货币供应量。其中，美联储于2001年1月到2003年6月连续13次降息，将联邦基准利率从6.5%下调至1%，达到46年来的最低水平，之后一直保持到2004年6月。同时，欧洲中央银行在2001年后也进入降息周期，2001年连续4次降息，共降低150个基点，2003年6月开始，将2%的低利率维持了近两年半的时间。日本央行为了刺激经济复苏，从2001年开始，实行了长达5年的、将基准利率维持在接近于“零”的超宽松货币政策。

全球主要经济体的长期低利率（包括实际利率）政策使得全球流动性处于过剩状态。全球流动性过剩一方面使得金融机构可以获得更多的资金，同时也可以贷出更多的资金，还使得金融机构可以采取更大的杠杆比例进行资本运作；另一方面，流动性过剩使得金融产品的风险定价出现过度乐观的状态，全球金融工具的风险定价严重低估。从住房抵押贷款市场来看，流动性过剩使得抵押贷款利率偏低，抵押贷款的风险被低估，从而孕育了巨大的违约风险。同时，投资者和金融机构变得更加大胆，使得整个金融交易过度膨胀。可以说，全球主要经济体实行的宽松的货币政策所造成的流动性过剩和较低的实际利率是美国金融危机爆发的主要根源①。

另一方面，流动性过剩造就了房地产市场的繁荣。美国经济在1995—2001年间出现了互联网泡沫，该泡沫的崩溃直接导致全球经济在2001—2003年间陷入中等程度的衰退。为了刺激经济增长，美联储在很短的时间内将联邦基准利率从6%调低至1%。历史性低水平的利率直接促成了美国房地产市场从2001年到2005年的繁荣。市场繁荣时期宽松的贷款条件和创新的贷款类型使得市场在这一时期内逐渐积累了不堪承受的风险。事实上，恰好是美国房地产市场在2001—2005年的繁荣期间埋下了危机的种子。

二、抵押贷款标准显著放松

在美国房地产市场繁荣时期，房价普遍持续上涨，居民购买房地产的意愿上升，而房地产金融机构提供贷款的条件也因此变得更加宽松。房地产金融机构发放抵押贷款的传统对象是信用等级较高（信用评分在660分以上）、收入稳定可靠（能够提供相关收入证明）、债务负担优良的客户，这种类型的贷款被称为优质贷款（Prime Mortgage）。但是当优质客户资源被开发完毕时，受到盈利动力趋动的金融家就把眼光投向了原本不能申请抵押贷款的群体。据统计，美国国内大约25%的人口属于该群体。

房地产金融机构开发了两类贷款来服务于该群体，即ALT－A贷款和次级贷款。ALT－A贷款（Alternative－A）的贷款对象是指信用评分在620—660分之间的客户，或者信用评分虽然高于660分，但是不能或不愿意提供收入证明的客户。次级贷款（Sub－Prime Mortgage）的贷款对象是指信用评分低于620分的客户，他们甚至不用提供任何收入证明。显然，ALT－A贷款和次级贷款的违约风险要高于优质贷款，因此房地产金融机构必然会提高前两类贷款的利率作为风险补偿。例如，ALT－A贷款的利率一般比优质贷款产品高出1－2个百分点，次级贷款的利率一般比优质贷款产品高出2－3个百分点。

申请次级贷款的购房者一般而言属于低收入阶层，他们往往不能承受较高的首付，在贷款初期也难以承受较高的本息支付。针对这一点，房地产金融机构开发了形形色色的新兴抵押贷款产品，其中最为常见的包括无本金贷款（Interest

① Morris Goldstein. The Subprime Credit Crisis: Origins, Policy Responses, and Reforms. Peterson Institute for International Economics, 2008.

Only Loan)、可调整利率贷款（Adjustable Rate Mortgage，ARM)、选择性可调整利率贷款（Option ARM）等。

如果购房者借入30年的无本金贷款，那么在头5年或10年内，他每月只用偿还贷款利息，而在剩余的25年或20年里，他将分期偿还贷款的本金和利息。如果购房者借入了30年的可调整利率贷款，在头两年内，他只用偿还较低的利息（例如6%），从第三年开始，利率将重新设定（Reset)，采用一种指数加上一个风险溢价（Margin）的形式，例如12个月的LIBOR加5%。一般而言，即使这段时期内市场利率没有发生变动，从第三年开始该抵押贷款的利率也会显著提高。如果购房者借入了30年的选择性可调整利率贷款，那么在前些年内，购房者每月的还款额甚至可以低于正常利息的月供，但是差额部分将自动计入贷款本金，这种方式称为负摊销（Negative Amortization)。例如，一个购房者借了还款期30年的40万美元的房贷，每月应还款3000美元，其中应还利息1400美元。购房者可以选择在最初一些年内每月只还1000美元，因此而未偿还的利息将计入贷款本金。在这种情况下，购房者最终应该偿还的本金金额可能远远超出40万美元。

所有这些创新的抵押贷款产品都有一个特点，那就是在还款的头几年内，还款额很低而且金额固定。但是在这段时间之后，还款压力陡然上升。购房者之所以选择以上贷款品种，原因一是预期房地产价格将持续上升，即使到时候不能偿还本息，也可以通过出售房地产或者再融资（Re - Finance）来偿还债务；原因二是很多次级债借款者甚至根本没弄清贷款产品本身。例如次贷危机发生后，美国参议院银行委员会主席 Chris Dodd 就指责房地产金融机构是用掠夺性的手段(Predatory Practice）来欺骗购房者。事实也部分如此，例如非裔美国人和拉美裔美国人一直是美国次级债贷款人最大的目标客户群体。

如果房地产价格不断上升，那么发放次级债对于房地产金融机构而言是绝佳选择，第一可以赚取更高的贷款利率，第二如果发生违约，金融机构也可以通过拍卖抵押房地产来回笼贷款本息。因此在21世纪初的繁荣时期，美国次级债市场获得了飞速发展。2000年在美国新增抵押贷款中只有2.6%是次级债，到2006年该比率提高到13.5%；2001年美国次级债总规模占抵押贷款市场总规模的比率仅为5.6%，到2006年该比率上升到20%①。

然而一旦市场利率上升与房地产价格下跌同时出现，次级债市场就会面临灭顶之灾。市场利率上升使得重新设定后的贷款利率成为购房者难以承受之重；房

---

① 以上数据引自 http：//money. cnn. com/2007/02/28/magazines/fortune/subprime. fortune/index. htm。

地产价格下跌使得金融机构即使拍卖抵押房地产也难以获得本金的全额偿付。借款者和贷款者都将受到市场的惩罚。而这正是2005年之后美国房地产市场发生的真实情况。

三、过度的金融衍生产品创新

美国拥有全球最为发达的金融基础设施，法律健全、市场发达、技术先进、品种丰富，同时美国也是全球金融创新的核心地带。纵观二战之后的主要金融创新，绝大部分的金融创新工具都产生于美国。但是，金融创新是一把双刃剑，可以造就自己，也可能伤害自己。在美国金融危机爆发和演进的过程中，金融创新的负面效应表露无遗，甚至可以说，金融创新加快了次贷危机向金融危机的演化步伐，也加速了美国金融危机的全球蔓延。

（一）房地产抵押贷款产品创新埋下次贷危机爆发的种子

上述住房抵押贷款给中低收入阶层带来了购买房地产的可能性，也促进了市场的繁荣，但是美国房地产抵押贷款标准的放松和抵押贷款产品的创新为次贷危机的爆发埋下了种子。一是次级住房抵押贷款和Alt-A贷款都具有较大的道德风险，这些贷款是发放给中低收入阶层甚至信用记录一般的人群。二是住房抵押贷款难以抵挡系统性风险的冲击。这些住房抵押贷款是在美国房地产市场繁荣和利率处于较低阶段发放的，一旦利率上升或楼价下跌，借款人就无法还贷，金融机构的资金链就将断裂。三是次级住房抵押贷款的利率结构放大了后期的信用风险。尤其是可调整利率抵押贷款（ARM），在利率浮动的还贷阶段，借款人必须采用基准利率加上风险溢价的形式还贷，其还贷的压力变大。这样，借款人的信用风险和房地产抵押贷款市场的系统风险就会同时增加，而且风险所造成的损失要远远大于正常的消费信贷①。

实际情况就是如此，2004年6月美国进入加息周期，两年内加息达17次，幅度为4.25%，与此同时，美国房地产价格也正好达到最高点。2006年6月，标普Case-Shiller住房指数（Composite-10 CSXR，反映美国主要10大城市的

① 孙立坚、彭述涛："从'次级债风波'看现代金融风险的本质"，《金融与保险》，2008年第1期。

住房价格变化指数）从2000年1月的100上涨至226.29（见图2-1）[①]。联邦基准利率从2004年6月到2006年6月两年间上调4.25%，房地产价格下跌，贷款人还贷压力大幅度增加（因为利率提高，并进入浮动利率还款期），促使美国次级住房抵押贷款市场在2007年3月出现了危机征兆。随后，停止还贷现象不断增加，贷款金融机构资金链出现问题，美国次贷危机最终在2007年8月爆发。

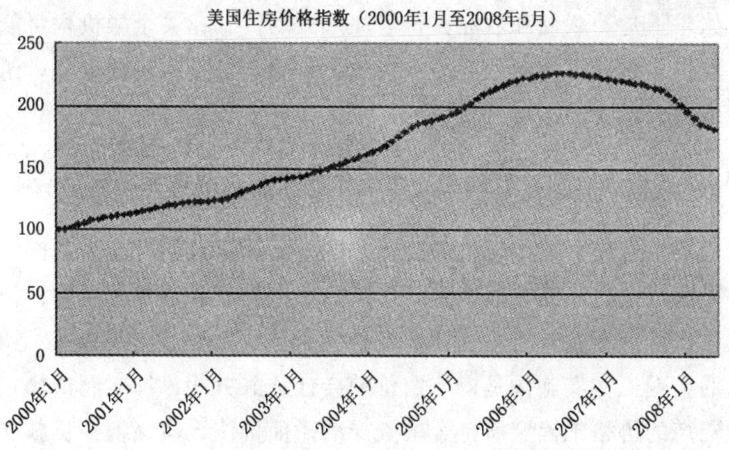

图2-1　美国标普 Case-Shiller 住房指数走势图

（二）资产证券化带来信贷市场的不稳定

资产证券化是20世纪最重要的金融创新之一，是流动性创造的主导金融创新产品。但是，资产证券化同时也是一种风险转移和风险分散的金融创新。通过证券化操作，房地产金融机构将住房抵押贷款的违约风险转移给资本市场，由抵押贷款支持证券的购买者（商业银行、公共基金和养老基金等）来承担相应的违约风险。由于证券化产品过于复杂，很多机构投资者对证券化产品的定价并没有深入了解，而是完全依赖产品的信用评级进行投资决策。结果是，证券化产品偏高的信用评级导致了机构投资者的非理性追捧，从而导致了风险的累积，最终带来了市场的脆弱性（何帆和张明，2007）。

美国在经历了较长时间的低利率阶段之后，通货膨胀压力开始显现，美联储于2004年6月开始连续加息，房地产市场上违约现象层出不穷，2006年下半年

---

① S&P/Case-Shiller Home Price Indices，http：//www2.standardandpoors.com/spf/pdf/index/CSHome-Price_History_072943.xls.

美国房地产市场进入调整阶段，住房抵押贷款市场的风险升级，并于2007年下半年爆发了次级住房抵押贷款危机。次贷危机的爆发使得持有相关证券化资产的机构投资者蒙受重大损失并进行资产减记，金融机构急需流动性解决财务困难，整个金融市场陷入流动性紧缺和信用紧缩的境地。而房地产抵押贷款机构和证券化产品持有机构对流动性极其依赖，在次贷危机的冲击下，它们很大程度上丧失了再融资功能，使得市场出现了信用骤停现象，各机构应对金融动荡和危机的能力下降。如果不是美联储和欧洲央行等注入流动性，相关金融机构可能蒙受更大的损失。次贷危机通过流动性紧缩升级演化为整个信贷市场的危机，给金融市场的稳定性带来了重大冲击。

（三）财务管理、资产管理和资本运作创新给金融体系带来风险

高杠杆资本运作、以市定价的会计记账方法和以风险价值为基础的资产管理模式，使得次贷危机不断升级蔓延。次级住房抵押贷款危机的爆发，使机构投资者持有的住房抵押贷款支持的证券市场价值缩水。虽然这些亏损仅是账面浮亏，但美、欧的金融机构实施的是以市定价的会计记账方法，即参照市场正在交易的类似金融资产的价格来确定所持金融资产的账面价值，次级抵押贷款支持证券的市场价值缩水，将导致金融机构类似金融资产价值的缩水。例如，MBS市场价值下跌，就会影响ABS的市场价值。根据美联储的数据，截止到2008年8月6日，美国资产支持的商业票据（ABCP）市场从一年前的1.22万亿美元，萎缩到7297亿美元。一旦资产账面价值在本期内下跌，金融机构就必须在资产负债表上进行资产减记，在利润表上则出现相同规模的账面亏损（张明，2008）。简而言之，该会计记账方法是金融机构不断披露规模巨大的资产减记和账面亏损的原因，即该会计方法放大了金融机构的浮亏程度。

更值得注意的是，商业银行和投资银行等金融机构不同程度上使用杠杆进行资本运作和资产管理。在资产价值下跌的条件下，金融机构由于实施以风险价值（VAR）为基础的资产负债管理模式，就被迫启动了去杠杆化过程，要么出售风险资产来偿还债务，主动收缩资产负债表，要么通过吸引新的股权投资来扩充自有资本的规模（张明，2008）。如果机构投资者在同一时间内大规模出售风险资产，自然就会压低风险资产的价格，从而引发市场动荡，并造成金融机构尚未出售的风险资产的账面价值再度下跌。如果采取提高资本金的方式进行去杠杆化，就会造成市场的流动性紧张，从而可能酝酿整个信贷市场的系统性危机。

会计准则、杠杆操作和去杠杆化的风险最为贴切的例子就是房利美和房地美危机。截止2007年底，房利美、房地美两家公司杠杆倍率高达62倍。次贷危机

发生之后，如果按照会计准则的变动，房利美和房地美将出现问题的抵押贷款资产从被禁止的表外实体重新转移到资产负债表内，那么“两房”需要重新募集750亿美元资本，“两房”危机随即产生。如果不是美国财政部和美联储对“两房”史无前例的救援，“两房”危机极有可能酿成美国金融体系的系统性危机。可以说，会计方法、资产管理模式和杠杆操作等在次贷危机的不断升级和蔓延中扮演了非常重要的角色，次贷危机逐步演化为信用危机和金融危机。

（四）全球化使得次贷危机的风险在全球扩散，危及全球金融稳定

在金融全球化的条件下，美国成为全球最主要的投资目的地，欧洲、新兴经济体和石油出口国等都是美国的投资来源国。美国的金融创新产品很大一部分也被海外投资者所持有。在次贷危机爆发之后，全球相关金融机构遭受次贷资产市场价值缩水的损失巨大。其中，汇丰持有美国次贷资产943亿美元，还有次级MBS的CDO约为300亿美元，是持有美国次级债最大的金融机构。花旗、美林、高盛和贝尔斯登等金融机构也相继报出巨亏。更重要的是，房利美、房贷美危机之后，次贷危机冲击的范围进一步扩大，直接威胁美国的机构债甚至政府债券的安全。其中，中国是美国机构债最大的持有者。根据美国财政部和美联储2007年联合发布的《海外持有美国证券情况的报告》，截至2007年6月30日，中国是美国机构债最大的持有国，持有美国长期机构债3760亿美元，其中资产支持证券（ABS）2060亿美元①。金融资产在全球范围内配置，使得金融风险也扩大至全球，全球金融体系的稳定性受到严峻的挑战，各个经济体的金融安全也面临着巨大风险。

过度的金融创新也是本轮金融危机爆发的主要推动因素。金融创新是在金融领域内建立一种“新的生产函数”，是金融领域各种要素的重新优化组合和金融资源的重新配置，金融创新是金融体系促进实体经济运行的“引擎”②。但是，金融创新是一把“双刃剑”，过度的金融创新导致信用的非理性扩张，可能使得整个金融体系演变为一场溃逃③。Reinhart 和 Rogoff（2008）认为，金融创新的风险从美国房地产市场——房地产抵押贷款市场——信用市场——金融市场等不断升级，最后造成美国大萧条以来最严重的金融危机④。

---

① The Department of Treasury of the United States. http://www.ustreas.gov/tic/fpis.shtml.

② Merton, R. C. Financial Innovation and Economic Performance. Journal of Applied Corporate Finance, 4 (4), 1992.

③ Minsky, Hyman P. The Financial Instability Hypothesis. NBER Working Paper, No. 74, 1992.

④ Reinhart, Carmen and Kennerth S. Rogoff. Is the 2007 Subprime Financial Crisis So Different? An International Historical Comparison. Draft, Feb, 2008.

四、金融监管缺位

在美国金融行业急剧发展的阶段，尤其是金融创新深化的阶段，美国金融管理当局的监管不到位是金融危机爆发的另一个重要因素。目前，美国实行的是以美联储为中心的伞形监管模式。该模式是以中央银行为核心、各金融监管机构为组成的监控体系。但是，伞形监管对金融风险的预警、披露和防范并非有效，美联储也没有真正处于监管的核心，至少没有发挥监管核心的作用①。

主要监管者美联储的权力在一定程度上受到专业监管部门的牵制，监管效率还不能达到最佳。例如，商业银行通过实施证券化，就可以将风险资产从资产负债表中转出，从而规避美联储对资本充足率的管制。与此同时，由于相关资产证券化的发起人是商业银行，证券交易委员会也未全力介入对此类证券的监管。证券化将信贷风险由信贷市场转移到资本市场，但由于信贷市场和资本市场的监管体系是彼此分割的，从而不能充分识别和控制证券化的风险。金融监管的不充分、无效率和监管“死角”，尤其缺乏对 MBS、CDO 等结构化金融产品和相关机构的有效监管，使得金融创新和金融市场过度暴露于风险之中。

当然，金融创新的复杂性和金融机构经营的多层次使得金融监管的能力受到挑战，金融监管也不能代替金融机构进行风险管理。最后，还有监管准则的问题，虽然美国银行业将巴塞尔协议 II 当作监管的重要准则，但是，巴塞尔协议 II 本身是鼓励证券化（以分散风险）和表外融资②，而这两点正好是美国新一轮金融危机的重要诱因。

五、美国居民的举债消费模式

20 世纪 90 年代以来，全球化深入发展，资本、劳动和科技进步这三个要素在全球进行重新配置，从而对生产力产生了极大的促进作用，世界经济发展进入一个长达近 20 年的高增长、低通胀的稳定发展时期。在这样一个新的全球市场

---

① Cecchetti, Stephen G. Crisis and Response: The Federal Reserve and the Financial Crisis of 2007 – 2008. NBER Working Paper 14134, June, 2008.

② IMF. The Recent Financial Turmoil – Initial Assessment, Policy Lessons, and Implications for Fund Surveillance. April, 2008. www. imf. org.

中，原计划经济体系的转轨并融入全球经济，使得劳动力的供给迅猛增加。全球化的人口红利使得全球实际的人力成本处于一个相当稳定的状态，而更多的国家融入全球经济，全球范围内有效需求就显得相对不足，因此需求的增加只会增加产出而不会提高价格。美国在全球化中获得了大量的资本和劳动，经济蓬勃发展，不断扩张的需求和消费信心，使得消费在 GDP 中的比重不断增加。

尤其网络泡沫破灭之后，主权资本代替私人资本成为美国最大的资本输入来源，美国房地产市场和金融市场一路向上，居民手中抵押品的价格不断升值，这样居民就可以抵押各类资产获得信用，也可以通过资本利得的财富效应继续消费，消费信贷在 2000 年以后开始加速扩张，居民消费占 GDP 的比例不断推高，进而演化为资本流入和信贷消费支持的经济增长模式。而这一增长模式是建立在流动性充足、资本持续流入和资产价格不断攀升的基础之上，一旦产生外部冲击（例如国际投资者对美国市场的风险重估、资产价格下滑或者流动性逆转），美国经济增长的基础就将坍塌。可以说，美国新一轮的金融危机是对全球化背景下美国经济增长模式的一次清算。

六、解析核心衍生产品

在这些因素中，资产证券化是影响最为深远的因素。在市场繁荣时期，房地产金融机构手中持有大量的房地产抵押贷款。这种资产具有收益率较高、安全性较强等特点，但是缺乏流动性。为了提高资金周转率，房地产金融机构有强烈的动机将手中的房地产抵押贷款以合理的价格转让出去，从而获得资金以便进行下一轮贷款。抵押贷款支持证券（Mortgage Backed Securities，MBS）及其衍生品市场于是应运而生。

（一）抵押贷款支持证券（MBS）

所谓抵押贷款支持证券，是指房地产金融机构将大量的抵押贷款债权组成一个资产池，以该资产池所产生的现金流为基础发行定期还本付息的债券。购房者定期缴纳的月供成为偿付 MBS 本息的基础。通过一系列信用增级措施，MBS 往往能够得到信用评级机构较高的评级，从而容易获得机构投资者的青睐。

一旦房地产金融机构将 MBS 出售给机构投资者，那么与该 MBS 相关的抵押贷款资产池所有的收益和风险都转手（Pass Thourgh）给了投资者，房地产金融机构不再承担任何相关风险。持有抵押贷款债权的主要风险包括违约风险（购房者不能按时支付月供）、利率风险（市场利率上升造成抵押贷款债权的价值下降）和提前偿还风险（购房者提前偿还所有本金）。

自美国政府国民抵押贷款协会（Government National Mortgage Association，GNMA，俗称 Ginnie Mae，吉利美）于 1970 年首次发行 MBS 以来，该市场获得了飞速发展。根据 UBS 的资料，当前美国住宅房地产市场的规模约为 17 万亿美元，其中住宅抵押贷款市场规模约为 10 万亿美元，而抵押贷款证券化市场的规模达到约 6 万亿美元。在这 6 万亿美元的抵押贷款支持证券中，大约 67% 获得了吉利美、美国联邦国民抵押贷款协会（Federal National Mortgage Association，FNMA，俗称 Fannie Mae，房利美）、美国联邦住房贷款抵押公司（Federal Home Loan Mortgage Corporation，FHLMC，俗称 Freddie Mac）等三大政府抵押贷款机构的担保，因此属于优质债券，大约 14% 属于次级债券，11% 属于 Alt－A 债券，8% 属于巨型抵押贷款[①]债券[②]。

（二）担保债务凭证（CDO）

优质贷款由于有政府性机构提供的担保，获得很高的信用评级不足为奇。关键在于以次级贷款为基础的 MBS 是否能够获得较高的信用评级。针对这一点，房地产金融机构在投资银行的帮助下，开发出一种新型的 MBS——担保债务凭证（Collateralized Debt Obligation，CDO）。CDO 产品的核心是一个分级（Tranches）的概念，即在同一个抵押贷款资产池上开发出信用风险不同的各级产品：优先级（Senior Tranches）、中间级（Mezzanine Tranches）和股权级（Equity Tranches）。以上产品都是基于同一个抵押贷款资产池，但是该资产池产生的现金流遵循以下分配规则：先满足优先级证券的本息偿付、其次满足中间级证券的本息偿付，最后满足股权级证券的本息偿付。因此，一旦抵押贷款违约率上升导致现金流缩减，那么各级产品偿还顺序由先到后为优先级、中间级和股权级。换句话说，优先级产品的偿付有中间级和股权级产品作为保障，因此往往能够获得 AAA 评级。中间级产品的信用评级在 AA 到 BB 之间。股权级产品一般没有信用评级。一般而言，在一个抵押贷款资产池的基础上发行的 CDO 中，优先级约占

① 所谓巨型抵押贷款（Jumbo Mortgage），是指贷款金额超过传统行业平均水平的抵押贷款，因为金额较大，政府性抵押贷款机构不会为其所有金额提供担保。2006 年单笔金额超过 41.7 万美元的抵押贷款被称为巨型贷款，超过 65 万美元的抵押贷款被称为超巨型抵押贷款（Super Jumbo Mortgage）。

② 以上数据引自 UBS. Making Sense of Global Markets. *Asset Allocation Comment*，UBS Investment Research. 3 August 2007。

80%，中间级和股权级各占 10% 左右①。

自 20 世纪 80 年代晚期问世以来，CDO 成为资产支持证券市场上发展最快的品种之一。根据美国证券业与金融市场协会提供的数据，2004—2006 年全球 CDO 市场的发行规模依次为 1570 亿美元、2490 亿美元和 4890 亿美元。优先级 CDO 的购买方包括商业银行、保险公司、共同基金和养老基金等风险偏好程度较低的机构投资者。而投资银行和对冲基金等追求高风险、高收益的机构投资者，则重仓持有中间级和股权级 CDO。

综上所述，通过以抵押贷款资产池为基础在资本市场上发行普通 MBS 和 CDO，房地产金融机构将相关收益和风险全部转移给机构投资者。随着房地产金融产品在全球资本市场上逐渐成为与股票、国债、公司债、货币市场产品等并驾齐驱的投资品种，MBS 和 CDO 在机构投资者资产组合中占据了相当的比重。次级债产品在抵押贷款证券化产品中占有约 14% 的比重，通过发行 CDO，次级债贷款者的违约风险就由房地产金融机构转移到资本市场上的机构投资者。这正是为什么此次美国次贷危机在全球资本市场上掀起风暴的原因。

（三）信用违约互换（CDS）

在信用衍生工具产生之前的 20 年里，虽然信用风险一直被认为是银行业面临的最大风险，但是各国信用风险管理水平很低，无论是在发达国家还是在发展中国家，由于信用风险造成的损失都是巨大的。以转移信用风险为目的的信用衍生工具应运而生，为商业银行提供了全新的信用风险管理方法。最早的信用衍生工具产生于 1993 年，当时美国的信孚银行为了防止其向日本金融界的贷款遭受损失，开始出售一种兑付金额取决于特定违约事件的债券。它与普通债券一样，投资者可从中取得收益，但是一旦违约事件发生，投资者须向信孚银行支付赔款。

在随后的几年里，管理信用风险的信用衍生工具并未取得很快发展。根据英国银行家协会的统计，到 1996 年底，全球未平仓的信用衍生合约不到 100 亿美元。但是 2000 年之后，活跃的金融创新活动为信用衍生工具的发展提供了观念创新和技术创新的机会，信用衍生工具顺势取得了突飞猛进的发展。根据国际清算银行的统计，到 2004 年上半年，全球未平仓的信用衍生工具名义价值达到 5 万亿美元，到 2007 年底信用衍生工具的名义价值已经突破了 70 万亿美元，远远

① 以上数据引自宋鸿兵（2007）：“外汇投资公司，当心美国资产毒垃圾”，新华社区论坛，http：//forum. xinhuanet. com/detail. jsp? id = 45525285。

超过预期的45万亿美元的规模（见图2-2）。

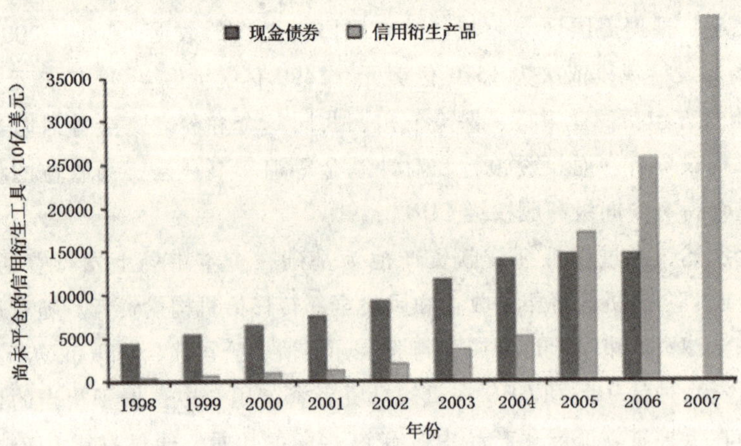

资料来源：Bntish Bankers Asscciation Credit Derrvatrives Report 2006 Bank for internationat Settiements and ISDA.

注：现金债券到2006年6月。

图2-2 信用衍生工具的发展趋势图

信用衍生产品中最主要的是信用违约互换（Credit Default Swaps，CDS）。根据国际清算银行的统计，信用违约互换的规模为60万亿美元，占整个信用衍生产品市场的90%。

信用违约互换就是信用保护买方（信用风险的卖方）向信用保护卖方（信用风险的买方）支付一定费用（Premium），如双方约定的“参考资产”或“参考实体”（例如次级抵押贷款证券化产品、SIVs和CDO等）在规定的时间内发生特定“信用事件”，信用保护卖方须向信用保护买方支付相应款项（信用违约支付）的互换交易结构。在未发生约定的信用事件时，信用保护卖方无需向信用保护买方支付任何代价（零支付）。通过信用违约互换，信用保护买方可以将参考资产相关的信用风险转移至信用保护卖方。

2000年以来，尤其是2004年以后，信用违约互换成为市场青睐的对象。2007年，美国次级抵押贷款危机发生，投资者对复杂的结构性证券化产品失去了信心，投资者转向CDS市场，试图借助CDS市场来对冲信用风险。但是，从美国金融危机的演化来看，CDS可能也不是一个安全的投资产品，它可能是一只“黑天鹅”。

第一，CDS的发行无需计提准备金是CDS市场最大的不稳定因素。市场对

CDS的监管与对冲基金和私人股权基金的监管相当，无须对CDS计提准备金，从而CDS近年来成为了银行等金融机构的重要投资对象，金融系统的内部风险加大。

第二，结构性投资组合和债务抵押债券是CDS重要的组成部分。而结构性投资组合（SIVs）和债务抵押债券（CDO）就是次级抵押贷款主要的证券化产品。次级抵押贷款违约率不断升高，其证券化产品就具有较大的违约风险，CDS就必须承担次级抵押贷款及其证券化产品的违约风险。

第三，CDS的违约损失巨大。2007年，CDS名义价值为45万亿美元，违约率的历史平均水平为1.25%。但是，全球最大的债券经纪公司太平洋投资管理公司PIMCO在其投资策略中表示，即使以这个违约水平计算，CDS市场的损失要超过2500亿美元，与华尔街估计的次级贷款危机的损失相当。

第四，CDS的违约率可能大幅度提高。著名投资公司Safehaven的Thomas Tan认为，CDS的实际违约率要高于历史平均水平。其一，债券市场的产品结构发生改变，高风险债券比例提高。尤其是高风险的公司垃圾债券和抵押领域的结构性投资组合的比例上升，而这些投资产品的违约率将数倍于CDS的历史平均违约率。其二，随着房地产市场价值的下跌，房地产企业发行的公司债券的违约率上升，CDS中的证券化产品构成的违约率也将上涨。可能高达2.5%。这样，CDS的损失可能更为巨大，达5000亿美元。如果加上次贷危机的损失2500亿美元，以及其他高评级债券的违约，此次美国次贷危机所引起的信用危机可能导致1万亿美元的损失。其三，次贷问题的进一步恶化可能导致CDS购买者本身的违约率提高。次贷危机可能造成破产、债务到期未能支付、重组、拒绝清偿和债务加速到期等信用事件。

次级抵押贷款的证券化产品直接进入信用违约互换产品，直接导致信用违约互换产品的违约率上升。同时，次贷危机造成了银行等金融机构的信贷紧缩和现金流问题，间接导致信用违约互换的违约率提高，次贷危机演化成了信用危机。随着金融危机造成的负面影响进一步扩大，金融机构纷纷披露大幅亏损，市场对金融机构的信心和实体经济增长的预期是江河日下，信用危机成了流动性紧缩的最后一根稻草，在中国国庆节之后的一周，伦敦同业拆借市场3个月以下的拆借业务几乎停滞，市场演绎了大萧条以来最严重的信用危机。

专栏 2 美联储又错了吗？

财政部亚太财经与发展中心 郑联盛

随着美国次贷危机演化为全球金融危机，各方对危机爆发的原因进行了探讨，从制度层面进行深刻的反思，更有助于将此轮危机与历史上重大的金融危机进行历史比较。引用货币主义的观点，美联储过去20多年的行为也广受批评。似乎美联储又犯了一个巨大的错误一样，让人们想起了大萧条时代的那个迂腐不堪的美联储。

1. 稳定的货币机制。

弗里德曼通过分析20世纪30年代以来的经济周期与货币存量之间的变动关系，认为经济的不稳定，是由货币的不稳定造成的或加剧的，而货币之所以不稳定则是由于政府未能提供一种稳定的货币体制。

尤其在大萧条期间，可以说美联储将美国经济的周期性调整演化为大萧条。例如，在大萧条危机爆发的初期，美联储没有将大量流入的黄金储备货币化，而且还将正的黄金储备流入转化为货币存量的负增长，美联储的政策实际上不仅没有对危机进行适当的政策应对，而且是在破坏金融的稳定。

美联储更大的失误出现在1931年。在危机中期的1931年，美国放弃了金本位制，而且经济出现了一定的回暖，但是美联储在没有对国内困难（Internal Drain）做出反应的情况下，却迅速对国外困难（External Drain）做出反应，即快速提高贴现率，从10月8日的1.5%上调至次日的2.5%，一个星期之后又上调至3.5%。美联储犯下了大萧条期间最严重的错误，大萧条已经不可避免（剑桥美国经济史，2008）。

弗里德曼批评道，在这个过程中，货币当局缺乏一个稳定的货币机制，以至于货币当局在应对货币存量变化、经济周期波动以及国际货币体系调整的过程中无法稳定货币供给，或提供一种与经济稳定相适应的货币安排，最终导致货币政策的失败。

弗里德曼对此建议，货币当局的主要任务不是去建立一套高度敏感的、能

够不断消除由其他因素所导致的不稳定的政策工具，而是应该防止货币安排本身成为一个不稳定的根源。货币当局的职责是给经济的稳定提供一个稳定的货币环境，从而可以有效地控制并承担货币政策最基本的责任。这一目标可以通过一个“简单规则”来调节国内货币存量，即“每年都用一个固定不变的速率增加货币存量，而不应为了满足周期的需要使得这个增长率发生变化”。

专栏图：美联储总部

在对本轮金融危机的分析中，美联储过度放松的货币政策成为一个广受攻击的问题。即使美联储没有根据弗里德曼的“简单规则”来实施货币政策，但是美联储没有恪守货币政策的稳定机制原则是有共识的，即对网络泡沫危机过度反应，“以一个新的、更大的问题去解决一个老的问题”。

2. 金本位与后布雷顿森林体系。

虽然20世纪30年代全球化概念还没有出现，但是弗里德曼已经看到主要国家之间的货币政策相互牵绊的现实。弗里德曼认为，国际货币体系的变化和调整是主要国家需要重点应对的外部因素，例如金本位制下的固定汇率制度使得美国国内的货币政策从属和受制于调节国际收支关系的需要。他甚至完全同意凯恩斯《货币改革论》中提及的，货币问题包括国内和国际两个方面，而

且不论采取国内的或国外的解决办法均将受到另一方面的紧密制约。

20世纪20年代，主要经济体必须承担国际收支失衡的调整责任，而金本位制度由于20世纪20年代初的黄金冻结政策以及20年代末的紧缩政策，使得黄金的分布结构与货币需求的结构不匹配。在20世纪20年代中后期，由于黄金大量流入美国，使得美国的货币供给大幅度增加（数倍于黄金流入增量），从而带来严重的市场投机，1928年，美联储为了抑制股票市场的投机，转向了紧缩性的货币政策，以冲销黄金流入。而另一方面，其他国家的黄金流入美国，货币供应量相应减少，陷入通缩的境地。这样，由于实行金本位制度的国家其内部货币（Inside Money）存量大幅度下降，全球陷入了货币紧缩的境地。因此，大萧条是货币紧缩的结果，而货币紧缩的祸根在于金本位制度的调整。

如果说，金本位对美国货币供给带来了过度的约束，以至于美国的货币过度紧缩，进而造成了严重的危机。那么，本轮金融危机是美国货币供给过度的放松导致的，流动性过剩导致了资产泡沫和过度交易，最后导致金融大厦的倒塌。

美国货币供给的过度放松是与全球化下的全球经济失衡以及所谓的“后布雷顿森林体系”紧密相关的。当前的全球国际收支失衡主要表现为美国持续的经常账户赤字，以及东亚国家和石油输出国持续的经常账户盈余。而全球流动性的传导机制是，位于中心的美国，产生并释放流动性，而位于外围的东亚国家和石油输出国吸收流动性，同时一部分流动性回流至美国。Dooley等(2003)将这种全球国际收支失衡视为一种新的、稳定的国际货币体系，即后布雷顿森林体系。

在这种体系下，中心国美国得到的好处是能够以低利率为经常账户赤字和财政赤字融资，保证本国居民的高消费；外围国家（东亚国家和石油出口国）可以通过长期出口拉动经济增长，解决就业问题。Dooley等认为，当前的国际收支失衡格局符合中心国家和外围国家的长期利益，因此是富有效率而且能够长期维持的。但是，由于该体系最大的问题是中心国家以信用本位作为支撑发行国际货币，其货币发行没有受到任何约束，为了支撑美国的过度消费和贸易赤字，货币过度发行就是自然而然的事情。另外，甚至比起金本位而言，该体系更缺乏一种在成员国之间分担国际收支调整成本的制度化机制，因此这一体系注定要失败。

而这两次危机中，美联储的失职都来自于美联储所谓的独立性。弗里德曼

指出，在货币政策一般的目标下，美联储的自决权力和范围是如此之大，以至于独立性过于强大，这样货币政策的明确职责和规则可能会被“自作聪明”和个人压力所取代，货币政策成为一种没有约束的独立性政策。在大萧条期间，美联储的独立性使其政策游离于政府和国会的约束之外，而本轮危机中，美联储的独立性是全世界人民所无法约束的。

虽然，格林斯潘在反思次贷危机及其教训中认为，全球金融体系制衡机制的根本——自我监管的公信力将不会受到此次危机的损害。但是，即使在全球化的背景下，美国货币发行不受约束以及由于过度消费所产生的货币过度发行是必须为新一轮的金融危机负责的。

3. “逆风而行”的批判。

凯恩斯主义一个重要的政策建议就是把利率的变动作为货币政策的指南，采取“逆风而行”的货币政策，根据经济周期的变动来调整利率，调控投资，以熨平经济周期的波动，进而稳定经济增长。这种相机抉择的政策机制，充分体现了政策的灵活性。

但是，这种政策受到弗里德曼的深刻批判。因为在实践中，货币存量的变化到其效应的产生存在“时滞”，由于市场难以意料未来经济将会朝哪个方向变动以及变得的程度，因此市场无法准确无误地根据利率的变动来改变持有的货币存量。“逆风而动”，不是来得太猛，就是来得太慢，结果往往南辕北辙。另外，在这种逆向行事的风格中，货币当局容易产生判断失误和态度转变，从而造成了货币供给的不连续变化或过度增加，这就成为经济不稳定的根源之一。

虽然弗里德曼称赞格林斯潘是美联储成立以来最有建树的主席。但是，美国金融海啸的爆发也使得格林斯潘处在广泛的质疑之中。华尔街和学界一些批评者将格林斯潘称为“泡沫先生”，指责格林斯潘要对网络泡沫和房地产泡沫负责。

针对格林斯潘的批评集中在格林斯潘对策（或格林斯潘期权，Greenspan put），即美联储为防止市场大幅持续下跌而采取的行动。格林斯潘对于市场信心极度敏感，他认为，市场信心和经济增长前景是紧密纠结在一起的，美联储的两大职责也是相辅相成、密不可分的。

不过，格林斯潘自己不承认有什么 Greenspan put，他认为美联储的政策是“充分灵活性”和“市场竞争”的体现。但是，格林斯潘在每一次危机中所犯的错误都是一样的，就是降息的幅度过大，而且维持过低利率的时间太长。利率太低，使得金融市场上的流动性过剩。格林斯潘成功地使美国婴儿潮一代疯狂地将自己的储蓄取出来，投向股票市场，以弥补因降息而缩水的收益，同时造就了美国借贷消费的增长模式和巨额的财政赤字、贸易赤字。某种意义上来讲，美国次贷危机是格林斯潘时代的产物（何帆，2008）。

弗里德曼在批判逆风而行的政策的同时，还提出了建议以规避这种吃力不讨好的政策，那就是消除“灵活性”。因为，消除政策不稳定和不确定的风险远比维持“灵活性”更加重要。因此，货币政策控制的主要工作是为货币政策提供一个更为明确的指导方针以及更加令人满意的实施准则。要做到这一点，也有一个非常简单的办法，就是把价格水平的稳定作为货币政策的具体目标，作为政策的直接指导方针和实施准则。因为，从长期而言，货币稳定机制要求的货币供给和货币存量的变化可以有效抵消或加强其他因素的影响，以控制价格水平的变动趋势，因此避免逆风而行和提供一个稳定的货币机制内在是一致的。

第三章

华尔街机构穷途末路

华尔街，美国和世界的梦想大道。华尔街作为美国最有名的街道，它与美国历史、资本主义的发展和金融市场的起伏跌宕之间有着千丝万缕的联系，在美国经济发展和金融霸权获得的过程中，没有其他任何地方可以与之相提并论。华尔街11号，是鼎鼎大名的纽约股票交易所，被称为世界金融业的脉搏。这座只有7层楼的大厦夹在高耸入云的纽约摩根抵押信托大厦和欧文信托大厦中间，显得有些矮小，要不是挂在墙上的大幅美国国旗，一般人是无法理解它对国际金融市场和世界经济的影响力。

在梦想大道上，不得不提的是美国金融业的明珠，美国金融市场的骄傲，那就是五大投资银行。这五家投行包括高盛、摩根士丹利、美林、雷曼兄弟和贝尔斯登，在国际金融业可谓无人不知、无人不晓。但是，美国五大投行却主演了本轮金融危机这场百年一遇的金融海啸大戏。从辉煌时刻到暗淡无光，从财源滚滚到破产关门，仅仅经历数月的时间。头顶闪闪明珠的大投行是如何轰然倒塌的？它们又是如何自编、自导、自演这场金融危机的呢？

一、投资银行的末日

2008年9月15—21日是华尔街历史上最黑暗的一周。雷曼兄弟申请破产保护、美林被美洲银行收购、摩根士丹利与高盛宣布转为银行控股公司。再加上2008年3月被摩根大通收购的贝尔斯登，曾经风光无限的华尔街五大投行集体消失。我们不禁要问，华尔街投资银行神话是如何破灭的？

（一）投资银行的三大经营特征

福兮祸所倚。导致投资银行在次贷危机中陷入深渊的因素，恰好是使得这些银行在过去一二十年间赚得盆满钵溢的因素。简而言之，投资银行之所以在天堂与地狱之间摇摆，有3个典型的经营特征扮演了至关重要的角色。

第一个特征是投资银行过度依赖短期货币市场进行融资。与商业银行能够获得稳定的居民存款作为融资来源不一样，投资银行要募集资金，传统上只能依靠发行股票、发行债券和银行贷款等途径。然而过去10余年来，投资银行越来越依赖短期货币市场进行融资。一方面，投资银行可以通过发行期限为3个月至9

个月不等的商业票据（Commercial Papers）进行融资；另一方面，投资银行也可以通过到期日更短（通常为隔夜）的债券回购市场融通资金。

通过短期货币市场进行融资的优点是显而易见的，发行商业票据或债券回购的成本要明显低于发行债券或银行贷款的成本。而且，过去10年来，随着中国等持有高外汇储备的新兴市场国家进入全球金融体系，短期货币市场充满了流动性，融资成本不断降低。然而，过分依赖短期货币市场，使得投资银行的资产负债结构出现了严重的期限错配。一旦短期货币市场出现流动性短缺，则投资银行的融资成本将显著上升，甚至不能获得新的资金。而为了偿付当期的商业票据，投资银行将不得不通过抛售到期日更长的资产来获得资金。这种集体抛售资产的行为无疑将造成账面的亏损，进一步加剧投资银行在短期货币市场的融资难度。这正是次贷危机爆发以来金融市场反复上演的事实。

第二个特征是投资银行普遍实施了在险价值的资产负债管理模式，而这种模式将财务杠杆的变动内生化。在险价值管理的核心思路是，投资银行的财务杠杆比率与投资银行对自身资产风险水平的评估反向变动。如果投资银行认为当前每单位金融资产承担的风险水平较低，则投资银行可以放大财务杠杆，反之亦然。在市场繁荣时期，由于账面资产市场价格上涨，投资银行倾向于低估每股资产承担的风险，从而不断提高杠杆比率。在2007年次贷危机全面爆发前，华尔街五大投行的平均财务杠杆高达30多倍。而一旦危机爆发，由于账面资产市场价格下滑，投资银行将重新评估每股资产承担的风险，从而不得不启动去杠杆化过程，即通过出售风险资产来偿还负债，降低杠杆比率。如果所有的投资银行同时出售风险资产，则资产的市场价格将被显著压低，在导致投资银行出现大幅账面亏损的同时，进一步启动新一轮的去杠杆化进程。

财务杠杆的内生变动将在市场繁荣时期急剧放大投资银行的资产规模与账面利润，在市场衰退时期急剧放大投资银行的资产减记与账面亏损。可谓成也萧何，败也萧何。

第三个特征是，投资银行全面实施了市值定价的会计制度。市值定价意味着投资银行将定期根据公允价值（市场价值）重新核定账面资产价值，并导致相应的盈利与亏损。与传统的历史成本定价法相比，市值定价有利于更加准确地反映投资银行账面资产的市场价值。然而，这种会计制度最大的一个问题在于它在市场繁荣时期将放大所有投资银行的资产负债表，人为制造繁荣景象；在市场衰退时期将显著收缩所有投资银行的资产负债表，人为加剧衰退景象。次贷危机爆发以来，由于资产价格下跌，在市值定价会计制度下，投资银行不得不根据资产的市场价值来减记资产并披露相关亏损。

从上述分析中不难看出，以上3个因素在危机时是交互作用的。一旦危机引起某类资产价格下跌（次贷危机中最先是以次贷为基础的MBS和CDO），在市值定价制度下，投资银行不得不减记资产、披露亏损。由于实施在险价值管理模式，投资银行不得不启动去杠杆化进程，抛售资产来偿还负债，而这将导致资产价值进一步的下跌，进而引发新一轮的减记资产和去杠杆化。

从上述3个特征的角度，我们也可以解析政府的救市措施。其一，政府不断向短期货币市场注入流动性，向投资银行开放贴现窗口，不断放松抵押品的标准，对金融机构新增负债提供担保，这就是为了帮助金融机构继续获得短期融资；其二，政府购买金融机构资产负债表上的不良资产，就是为了抑制进一步的去杠杆化；其三，目前市场传言政府可能大幅度更改金融机构按市值定价的会计方法，改为历史成本定价、按模型定价（Mark to Model）或按持有到期定价（Mark to Maturity），这就是为了改变市值定价会计方法的“金融加速器”角色。

而金融资产价格持续大幅度下跌自然会影响短期货币市场的信心，加剧投资银行进行短期融资的成本和难度。为偿还到期负债，投资银行不得不出售风险资产。随着资产价格的下跌，投资银行持有的资产根据以市定价的会计准则，必须进行资产减计，要么出售资产，要么增加资本金。这个过程的影响就是投资银行要么出售资产直至破产，要么引入投资方被并购，这个过程持续的结果就是整个投资银行系统最终崩溃。可以说，投资银行的掘墓人就是它们自己。

（二）案例分析：投资银行是如何破产倒闭的？

假定A公司为一家投资银行，该银行的资产负债表如表3－1所示。在危机爆发前，A公司的总资产为1000万美元，其中次级抵押贷款金融产品100万美元。A公司在商业票据市场上发行800万美元票据（期限为3个月），向银行借款150万元，自身资本金为50万美元。该公司的财务杠杆（风险资产/资本金）为19倍。

表3－1　　投资银行的资产负债表（危机爆发前）

资产方		负债与权益方	
流动资金	50万美元	A企业发行的短期票据	800万美元
次级抵押贷款金融产品	100万美元	银行借款	150万美元
其他金融资产	850万美元	资本金	50万美元
合计	1000万美元	合计	1000万美元

次贷危机爆发后，由于次级抵押贷款的违约率上升，造成基于次级抵押贷款

的金融产品的信用等级被调降，市场价值缩水。假定A银行持有的次级抵押贷款金融产品的市场价值缩水20%。则实施以市定价（Mark to Market）的投资银行不得不进行资产减记。资产减记后的资产负债表如表3-2所示。A银行资产方的次级抵押贷款金融产品价值减少20万美元，同时A银行资本金减少20万美元。

表3-2　　投资银行的资产负债表（资产减记后）

资产方		负债与权益方	
流动资金	50万美元	A企业发行的短期票据	800万美元
次级抵押贷款金融产品	80万美元	银行借款	150万美元
其他金融资产	850万美元	资本金	30万美元
合计	980万美元	合计	980万美元

投资银行一般均实施在险价值（VAR）管理方法。这种方法简而言之，就是金融机构的财务杠杆与其金融资产的风险程度反向运动。由于目前账面资产出现资产减记，风险程度提高，金融机构就不得不降低财务杠杆比率，假定金融机构的财务杠杆比率由19倍下降至15倍。由于A银行不能获得新增资本金，它不得不依靠出售其他金融资产的方法来降低财务杠杆比率。A银行调降财务杠杆比率后的资产负债表如表3-3所示。由于资产减记后的资本金为30万美元，A银行所能持有的风险资产下降为30×15=450万美元。这意味着其必须抛售480万美元的风险资产。假定A银行全部抛售其他金融资产，由于市场上很多银行都在抛售风险资产，这自然会导致账面亏损。假定A银行抛售480万元其他金融资产换回了470万美元，即又出现了10万美元的亏损。因此，调降财务杠杆比率后，A银行资本金又减少10万美元。而这又将触发新一轮的调降财务杠杆比率。在此我们暂时不考虑。

表3-3　　投资银行的资产负债表（调降财务杠杆比率后）

资产方		负债与权益方	
流动资金	520万美元	A企业发行的短期票据	800万美元
次级抵押贷款金融产品	80万美元	银行借款	150万美元
其他金融资产	370万美元	资本金	20万美元
合计	970万美元	合计	970万美元

现在我们假定A企业发行的短期票据中有600万美元的票据到期。但是由

于商业票据市场上出现了信心危机，A 企业不能通过发行新的票据来获得融资。A 企业不得不首先动用 520 万美元流动资金来偿还到期的商业票据，剩下 80 万美元的缺口用出售其他金融资产来偿还。偿还商业票据后的投资银行资产负债表如表 3－4 所示。A 银行通过抛售 90 万美元其他金融资产获得 80 万美元流动资金，加上之前的 520 万流动资金，用来偿还到期的 600 万元商业票据。在这一过程中，A 银行资本金又损失了 10 万美元。

表 3－4　　**投资银行的资产负债表**（偿还商业票据后）

资产方		负债与权益方	
流动资金	0 万美元	A 企业发行的短期票据	200 万美元
次级抵押贷款金融产品	80 万美元	银行借款	150 万美元
其他金融资产	280 万美元	资本金	10 万美元
合计	360 万美元	合计	360 万美元

现在实施在险价值管理的 A 银行不得不启动新一轮的去杠杆化，即调低财务杠杆比率，假定杠杆比率由 15 降低至 10。则再度调降财务杠杆比率的 A 银行资产负债表如表 3－5 所示。由于偿还商业票据后 A 银行的资本金降低至 10 万美元，则调降财务杠杆后它所能支撑的风险资产仅为 100 万美元，这意味着 A 银行必须出售 260 万美元的风险资产。假定 A 银行通过出售 260 万美元其他金融资产，获得 255 万美元现金，从而出现 5 万美元的亏损。因此再度调降财务杠杆比率后，A 银行的资本金降低至 5 万美元。

表 3－5　　**投资银行的资产负债表**（再度调降财务杠杆比率后）

资产方		负债与权益方	
流动资金	255 万美元	A 企业发行的短期票据	200 万美元
次级抵押贷款金融产品	80 万美元	银行借款	150 万美元
其他金融资产	20 万美元	资本金	5 万美元
合计	355 万美元	合计	355 万美元

随着更多短期票据的到期以及进一步调降财务杠杆的比率，A 银行的资本金将降低至零以下。如果不能获得新的资本金注入，A 银行只能破产倒闭。

这个案例说明，投资银行具有两大内在的脆弱性：第一是资产与负债的期限错配，借短投长的特征非常明显，一旦不能继续获得短期负债，那么投行就不得不抛售长期资产，从而遭受资本金亏损；第二是财务杠杆过高，导致即使账面资

产出现较低损失，资本金的损失也非常惨重。而次贷危机中投资银行倒闭的关键步骤包括：第一，次贷金融产品市场价值下降，从而引发施行在险价值管理的投资银行启动去杠杆化的过程（降低财务杠杆比率）；第二，在去杠杆化的过程中抛售金融资产进一步侵蚀了投行的资本金；第三，商业票据市场因为信心危机陷入停滞，使得投资银行不能筹集到新的短期债务，从而不得不大幅度降低资产规模，资本金进一步遭受损失。

这个案例也可以说明次贷危机爆发之后金融市场上的资金去向。在危机发生前，A 投资银行拥有 1000 万美元的资产。仅仅因为次贷金融产品发生了 20 万美元的损失，A 银行不得不抛售 480 万美元的风险资产，获得 470 万美元的流动资金。为了偿还到期的 600 万美元商业票据，A 银行不得不向商业票据购买者支付 520 万美元的流动资金，以及再度变卖 90 万美元的风险资产以获得 80 万美元的流动资金。而进一步的去杠杆化使得 A 银行不得不再度抛售 260 万美元的风险资产。去杠杆化加上商业票据市场上不能新发票据，导致 A 银行 1000 万美元的资产缩减为 355 万美元。在减少的 645 万美元的资产中仅有 45 万美元的亏损，其他 600 万美元只不过被商业票据的购买者收回。可以看出，金融市场上并不是没有资金，而是由于信心危机，没有人愿意借出资金，这导致实施杠杆性经营的金融机构出现了一系列连锁反应，而这些连锁反应最终导致了资产缩水以及资本金亏损。

二、“两房”的前生今世

2008 年 9 月 7 日，美国政府宣布从即日起接管陷入困境的房利美（Fannie Mae）和房地美（Freddie Mac）公司（以下简称“两房”）。这是自 2007 年 8 月美国次贷危机全面爆发以来，美国政府所采取的从规模和意义上来讲都最为重大的一次救市行动，这标志着次贷危机开始步入高潮。美国政府救援“两房”，对于美国房地产金融市场、全球金融市场以及金融全球化进程都具有重要影响，也对中国政府进一步推动金融体系改革提供了宝贵经验。

（一）接管是否意味着国有化？

笔者认为，美国政府接管“两房”至少意味着在危机最终尘埃落定之前，暂时将这两家机构国有化。在一定时期内，“两房”将变成中国人概念中的“国有企业”。

在危机爆发之前，“两房”作为住房抵押贷款融资机构的定位本身就相当微妙。它们并非国有企业，而是私人拥有的上市公司。但是它们同时也是联邦法律创建的“政府授权企业”（Government Sponsored Enterprises，GSEs），这意味着它们可以享受如下特权，包括免交各种联邦政府以及州政府的税收，享受来自财政部的金额各为22.5亿美元的信贷支持等。而其中最重要的特权实质上就是一种隐含担保，即投资者普遍相信，一旦“两房”面临破产倒闭的危险，联邦政府一定会出手援救。最终事实证明投资者的预期是完全理性的。

图3－1　两房负面影响深远，次贷危机不断升级

美国政府本次接管“两房”的主要措施包括：第一，由美国国会今年夏天批准创建的联邦住房金融署接管两房的日常业务，并撤换“两房”的首席执行官；第二，美国政府先收购“两房”10亿美元的优先股，这笔优先股的地位要高于目前市面上“两房”的优先股；第三，如果必要，美国财政部将向两家机构分别注入至多1000亿美元的资金，购买相当于“两房”80%普通股的认股权证；第四，美国财政部将通过美联储向“两房”提供新的信贷额度；第五，财政部计划启动临时项目，购买由“两房”提供担保的住房抵押担保证券，未来数日内的购买金额即达到50亿美元。

在美国国会通过财政部救助“两房”的计划之后，美国政府实际上已经被市场绑架了。在美国政府宣布接管“两房”之前，市场已经普遍预期美国政府将向“两房”注入巨资。因此，美国财政部向“两房”各注入1000亿美元的举措其实早已经由“如果必要”变成了“板上钉钉”。一旦美国政府持有“两房”

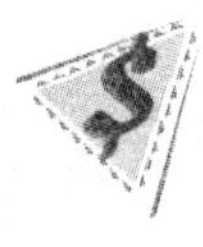

80%左右的股份，“两房”便由私人持有的上市公司，摇身变为美国政府绝对控股的国有企业。按照常理，在美国政府持股比例下降之前，“两房”甚至应该从股票市场上退市。

美国政府将“两房”国有化，这表明政府高度重视“两房”对于维系美国房地产金融市场顺利运转的重要性，“两房”共持有5.4万亿美元的未清偿债务，大约占美国住房抵押贷款市场总规模的40%。如果“两房”破产倒闭，将造成美国住房抵押贷款市场停摆，新增住房抵押贷款利率将会直线上升，住房市场的交易量将严重萎缩。此外，基于住房抵押贷款的金融产品的市场价值将一泻千里，全球金融市场将出现大幅动荡。

其实，美国政府接管“两房”的举措也面临着巨大的压力。事实上，“两房”在成立初期本来就是国有企业，在后来随着美国住房抵押市场规模的扩大而逐渐演变为私人持有的上市公司。将“两房”国有化意味着美国政府走上了回头路。这对于美国政府一直以来所致力推行的自由市场意识形态和放松管制的金融全球化造成了严重冲击。向来被认为是最健全、最深最广的美国金融市场，也可能出现长时间的风险低估，监管当局和投资人长期被结构性金融①的黑箱所蒙蔽。而一旦爆发危机，美国政府就坚定不移地救市，包括降息、注资，以及国有化某些机构。这与美国政府对陷入金融危机的发展中国家开出的药方大相径庭。次贷危机以及“两房”危机的爆发，使得美国政府、美国金融市场的信誉都受到严重冲击。这可能是美元、美国金融市场相对于其竞争对手（欧元区）逐渐走向衰落的一个起点。

（二）“两房”何以沦落到如此田地？

在次贷危机爆发初期，几乎没有人想到“两房”会出现问题。因为“两房”并没有涉足次级贷款领域，它们只能从贷款机构手中购买向提供充足首付以及完整收入证明的借款人发放的抵押贷款，资产质量应该说相对较好。那么“两房”何以沦落到如此田地？

原因之一在于，2001—2005年美国的房地产泡沫实在过于严重，一旦泡沫破灭，房地产价格的下跌也实在令人绝望。迄今为止，美国房地产价格平均下跌已经超过16%，加州、佛罗里达等重灾区其下跌幅度更高。这意味着借款者手

① 所谓结构性金融（Structured Finance），是指金融专家在基础金融产品（例如股票与债券）的基础上进行切割、组合，而最终形成的衍生产品。结构性金融产品有时是如此复杂，以至于除了产品的设计者之外，包括销售方、购买方和评级机构都不能真正了解其中蕴涵的潜在风险。

中的房产价值相对于银行贷款的价值一直在不断下跌。一旦房产价值跌破尚未清偿的银行贷款价值，那么不仅是举借了次级抵押贷款的低收入群体会违约，即使具备还款能力的优质借款人也可能考虑违约。这就意味着房地产价格的深度下跌将导致违约风险从次级抵押贷款市场蔓延到优质贷款市场，从而开始危及“两房”的资产组合。

原因之二在于，相对于其他市场化金融机构，“两房”抵御信用风险的能力要弱得多。作为具有政府隐含担保的准国有企业，“两房”压根不受任何公认的资本充足率标准的限制。相对于其庞大的资产组合而言，“两房”的资本金少得可怜。截至2007年底，这两家公司的核心资本合计832亿美元，而这些资本却支持着5.2万亿美元的债务与担保，杠杆比率高达62.5。换句话说，如果“两房”持有的住房抵押贷款债权只要出现1.6%的坏账，“两房”的资本金实质上就消耗殆尽了。

原因之三在于，在市场繁荣时期，“两房”在盈利动机的驱使下，除了经营自己的传统业务外，也开始大量购入私人金融机构发行的MBS，从中赚取自身资金成本与所购买的MBS之间的息差。1997—2007年，房利美购买的其他机构发行的MBS从185亿美元上升到1278亿美元，房地美购买的其他机构发行的MBS从250亿美元上升到2670亿美元。次贷危机爆发后，这些私人机构发行的MBS的信用等级大幅调降，市场价值相应下滑，从而加剧了“两房”的账面亏损。

综上所述，由于房价深度下跌造成优质抵押贷款违约率上升以及“两房”持有的私人机构发行的MBS的市场价值下降，导致“两房”账面上出现大量亏损。由于“两房”的杠杆比率过高，它们靠自有资本来应对危机的能力其实相当脆弱。2008年7月7日雷曼兄弟发布的研究报告称，“两房”要摆脱目前的危机，至少需要重新募集750亿美元的资本金。这份报告彻底摧毁了市场信心，直接引爆了“两房”危机。

（三）接管方案对于“两房”股东和债权人的影响迥异

根据美国政府的表态，接管“两房”的政策方案致力于保障两房债券持有人的利益，但不会保障“两房”股东的利益。一方面，美国财政部购买的10亿美元优先股的清偿顺序要先于“两房”之前发放的优先股；另一方面，如果“两房”被注入巨资，那么政府将以非常低廉的价格获得“两房”的控股权。这不但意味着“两房”原有股东的股权将被严重稀释，同时将导致老股东每股价值显著缩水。这就不难解释为什么美国政府的救援方案出台之后，“两房”的股

价不升反跌。

考虑到美国一些州立银行是“两房”的重要股东，美国政府的救援方案很可能造成这些州立银行持有的“两房”股权发生严重亏损，加剧其破产倒闭的可能。当然，“两房”债券的持有人（其中很大部分是国际债权人）对于美国政府的上述表态是非常欢迎的。

为什么美国政府会采取这种厚此薄彼的政策呢？表面原因是，一旦企业破产重组，保障债权人利益优于保障股东利益是一种国际惯例。更加深层次的原因是，“两房”的股东主要局限于美国国内的机构和个人，而“两房”的债权人则遍布全球。如果放任两房债券违约，从而给国际债权人造成巨额亏损，那么美国机构债，甚至美国国债以及美国金融市场的信誉将遭受毁灭性打击。美元在国际货币体系中的中心地位、美国金融市场在全球金融体系中的中心地位都可能因此而一蹶不振。保护自己在国际金融市场上的核心地位和现有声誉是美国采取如此非中性救援方案的重要原因。

（四）美国接管“两房”的微观和宏观影响

部分市场人士认为，美国财政部接管房利美和房地美，将对美国房地产信贷市场产生“革命性”的影响，以私人企业承担公共责任的现象可能改变。该计划最小化道德风险，最大化房地产市场的收益，并促进金融市场的平稳顺畅运行。但是，其他人士（例如美联储前主席格林斯潘）认为，财政部接管“两房”是政府为道德风险埋单，是政府利用纳税人的税收支付金融机构非审慎行为的损失，从长期来看，财政部的计划对金融市场的发展是无益的。以下笔者将对美国政府接管计划的影响进行微观和宏观两个方面的分析。

美国政府接管计划的微观影响主要体现在抵押贷款利率、担保费用、旧抵押贷款的处理、新抵押贷款的规范等方面。其一，政府接管“两房”可能有利于抵押贷款利率的稳定甚至小幅下降。其二，担保费用可能降低。“两房”向住房抵押贷款机构提供贷款担保时是收取担保费用的，保尔森已经言明，将以抵押贷款的可承受性来重新评估“两房”为银行提供贷款证券化等服务的费用，贷款担保和贷款证券化服务的费用可能降低。其三，对于旧抵押贷款合同而言，由于担心违约率进一步上升，联邦储蓄保险公司已经开始为出现难题的银行的借款人提供机会，使其以较低的利率偿付贷款。同样，“两房”也已经给贷款出现问题的银行提供了一些金融便利，以消化住房抵押贷款的损失。不过，其效果是不明确的。其四，对于新抵押贷款而言，抵押贷款利率的高低取决于“两房”对其想要购买的贷款债权的风险评定，由于目前“两房”向美国政府融资，因此，新的抵押贷款利率的决定机制将可能改变。在政府的要求下，信用评分要求、首付规模等将可能提高，而贷款额度与房屋价值比例将可能下降。

更为重要的是，美国政府接管“两房”还存在重要的宏观影响。一方面，政府接管“两房”使得两公司的金融市场纽带作用得以正常发挥，有利于住房抵押贷款市场职能的发挥和信贷市场正常的运行，进而促进整个金融体系的稳定运行。另外，政府的接管虽然可能给股市带来一定的不利影响（因为普通股的权益被放在最后一位），但是该行动还是有利于维持美国债券市场的吸引力。更重要的是，美国摒弃市场主义而进行史无前例的政府接管，重在维持全球投资者，尤其是外汇储备的重要持有国对美国市场的信心。政府接管有助于向市场表明，美国的债券（国债、机构债等）是有明确的政府担保的，是安全的投资工具。

另一方面，政府的接管行为有着重大的不利影响。美国政府成为次贷危机的最终风险承担者。美国政府救助的资产范围与规模的扩大以及金融机构的国有化，实际上使美国政府承担了巨大的信用风险，更为重要的是将金融风险集中在一起，使得政府成为金融风险的最大承担者。另外，美国政府可能成为美国金融业最大的“地主”（Landlord）。为了防止大型金融机构的破产，美国政府采取了扩大抵押资产范围和期限的方式为金融机构和市场注入资金，造成美国政府的资产规模和范围不断扩大，尤其是“两房”的接管及其以后可能的“国有化”，将加重美国政府资产负债表的失衡。最后，接管行动可能纵容道德风险，一些大型的金融机构可能借助政府提供的“大而不倒”的隐性担保，盲目扩大其负债业务，或者大肆扩大其表外业务，而将最后风险转嫁给政府。

三、倒霉的雷曼兄弟

“9·11”事件七周年这一周，必将成为华尔街历史上最惊心动魄的一周。在美国的五大投资银行中，除了贝尔斯登在2008年3月被摩根大通收购后，雷曼兄弟于2008年9月15日宣布申请破产保护，而美林证券于2008年9月14日与美洲银行达成协议，将以440亿美元的价格被后者收购。在半年的时间内华尔街五大投行事实上已去其三，而市场也正在密切关注高盛与摩根士丹利的命运。而除了投资银行之外，美国很多中小商业银行以及保险公司也处于岌岌可危的境地。而就在一周之前的2008年9月7日，美国政府宣布接管房利美和房地美。一切证据均确凿无疑地表明，次贷危机已经进入高潮，美国金融市场面临着自1929—1933年大萧条以来最严峻的挑战。而向来出言谨慎的格林斯潘更是断言

美国已经陷入了百年一遇的金融危机之中。

（一）雷曼为什么会倒霉？

雷曼兄弟是一家有着158年悠久历史的投资银行，它本身就是华尔街最著名的传奇之一。该公司曾经经历了19世纪的铁路公司倒闭风暴、1929—1933年的经济大萧条、1998年的长期资本管理公司危机以及2003年的证券与交易委员会（SEC）诉讼风波，最终都挺了过来并且愈发壮大。为什么雷曼兄弟最终会栽倒在次贷危机头上呢？

图3-2　一名雷曼兄弟公司的雇员拿着装有私人物品的纸箱离开公司

问题的关键在于雷曼兄弟持有的资产在次贷危机中亏损累累。该公司在次贷危机爆发之前，持有大量的次级债金融产品（包括MBS和CDO），以及其他较低等级的住房抵押贷款金融产品。次贷危机爆发后，由于次级抵押贷款违约率上升，造成次级债金融产品的信用评级和市场价值直线下降。随着信用风险从次级抵押贷款领域扩展到其他住房抵押贷款领域，较低等级的住房抵押贷款金融产品的信用评级和市场价值也大幅度下滑。由于雷曼兄弟实施了以市定价的记账方法，它必须定期根据金融产品的市场价值来确定自己资产负债表上相关资产的账面价值，这就导致该公司自次贷危机以来不断爆出巨额的资产减值，而资产减记的过程同时就是暴露亏损的过程。

到2008年9月中旬为止，雷曼兄弟自次贷危机爆发以来的总亏损额已经达到150亿美元，而且据市场估计，雷曼兄弟最高还可能面临460亿美元左右的潜在亏损。根据该公司2008年5月31日的季报，该公司的总负债高达6132亿美元，而所有者权益仅为263亿美元，杠杆指数高达23倍。市场普遍认为，巨额资产减记已经严重侵蚀了雷曼兄弟的资本金。如果雷曼兄弟不能通过及时注资来补充资本金，那么该公司很快就会陷入资不抵债的困境。

事实上，雷曼兄弟一直在做两手准备。上策是自己救助自己，包括将价值330亿美元的商业房地产组合剥离出去，出售旗下资产管理部门55%的股权，将40亿美元的英国房地产资产出售，并削减股息，试图以此来降低潜在的资产减记、恢复公司的盈利能力、重新挽回市场信心。下策是寻求其他金融机构的注资。雷曼兄弟首先在2008年8月份与韩国发展银行展开谈判，据说带有中投公司背景的JC Flowers私募股权基金也加入了其中。然而，这一交易最终因为难以获得监管者的同意以及担心该公司潜在的巨额亏损而终止。随后，雷曼兄弟又启动了与美洲银行以及巴克莱的谈判方案，最终由于美国政府拒绝提供任何信贷支持而陷入僵局，从而不得不宣布失败。

一方面，雷曼兄弟出售自身资产管理部门的方案因为自己要价太高而未能成交；另一方面，引资计划又因为自身资产状况的原因以及缺乏美国政府实质性的支持而两度失败。由于迟迟未能改善自身资本金不足的窘境，资本市场上的投资者纷纷通过“用脚投票”的方式来表达对雷曼兄弟的失望。该公司的股票自次贷危机爆发以来已经下跌了95%。求天不应求地不灵，申请破产自然在情理之中。

（二）美国政府为什么不救援雷曼兄弟？

既然雷曼兄弟的规模要比贝尔斯登更大，为什么美国政府在先后救援了贝尔斯登以及两房之后，却拒绝为拟收购雷曼兄弟的美洲银行以及贝克莱提供信贷支持，从而导致雷曼兄弟申请破产呢？美国政府的这种做法是否存在厚此薄彼之嫌？

笔者认为，雷曼兄弟之所以没能获得美国政府的救援，关键在于美国政府一直处于维持金融稳定与降低道德风险的权衡（Trade－off）中不能自拔。让雷曼兄弟破产倒闭则是美国政府试图在二者之间权衡的结果。

雷曼兄弟之所以与贝尔斯登待遇迥异，在于雷曼兄弟的问题出现得不是时候。贝尔斯登的问题则出现在次贷危机爆发的初期，当时，在多家抵押贷款供应商宣布倒闭和多只对冲基金停止赎回的冲击下，次贷危机突然爆发。整个金融市

场陷入了严重的流动性短缺和信贷紧缩状态。由于证券化产品的复杂性以及会计记账方法的不透明性，导致整个市场陷入莫名的恐慌之中，投资者既不知道哪些机构可能遭受损失，也不知道损失规模有多大，还不知道危机将持续多长时间。考虑到贝尔斯登是市场上最重要的交易商之一，如果在市场处于严重不确定性的情况下听任贝尔斯登倒闭，则整个金融市场可能停摆、投资者可能纷纷退出、所有金融机构不得不集体减持风险资产、资产价格将陷入螺旋下跌的局面，美元可能大幅度贬值，同时金融市场长期利率上升，致使美国经济陷入严重衰退。为了防止这一系列负面影响的出现，美联储选择了果断救市，一方面向市场输入大量流动性，暂时缓解了流动性短缺的局面；另一方面为摩根大通收购贝尔斯登提供巨额信贷支持，使得贝尔斯登最终免于直接倒闭，在一定程度上挽救了市场信心。

然而，即使这样，在救援了贝尔斯登之后，美联储还是受到了众多批评。其中最具有代表性的是，为什么政府要用纳税人的钱去为私人金融机构的投资决策失误买单？政府救援私人金融机构会不会滋生道德风险，即鼓励金融机构去承担更大的风险，反正最后有政府兜底？因此，当雷曼兄弟出事之后，美国政府就不得不更加慎重。一方面，次贷危机已经爆发了一年有余，市场投资者对于次贷危机爆发的原因、可能出现的亏损、亏损的分布以及危机可能的走向都有了更加清楚的认识，美国政府采取的一系列救市措施开始发挥作用，市场上的不确定性已经显著降低，在这一前提下，一家投资银行的倒闭不会引发金融市场上的恐慌；另一方面，在对政府救市的众多批评下，反而需要一家重要机构的倒闭来澄清美国政府的立场，即除非引发系统性风险，美国政府不会轻易利用纳税人的钱去救援私人机构。应该让私人机构为自己的决策失误承担责任，这不仅包括管理层，也包括股东。这也是为什么美国政府在接管两房时表示只保护债权人利益，而且撤换了管理层并严重稀释了两房股东的股权价值。投资失败就得承担责任，这是自由市场的核心原则之一。

（三）下一个倒霉蛋会是谁？

继贝尔斯登与雷曼兄弟之后，下一个破产的著名机构将会是谁？这是当前市场上最热门的话题。从迄今为止所披露的资产减记的规模来看，披露亏损最多的3家机构是美林证券、花旗银行与瑞士联合银行（UBS）。美林证券曾一度被认为是最大的“热门”，但是它已经于上周末被美洲银行收购，从而成功上岸。此外，花旗银行与瑞士联合银行由于分别获得了主权财富基金173亿与116亿美元的注资，从而暂时缓解了危机。短期来看，这两家机构破产倒闭的可能性不算太大。

此外，虽然摩根士丹利和高盛也未能在危机中幸免，但是这两家机构的财务状况更加稳健，抵御危机的能力更强，在政府中也有更铁的关系。不要忘记，美国的多位财政部长均出自高盛，包括目前的保尔森。况且，美国政府也承担不起五大投行全部破产而带来的对美国金融市场信誉的冲击。

目前有大量的证据表明，美国最大的保险公司美国国际集团（AIG）很可能成为下一个破产倒闭的机构。由于购买了大量的住房抵押贷款金融产品以及出售了巨额的信用违约互换（Credit Default Swaps，CDS。简单而言，出售 CDS 意味着向购买者保证，市场上某些特定的公司在某个期限内不会发生违约），在次贷危机爆发后，美国国际集团同样出现了巨额的资产减记和账面亏损，最近 3 个季度以来，美国国际集团已经披露了高达 185 亿美元的亏损，从而急需募集资本金或者出售部分业务。从今年年初到现在，该公司的股票已经下跌了 79%，成为道・琼斯工业平均指数中表现最差的一只股票。当前美国国际集团已经向美联储寻求高达 400 亿美元的信贷支持，能否获得批准还前途未卜。如果遭遇美联储的拒绝，美国国际集团就很可能沦为下一家破产的美国金融巨头。

从目前次贷危机的深度和广度来看，危机未来有两个主要的趋势：第一是危机将会对美国商业银行产生更为严重的冲击；第二是危机将会从金融领域进一步扩展至实体领域。

美国商业银行的市场集中度远远落后于欧洲国家，前者国内有大量的州立银行与中小银行。这些银行在过去几年内投资了大量的次级抵押贷款金融产品以及其他证券化产品。次贷危机爆发后，这些银行出现了大面积的资产减记和亏损。此外，这些银行持有大量的两房的普通股和优先股，两房陷入危机以及美国政府的接管措施，使得两房的股票几乎变得一文不值，这对美国中小商业银行的资产负债表构成了新一轮冲击。考虑到这些中小银行抵御危机的能力很差，也很难得到美国政府的救助，因此未来破产倒闭的概率很高。据说，在美国联邦存款保险公司（FDIC）内部，有上百家可能倒闭的中小商业银行的黑名单。而华盛顿互助银行（Washington Mutuals，WAMU）则极有可能成为继 IndyMac 之后又一家破产倒闭的区域性商业银行①。

① AIG 已经被美国国有化，华盛顿互惠银行已经破产。

四、AIG 黑 洞

美国国际集团（AIG）是世界金融服务的领导者，世界500强排名前10名，总资产1万亿美元（截止2007年底），全球员工人数10万人，客户数量6500万人，业务遍及全球130多个国家和地区，是全球首屈一指的国际性金融保险服务机构。AIG在全球极其庞大，无所不包。从飞机租赁到卖给印度人的人身保险，以及小学教师的退休计划都是其业务范围。

但是，在美国金融危机演进过程中扮演重要角色的AIG其倒下的主要原因并不是保险业务，其核心的保险业务以及其他的生意都保持盈利。恰恰相反，是其中一个分支机构其复杂的金融交易使得这个保险巨人几近毁灭[①]。

这个分支机构就是AIG的金融产品部分——AIGFP（AIG Financial Product）。AIGFP就像一个对冲基金，专做金融衍生品市场，或者与房贷和大宗商品相关的复杂金融合同。AIGFP在全球舞台上与大的投资银行在此领域展开竞争，也像华尔街的其他投资银行一样，在前几年也给公司带来了上百亿美元的金融利润。

从20世纪90年代后期开始，AIGFP大规模出售CDS（信用违约互换），即给投资者借出去的债务进行担保，如果因为其他公司破产，投资者的本金无法收回，AIG就会对其损失补偿，机构投资者因此向AIG支付保费。随着房地产市场的兴旺，CDS市场大行其道，并以惊人的速度发展。到目前为止，这个模糊不清、没有任何市场监管的市场在2007年底已经达到62万亿美元，而2007年全球的GDP仅为54万亿美元。AIG在这个市场中涉足达4400亿美元。

这种交易不受任何证券交易所的监管，完全在交易对手间直接互换，被称为柜台交易（Over - the - counter，OTC）。也就是说在最初成交CDS时，并没有任何机制检查来保证出售方（例如AIG）有足够的储备资本进行担保。而且每一家的保险政策都不同，完全没有一个标准来衡量。当然，在2001—2006年房地产火爆、CDS盛行、华尔街一片繁荣时，这种交易为AIG带来了极为丰厚的利润。

2005年，AIGFP在CDS市场上迅速发展壮大，大量出售掉期来担保由次贷支持的债券，AIG认为这是时代的趋势。但是，AIG管理层对其CDS的风险严重低估，甚至取消了每月两次对AIGFP进行审核的例会。而AIG建立起来的两

① 冯郁青："AIG风险黑洞透视"，《第一财经日报》，2008年11月3日。

个内部监督委员会、金融交易委员会和交易审核委员会对 AIGFP 的金融衍生品业务不甚了解。

此外，AIGFP 自身也表现出对风险毫无察觉。2008 年初，AIGFP 还认为，其资产组合没有大的风险。但是，到 2008 年夏天，知情人士发现“AIGFP 几乎像是一个黑洞，很明显没人真正理解这些衍生品。”在连续 3 个季度因其在房贷市场上的损失达到将近 180 亿美元之后，即 2008 年 9 月 15 日在雷曼兄弟宣布破产当晚，标准普尔将 AIG 降级。这意味着 AIG 的交易方可以要求额外的 116 亿美元的抵押。

AIG 陷入了困境。出于大而不倒的效应的考虑，美国政府迅速行动，将 AIG 国有化，以避免产生“系统性的破坏”。美国和全球最大的保险机构在 3 个季度内也演绎了一场盛极一时到落败不堪的经典案例，这也意味着美国次贷危机已蔓延至保险公司这一类传统保守的金融机构，危机已经全面升级。

第四章

危机是如何传染扩散的

在后金融创新和金融全球化时代，美国次贷危机的爆发和深化，给我们提供了一次难得的机会，使我们得以观察金融风险一旦演变为金融危机之后，是如何在不同的金融市场之间、金融市场与实体经济之间进行传导的。正如我们所看到的那样，次贷危机本质上是一场由信用风险的累积酿成的信用危机，但随后导致发达国家资本市场上各种资产价格的普遍下跌，造成资产价格危机。美联储和欧洲央行的联合注资行为，以及美联储的连续降息，虽然一定程度上缓解了金融市场上的流动性短缺，但迄今为止尚未彻底改善信贷紧缩的局面。此外，次贷危机已经从金融市场传导至实体经济，2008 年第一季度美国 GDP 同比增长 0.6%，远低于 2007 年的 2.2% 以及 2006 年的 3.3%。美国经济甚至可能在 2008 年出现连续两个季度的负增长，从而陷入技术意义上的衰退。

本章试图系统分析次贷危机的传导机制，其主要观点和分析逻辑包括：第一，基准利率上升和房地产价格下降引爆了危机；第二，次级抵押贷款的证券化、金融机构以市定价的会计记账方法及其以在险价值为基础的资产负债管理模式，导致危机从信贷市场传导至资本市场，造成资产价格泡沫破灭，而去杠杆化在资本市场的危机深化中扮演着至关重要的角色；第三，资产支持商业票据市场的萎缩导致商业银行被迫向特别投资载体提供信贷支持，以及受损商业机构不得不通过降低风险资产的比重来重新满足资本充足率的要求，从而导致危机从资本市场再度传导至信贷市场，造成持续的信贷紧缩；第四，财富效应、托宾 Q 效应、金融加速器机制、持续的信贷紧缩以及次贷危机直接导致的房地产投资下降等因素，导致危机从金融市场传导至实体经济。

一、危机是如何触发的

关于美国次贷危机爆发的根源，目前的讨论已经比较充分，相关文献可参考张明（2007a）、何帆与张明（2007）、孙立坚、周赟与彭述涛（2007）等。我们把次贷危机的演进逻辑概括为 3 个环环相扣的风险链条，即房地产市场繁荣导致抵押贷款标准放松和抵押贷款产品创新、证券化导致信用风险由房地产金融机构向资本市场传递，以及基准利率的提高和房地产价格的持续下跌成为危机爆发的导火索（张明，2007b）。

在美国已实施证券化的次级抵押贷款中，大约75%属于可调整利率抵押贷款（Credit Suisse，2007）。这种可调整利率抵押贷款在生效2—3年后，会经历一个利率重新设定的过程，合同利率将从较低的初始利率，调整为市场基准利率加上一定的风险溢价。而从2004年6月到2006年6月，美联储连续17次上调联邦基准利率，基准利率从1%上调至5.25%。因此，基准利率的上调导致次级抵押贷款借款人的还款压力不断上升。

在房地产价格不断上升的背景下，如果次级抵押贷款借款人不能还款，那么他们可以申请房屋重新贷款，用新申请的贷款来偿还旧债。如果房地产价格上涨显著，则借款人在利用新债偿还旧债之后还可以获得部分现金以作他用。然而，如果房地产价格持续下降，即使借款人申请房屋重新贷款，也不能完全避免旧债的违约。如果房地产价值下跌到低于未偿还抵押贷款合同金额的水平，很多借款人就干脆直接违约，让贷款机构收回抵押房产。图4-1表明，从2000年1月到2006年6月，反映美国10个主要城市房价变动的S&P Case Shiller指数从100上升到226，上涨了约126%。而从2006年6月到2008年2月，该指数从226下降到191，下降了约15%[①]。正是自2006年下半年以来的房地产价格持续下跌，使得次级抵押贷款借款人通过申请房屋重新贷款来避免违约的能力迅速下降。

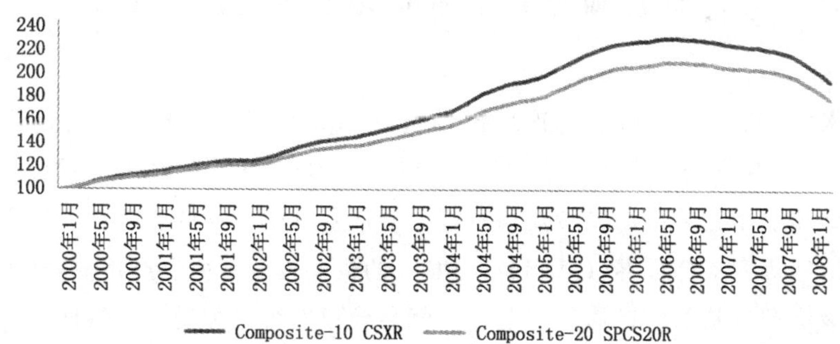

资料来源：www. homeprice. standardandpoors. com.

图4-1 美国的S&P Case Shiller房价指数

从2004年6月到2006年6月的基准利率上调（上调425个基点）以及2006年6月至今的房地产价格下跌（跌幅为15%），共同导致了次贷危机在2007年夏季的集中爆发。2007年美国有40.5万家庭失去了自己的房屋，同比上升

① 以上数据引自www. homeprice. standardandpoors. com。

51%。2007年美国超过1%的家庭房屋被没收，而2006年该比率仅为0.58%[①]。

图4-2 美国次贷危机中近300万人失去房屋

二、危机如何从信贷市场传染至资本市场

在未实施证券化之前，与次级抵押贷款相关的信用风险完全由贷款供应商（商业银行或专业贷款公司）承担。一旦实施了抵押贷款证券化，那么与该部分抵押贷款债权相关的信用风险及其收益，就从贷款供应商的资产负债表中，转移到持有抵押贷款支持证券（MBS或CDO）的机构投资者的资产负债表中。因此，一旦次级抵押贷款的整体违约率上升，就会导致次级抵押贷款支持证券的违约风险相应上升，这些证券的信用评级将会被独立评级机构显著调低，市场价格大幅缩水。

表4-1表明，在总额约1.4万亿美元的次级抵押贷款支持证券中，投资银行、商业银行和对冲基金大约持有其中的56%，价值约为7830亿美元。次级抵押贷款违约率的上升将导致上述机构持有的次级抵押贷款支持证券的市场价值大幅缩水。虽然这些金融机构并未出售贬值的次级抵押贷款支持证券（即没有发生实际亏损），但由于上述机构均实施了以市定价的会计记账方法，它们会参照

① 以上数据引自 money. cnn. com/2008/01/29/real _ estate/foreclosure _ filings _ 2007。

市场上正在交易的相似金融资产的价格来确定自己所持有的金融资产的账面价值，因此，次级抵押贷款支持证券市场价值的缩水将导致持有这些资产的金融机构的账面价值发生同样程度的缩水。对于金融机构而言，一旦资产账面价值在本期内下降，它将在资产负债表上进行资产减记，在利润表上则出现相同规模的账面亏损。这正是从 2007 年夏季以来，跨国金融机构频频披露巨额资产减记及账面亏损的原因。如表 4－2 所示，截至 2008 年 4 月，在跨国金融机构资产减记规模前 10 位中，有 9 位均为商业银行和投资银行。其中资产减记规模最大的前三位分别为花旗集团、瑞银和美林，资产减记规模分别为 391 亿美元、377 亿美元和 291 亿美元。

表 4－1　　　　美国次级抵押贷款支持证券的主要购买方

	金额（10 亿美元）	百分比
美国投资银行	75	5%
美国商业银行	250	18%
美国政府性抵押贷款机构	112	8%
美国对冲基金	233	17%
外国银行	167	12%
外国对冲基金	58	4%
保险公司	319	23%
金融公司	95	7%
共同基金和养老基金	57	4%
合计	1368	100%

资料来源：Greenlaw 等（2008）。

表 4－2　　　　次贷危机中资产减记规模前 10 位的金融机构

机构	商业类型	资产减记金额（10 亿美元）
花旗集团	商业银行	39.1
瑞银	商业银行	37.7
美林	投资银行	29.1
汇丰	商业银行	17.2
苏格兰皇家银行	商业银行	15.2
摩根士丹利	投资银行	11.5
德意志银行	商业银行	11.2
美国国际集团	保险公司	11.1
瑞信	商业银行	9.0
美洲银行	商业银行	8.0

资料来源：维基百科，Subprime Mortgage Crisis 词条。

然而，次级抵押贷款证券化和金融机构以市定价的会计记账方法，仅仅是信贷危机演变为资产价格危机的原因之一。商业银行、投资银行等金融机构实行的以在险价值（VAR）为基础的资产负债管理方法，则加剧了资本市场的价格下跌，相应发生的去杠杆化在资本市场的危机深化中扮演着至关重要的角色。

商业银行、投资银行等金融机构均采用了杠杆经营模式，即金融机构资产规模远高于自有资本规模。金融机构的各项资产具有不同程度的风险，而在险价值管理的核心理念，就在于金融机构的自有资本应该能够弥补该机构承担的总风险，如公式（1）所示：

$$E = VA \tag{1}$$

其中 E 为金融机构的自有资本，A 为金融机构的总资产，V 为 1 美元资产中包含的在险价值。公式（1）表明，金融机构的自有资本等于该机构承担的总风险。

金融机构的财务杠杆被定义为总资产与自有资本的比率，即：

$$L = A/E \tag{2}$$

将（2）代入（1）中，可得：

$$L = 1/V \tag{3}$$

公式（3）表明，对于实施以在险价值为基础的金融机构而言，其财务杠杆比率与其所承担的整体风险成反比。如果金融机构承担的整体风险上升，则该机构将不得不进入去杠杆化阶段。

如表 4－3 所示，从 2006 年 5 月到 2007 年 11 月，美国 4 家著名投资银行的日均在险价值指数从 1.00 上升到 2.00。对于实施以在险价值为基础的资产负债管理的金融机构而言，这就意味着它们不得不将杠杆比率降低一倍[①]。

表 4－3　　4 家著名投资银行在过去 3 个月内平均每日在险价值的变动

	2006 年 5 月	2006 年 8 月	2006 年 11 月	2007 年 2 月	2007 年 5 月	2007 年 8 月	2007 年 11 月
VAR 指数	1.00	0.89	1.05	1.29	1.38	1.58	2.00

资料来源：引自 Greenlaw 等（2008）。

注：这 4 家投资银行包括贝尔斯登、高盛、雷曼兄弟和摩根士丹利。每个月的数据反映了过去 3 个月的日均 VAR 状况。其中缺失有关高盛 2006 年 11 月的数据。

金融机构主动降低杠杆比率的去杠杆化过程，原则上有两条途径。途径一是金融机构通过出售风险资产来偿还债务，主动收缩资产负债表，从分子方面降低

① 关于以在险价值为基础的资产负债管理的分析，主要参考了 Greenlaw 等（2008）。

杠杆比率；途径二是金融机构通过吸引新的股权投资来扩充自有资本的规模，从分母方面降低杠杆比率。相比之下，第一条途径更为痛苦。众多金融机构在同一时间内大规模出售风险资产，自然会压低风险资产的价格，从而一方面引发市场动荡，另一方面造成金融机构尚未出售的风险资产的市场价值（账面价值）进一步下降。换而言之，金融机构的去杠杆化过程本身就会加剧资产价格的下跌，这甚至可能演成一种恶性循环，即资产价格的下跌触发了金融机构的去杠杆化过程，而去杠杆化过程导致资产价格的进一步下跌，如此循环不休。

因此，发生亏损的金融机构更加青睐第二条途径，即通过引资来扩充自有资本的规模。这正是为什么自2007年夏季次贷危机爆发以来，发达国家政府对来自新兴市场国家的主权财富基金的态度发生了180度转变的根本原因。危机爆发之前，发达国家政府对主权财富基金收购本国金融企业股权的态度是警惕乃至抵制的；危机爆发之后，为吸引主权财富基金对本国金融机构注资纾困，发达国家政府明显放松了相应的监管力度。表4－4表明，从2007年3月到2008年4月，有8家主权财富基金对6家跨国金融机构进行了11笔合计450亿美元的股权投资，从而极大地缓解了金融机构去杠杆化过程对资本市场的负面冲击。

表4－4　　次贷危机爆发后主权财富基金对跨国金融机构的注资

（2007年3月—2008年4月）

金融机构	主权财富基金	持股比例（百分比）	投资金额（百万美元）	投资类型
花旗集团	阿布扎比投资局	4.9	7500	新可转换债券
花旗集团	新加坡政府投资公司	3.7	6880	新可转换债券
花旗集团	科威特投资局	1.6	3000	新可转换债券
美林	科威特投资局	3.0	2000	新可转换债券
美林	韩国投资公司	3.0	2000	新可转换债券
美林	淡马锡控股	9.4	4400	新普通股
摩根士丹利	中投公司	9.9	5000	新可转换债券
巴克莱	淡马锡	1.8	2005	普通股
瑞信	卡塔尔投资局	1.0	603	普通股
瑞银	新加坡政府投资公司	9.8	9750	新可转换债券
瑞银	沙特阿拉伯货币局	2.0	1800	新可转换债券
		投资合计	44938	

资料来源：Sovereign Wealth Fund Institute。

注：数据截至2008年4月1日。

截至2008年4月底，发达国家金融机构合计披露了大约2840亿美元的资产减记①。截至2008年1月底，这些金融机构合计募集到大约750亿美元的新增股权投资②。这表明金融机构的去杠杆化过程在上述两种渠道同时进行。

值得指出的是，在没有获得新增股权投资的前提下，一家出现账面亏损的金融机构的自然反应就是降低负债水平。即使中央银行降低了对金融机构的再贴现率或者放宽了对抵押资产的限制，金融机构也可能没有动力去获得新的贷款。这或许能够部分解释为什么发达国家中央银行的救市政策迟迟不能缓解信贷紧缩的现象。

三、危机如何从资本市场再度传染至信贷市场

次贷危机爆发至今，美联储不遗余力地推行宽松的货币政策。一方面，美联储在不到一年时间内将联邦基准利率降低了325个基点，从5.25%降低至2%；另一方面，美联储在2007年12月至2008年3月连续推出4项重要的制度创新，包括期限拍卖工具、扩展的公开市场操作、期限证券借款工具和一级交易商贷款工具，这些制度创新的核心内容是：第一，将美联储贴现贷款的期限延长至28天；第二，贷款利率由金融机构竞争报价，降低了金融机构的融资成本；第三，将美联储贴现贷款的对象由商业银行扩展至投资银行；第四，将抵押资产的范围从传统的国债扩展到评级较高的非政府机构的MBS和ABS。为了缓解次贷危机造成的流动性短缺和信贷紧缩，美联储所实施的宽松货币政策的力度是前所未有的。

然而奇怪的是，截至2008年4月底，金融市场上的信贷紧缩仍然没有得到彻底改善。TED息差作为3个月美国国债收益率与3个月伦敦银行间拆借利率之间的利差，是传统上衡量金融市场信用风险的常用指标，它反映了银行之间相互提供贷款的意愿。从图4-3来看，自2007年8月次贷危机爆发以来，TED息差从危机前的不到50个基点，一度攀升到200个基点的惊人水平。尽管由于美联储的降息和注资，该指标曾回落到100个基点左右，但之后TED息差一直在100—200个基点区间内振荡，目前仍停留在100个基点左右。这表明美联储实

---

① 数据引自维基百科，Subprime Mortgage Crisis 词条。

② 数据引自 Greenlaw 等（2008）。

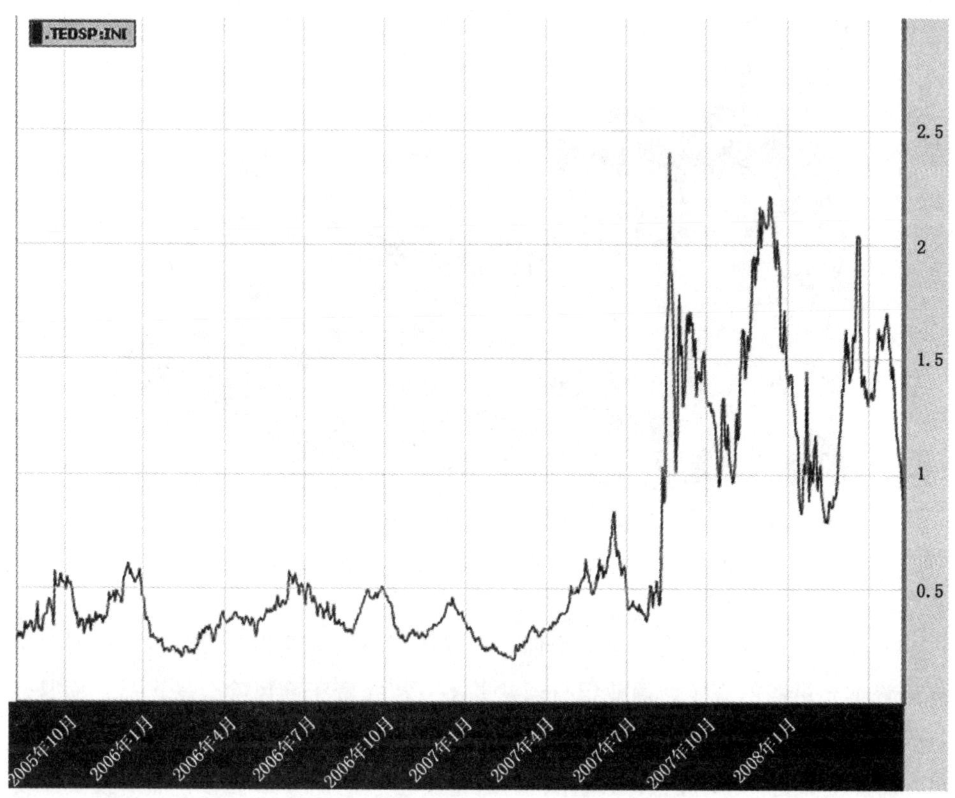

资料来源：Bloomberg。

图 4－3　TED 息差的走势

施了空前力度的宽松的货币政策，并未彻底缓解金融市场上信贷紧缩的现象。

我们认为，问题的核心在于，美国的商业银行投资了大量的次级抵押贷款支持证券。次贷危机的爆发造成次级抵押贷款支持证券的市场价值下跌，给实施以市定价的会计记账方法的商业银行造成了巨额的资产减记和账面亏损。实施以在险价值为基础的资产负债管理的商业银行被迫启动了去杠杆化过程，因此不得不降低风险资产（包括贷款）在资产组合中的比重，从而导致商业银行的“惜贷”行为。此外，与其他金融机构不同的是，商业银行还必须遵守新巴塞尔资本协议提出的自有资本充足率的规定。由于次贷危机造成商业银行的资本金发生亏损，在不引入新增股权投资的前提下，为满足自有资本充足率的规定，商业银行不得不降低风险资产在资产组合中的比重（即降低资本充足率的分母），这也导致商业银行“惜贷”的行为。换句话说，资产价格下跌导致信贷市场出现持续紧缩，这表明危机从资本市场再度传导至信贷市场。

图 4-4 美国次贷危机殃及信用卡与学生贷款领域

有趣的是，这并不是故事的全部。在发达国家，为获得高投资收益同时又能规避资本充足率的规定，商业银行通常并不直接投资于高风险金融产品，而是通过设立一个或若干个特别投资载体（SIV）或管道来进行高风险、高收益投资。SIV 或管道都是一个特别目的载体，它通过发行短期证券来融资，然后投资于更长期限的资产支持证券（ABS）或企业债券，通过两者的息差收入来赚取利润。由于有资产方的 ABS 或企业债券为基础，SIV 发行的短期证券通常被称为资产支持商业票据（ABCP）。由于 SIV 具有典型的“借短投长”的特征，其经营不免面临两种风险：第一，如果 SIV 购买的长期证券的价值低于 SIV 销售的短期证券的价值，那么 SIV 将面临资不抵债的风险；第二，如果市场出现流动性短缺，使得 SIV 不能再以合理的利率发行 ABCP 进行融资，那么 SIV 将被迫在原本低迷的市场上抛售资产，从而遭受严重的损失。

2007 年夏季爆发的次贷危机造成了货币市场上的流动性紧缩，资产支持商业票据市场也在所难免。2007 年 8 月，ABCP 市场的息差上升到 100 个基点；从 2007 年 9 月起，美国的 ABCP 市场几乎丧失了流动性，新增 ABCP 的规模急剧下降，造成 ABCP 的市场余额不断缩水。如图 4-5 所示，美国 ABCP 的市场余额从 2007 年 7 月的 1.16 万亿美元下降到 2008 年 4 月的 0.76 万亿美元，跌幅达到 34%。

ABCP 市场的萎缩使得 SIV 传统的融资渠道堵塞。为了避免违约，SIV 只有两条路可走：第一，SIV 不得不抛售自己持有的长期证券来为短期证券还本付

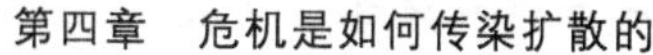

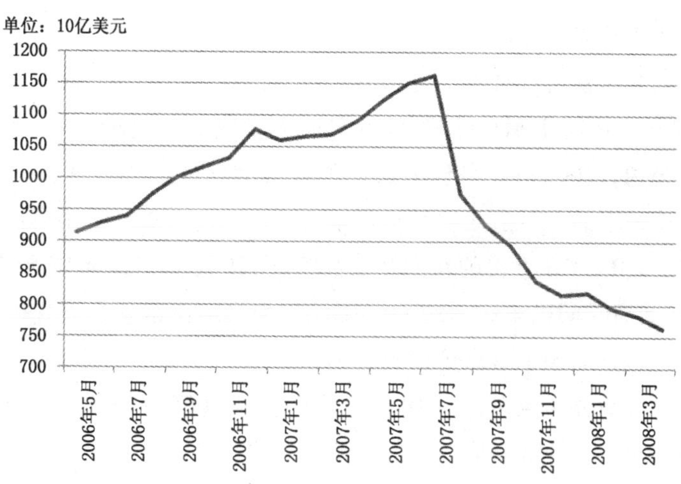

资料来源：The Federal Reserve Board。

图 4－5　美国 ABCP 的市场余额

息，这不但造成 SIV 的账面亏损，同时还会导致 SIV 的规模缩水；第二，SIV 可以向自己的设立方——商业银行求助，由商业银行向 SIV 提供信贷支持。毕竟，虽然 SIV 的资产负债状况和业绩可以暂时不并入商业银行的会计报表，但是商业银行最终仍需为 SIV 的亏损承担责任。

由于旗下的 SIV 大规模投资于次级抵押贷款支持证券，因此次贷危机的爆发给大多数发达国家的商业银行均造成了巨额损失。例如，由于旗下 SIV 的巨额亏损，美洲银行 2007 年第四季度的盈利下降了 95%；同样受旗下 SIV 的投资拖累，英国的北岩银行于 2007 年 8 月爆出巨亏，并于 2008 年 2 月被英国政府国有化。与此同时，美国银行开始通过美联储新推出的期限拍卖工具（TAF）大量借款，进而为旗下的 SIV 提供流动性支持。

为避免旗下的 SIV 在流动性危机冲击下被迫出售资产而爆出巨亏，商业银行不得不源源不断地向 SIV 提供信贷支持，这自然降低了商业银行能够向其他银行、居民和企业提供的信贷数量。而这又无疑加剧了金融市场上的信贷紧缩。

四、危机如何从金融市场传染至实体经济

我们将从危机本身对房地产投资的影响、资产价格泡沫破灭对居民消费和企业投资的影响、信贷紧缩对居民消费和企业投资的影响三个方面来论证危机是如

何从金融市场传导至实体经济的。

次贷危机的爆发直接打击了美国的房地产行业。迄今为止，美国整体房价已经下跌了17%，然而根据中金公司的实证模型测算，美国整体房价还将下跌15%（中金公司，2008a）。房价下跌使得新房潜在的购买者选择持币观望，次级抵押贷款违约率的上升造成二手房供给增加，目前新房和二手房库存均处于历史最高水平。2008年3月份的新屋开工数跌破100万套，跌至17年来的最低值，较2006年初的高峰期已累计下跌了60%。作为房地产市场的领先指标，新屋开工数跌势难止一方面预示着房价调整还远未结束，另一方面也预示着房地产投资的大幅缩水。当前住房投资占GDP的比重已经从2005年下半年的5.5%下降到3.7%，达到1991年经济衰退以来的最低点。住房投资已经成为连续7个季度拖累经济增长的因素（中金公司，2008b）。

次贷危机造成美国房地产价格泡沫破灭，股市价格也经历了深度调整，而这些将通过财富效应影响居民消费，通过托宾Q效应和金融加速器机制影响企业投资。首先，从20世纪90年代末期美国互联网泡沫开始，美国居民消费模式已经由“收入驱动”转变为“财富驱动”。由于资产价格上涨带来家庭财富价值上升，从而导致很多美国家庭越来越青睐当期消费超过当期收入的举债消费，这也是近年来美国经常项目逆差不断扩大的根本原因。而次贷危机爆发之后，资产价格下跌将通过负向财富效应影响美国居民消费。美国居民举债消费的意愿（风险偏好）和能力（财产价值）将显著下降，可能重新回归到“收入驱动”的模式。其次，次贷危机造成美国公司股票价值大幅度下跌，托宾Q值①显著降低，这削弱了企业新增投资的动力。最后，次贷危机造成美国企业的现金流降低、资产净值下降，这一方面削弱了内部融资的来源，另一方面造成企业抵押品价值下降，能够获得的银行贷款规模下降，从而通过金融加速器效应②削弱了企业新增投资的能力。

次贷危机造成美国信贷市场上出现持续紧缩的局面，商业银行为了向濒临倒闭的SIV提供信贷支持，以及为了符合资本充足率监管要求，向其他金融机构、居民和企业提供新增贷款的能力和意愿显著下降。这一方面导致住房抵押贷款、

① 托宾Q值是指企业市场价值与资产重置成本之间的比率。Q值越高，企业投资动机越强，投资需求越旺盛。

② 金融加速器效应是指企业的投资水平取决于企业的资产负债表状况，较高的现金流量和资产净值对投资有着直接和间接的正面影响。直接影响是增加了内部融资的来源，间接影响是提供了更多的抵押品而降低了外部融资成本。当企业受到经济中的正向冲击或负向冲击后，其净值随之升高或降低时，经由信贷市场的作用将这种冲击对经济的影响放大（上述定义引自MBAlib，“金融加速器理论”词条）。

信用卡贷款、汽车贷款、助学贷款等零售贷款规模萎缩，限制了居民的举债消费；另一方面造成向企业提供批发贷款的规模下降（也受到企业抵押品价值下降的影响），导致企业不得不推迟甚至取消投资计划。

综上所述，次贷危机将通过多种渠道冲击美国的居民消费和私人部门的投资，最终拖累宏观经济增长。如表4－5所示，美国居民消费支出对GDP的贡献从2008年第1季度起显著下降，私人部门投资对GDP的贡献从2007年第4季度起转为负值。尽管净出口对经济增长的贡献有所上升，但是受消费和投资的拖累，美国GDP在2007年第4季度和2008年第1季度的增长率下降到0.6%。如果剔除2008年第1季度高达0.81%的存货增长对GDP增速的贡献，美国经济在该季度实际上已经陷入衰退。目前从消费者信心指数、耐用品订单等领先指标来看，美国经济在2008年第2季度很有可能出现负增长。受美联储持续降息、财政部减税方案等一系列宽松政策的刺激，美国经济有望在2008年年底反弹，但是这一前景目前尚存在相当程度的不确定性。2008年全年美国GDP增长率很难超过1%。

表4－5　　美国各季度的GDP增速以及各部分的贡献　　（单位：百分比）

	2006年第1季度	2006年第2季度	2006年第3季度	2006年第4季度	2007年第1季度	2007年第2季度	2007年第3季度	2007年第4季度	2008年第1季度
GDP	4.8	2.4	1.1	2.1	0.6	3.8	4.9	0.6	0.6
居民消费支出	3	1.63	1.88	2.68	2.56	1	2.01	1.58	0.68
私人部门投资	0.78	0.13	－0.7	－2.5	－1.36	0.71	0.77	－2.4	－0.7
固定资产投资	1.27	－0.32	－0.8	－1.19	－0.7	0.49	－0.11	－0.62	－1.5
非住房投资	1.31	0.44	0.53	－0.15	0.22	1.12	0.96	0.63	－0.28
住房投资	－0.05	－0.76	－1.33	－1.04	－0.93	－0.62	－1.08	－1.25	－1.23
存货投资	－0.49	0.46	0.1	－1.31	－0.65	0.22	0.89	－1.79	0.81
净出口	0.13	0.49	－0.25	1.25	－0.51	1.32	1.38	1.02	0.22
政府消费与投资	0.92	0.18	0.14	0.66	－0.09	0.79	0.74	0.38	0.39

资料来源：U. S. Department of Commerce, Bureau of Economic Analysis。

从消费层面来看：第一，随着美国房地产市场与股票市场的持续下跌，居民财富水平显著缩水，这将迫使美国居民调整此前“借债消费”的模式；第二，随着商业银行集体调低风险资产占总资产的比重，商业银行出现明显的“惜贷”现象，美国居民获得消费信贷的难度加大。在负向的财富效应以及信贷紧缩的作用下，美国居民消费的增速明显下降。而且一旦居民开始压缩消费，他们必定率先调整耐用品消费，这正是为什么美国汽车行业在2008年面临严峻考验的深层原因。如图 4－6 所示，进入 2008 年第 3 季度后，美国的耐用品消费与非耐用品消费均出现负增长，其中耐用品消费已经连续 3 个季度出现负增长，2008 年第 3 季度更是同比下降了 14.1%。

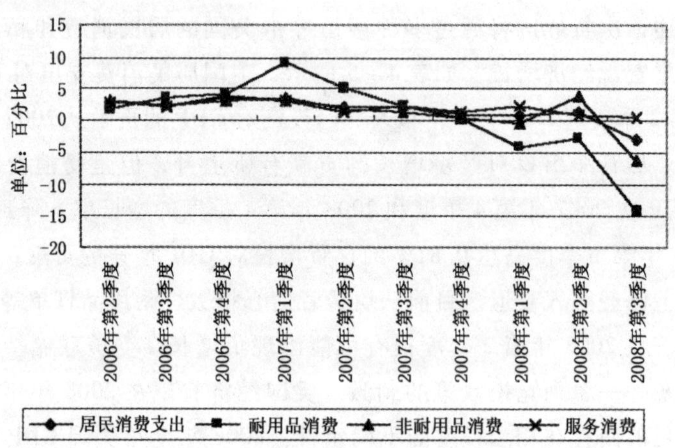

资料来源：www. bea. gov。

注：经过季度调整。

图 4－6　美国居民消费同比增长率

投资主要包括房地产投资与固定资产投资。次贷危机的爆发直接打击了美国的房地产行业。迄今为止美国平均房价已经下跌了 20%，市场普遍预计还有 10% 的下跌空间。房价下跌使得新房的潜在购买者选择持币观望，次级抵押贷款违约率的上升造成二手房供给的增加，目前新房和二手房库存均处于历史最高水平。作为房地产市场的领先指标，新屋开工数跌势难止一方面预示着房价调整还远未结束，另一方面也预示着房地产投资的大幅缩水。如图 4－7 所示，住房投资已经连续 11 个季度成为拖累美国 GDP 增长的因素。次贷危机导致美国股票市场缩水，从而将以下列两种机制影响企业的固定资产投资：第一是托宾 Q 效应，随着上市公司股票价值的缩水，上市公司进行新增固定资产投资的意愿和能力均显著削弱；第二是金融加速器机制，由于自身股票价值缩水，企业能够以股票作为抵押申请银行贷款的规模也显著下降。上述两种机制从直接融资和间接融资两个渠道挤压了企业的融资来源，迫使企业不得不调整固定资产的投资计划。如图 4－7 所示，美国总私人部门国内投资已经连续 4 个季度出现负增长，房地产投资与固定资产投资均不容乐观。

美国经济之所以在 2007 年第 4 季度以及 2008 年上半年没有陷入衰退，出口部门的强劲增长扮演着非常重要的角色（见图 4－8）。然而，欧元区经济与日

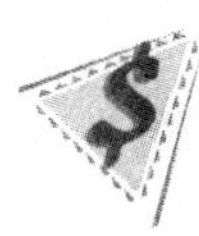

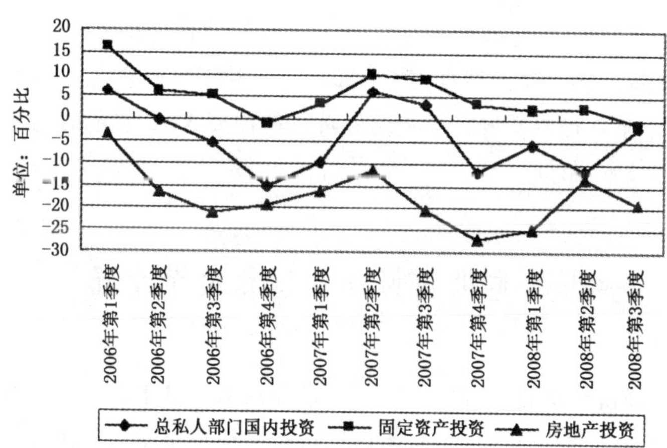

资料来源：www. bea. gov。

注：经过季度调整。

图 4－7　美国固定资产投资与房地产投资同比增长率

本经济均从 2008 年第 2 季度起陷入负增长。随着这两大美国最重要的出口市场的进口需求下降，我们认为未来一段时期内美国出口的同比增长将逐渐放缓，对于经济增长的拉动作用也将逐渐减弱。

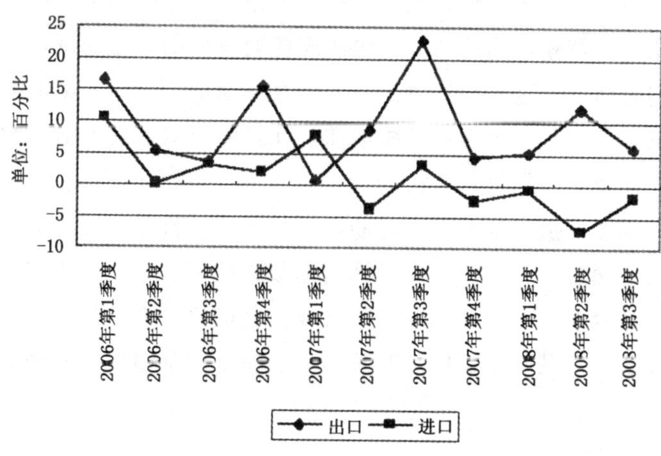

资料来源：www. bea. gov。

注：经过季度调整。

图 4－8　美国进出口同比增长率

次贷危机爆发一年多以来，美国经济之所以还没有进入衰退，在很大程度上与出口以及政府支出的贡献有关。例如，2008 年第 2 季度美国 GDP 同比增长 2.8%，其中居民消费贡献了 0.87%，私人部门国内投资贡献了－1.74%，净出口贡献了2.93%，政府支出贡献了0.78%。我们预计，随着消费、投资与出口增长率的进一步回落，美国经济将在2008年下半年陷入衰退。尽管金融市场有望在2009年下半年恢复平静，但美国经济可能需要3—5年的时间才能重新恢复到危机前的增长水平。

五、危机如何从美国传染至全球

最后，在经济全球化与金融全球化日益加深的背景下，次贷危机也将从美国金融市场传导至全球金融市场，从美国实体经济传导至全球实体经济。主要渠道包括：第一，美国经济减速将导致美国进口需求的下降，美联储降息导致美元相对于主要货币大幅度贬值，从而会对贸易伙伴国的出口行业造成冲击。对于中国等出口导向型的新兴市场经济体而言，美国经济下滑一方面将直接减少美国本国的进口，另一方面还将通过影响全球其他国家的宏观经济增长而影响到其他国家的进口。对于出口导向型经济体而言，这将显著拖累其宏观经济增长。第二，次贷危机将造成全球短期资本流动的波动性加剧。在2008年上半年，新兴市场国家的股市与美国股市同步下跌，在很大程度上是由跨国金融机构在全球范围内降低风险资产比重的调整行为所致。美国政府应对危机的宽松的货币政策加剧了全球流动性过剩的格局，这将导致流入新兴市场国家的热钱从2008年下半年急剧增长，从而吹大这些国家的资产价格泡沫。而最终热钱的突然撤出则可能刺破资产价格泡沫，导致下一轮金融危机的爆发（张明，2008）。第三，美联储持续降息造成美元大幅度贬值，推动了全球能源和初级产品价格大幅度的上涨，从而为其他国家注入了通货膨胀压力。在经济增速放缓的前提下，这可能导致全球经济陷入滞胀困局。第四，美元大幅度贬值造成其他国家持有的外汇储备资产的国际购买力显著缩水，这减轻了美国的对外债务负担，但却造成了其他国家国民财富的损失。

六、结　　论

在美国金融危机中，基准利率的上升和房地产价格的下降是次贷危机的触发因素。次级抵押贷款的证券化、金融机构以市定价的会计记账方法、金融机构以在险价值为基础的资产负债管理模式，导致危机从信贷市场传导至资本市场。金

融机构的去杠杆化过程以及SIV在传统融资来源枯竭时被迫抛售资产，导致资产价格不断下跌。

商业银行直接或间接地购买了大量次级抵押贷款支持证券，导致危机从资本市场再度传导至信贷市场。由于在流动性短缺的背景下，商业银行实际控制的SIV通过发行ABCP进行融资的传统渠道萎缩，商业银行不得不向SIV提供信贷支持。为符合资本充足率监管要求，受损的商业银行不得不降低风险资产在资产组合中的比重。以上两方面的因素均导致商业银行出现“惜贷”现象，这是当前信贷市场持续紧缩的根源。

次贷危机直接造成房地产投资的下降；资产价格泡沫的破灭通过负向财富效应抑制了居民消费，通过托宾Q效应和金融加速器效应抑制了企业投资；信贷紧缩也抑制了居民的举债消费和企业投资。尽管净出口有所反弹，但是次贷危机仍通过消费和投资渠道拖累了美国经济增长，风险从金融市场传导至实体经济。

在经济和金融全球化的背景下，危机通过贸易和投资渠道从美国传导至全球。美国经济减速将影响其他国家的出口，国际短期资本流动其波动性的增强可能放大并最终刺破新兴市场国家的资产价格泡沫，美元贬值加剧了全球通货膨胀压力，美元贬值造成全球外汇储备资产的国际购买力流失。次级抵押贷款违约率上升是美国的问题，但次贷危机则是全球的危机。

第五章

金融危机重创全球经济

次贷危机是美国大萧条以来最为严重的金融危机，将会对美国金融市场和实体经济造成实质性的负面冲击。其一，将重创市场信心。虽然美国政府接管“两房”有利于保持美国市场对海外资金的吸引力，但是随着美林和雷曼的倒下，市场信心将进一步受挫。其二，可能引发更为严重的流动性困难，例如美国商业银行可能受到进一步的冲击。投资银行的破产并不是真实的坏账损失导致的，而是全球流动性紧缩，投资银行无法以合理的价格卖出资产造成的（即以市定价的会计方法造成的）。这种信用紧缩是对过去20年信用过度扩张的一种矫正，难以逆转。其三，将对实体经济产生负面影响。由于流动性短缺，金融市场危机将影响实体经济的运行，次贷危机还会造成多少破坏，什么时候市场见底，现在尚不明朗。以消费和信贷支撑的美国经济可能失去增长的基础，经济下行和衰退风险加大。

更为重要的是，次贷危机的深入发展可能导致全球经济秩序的改变。如果美国金融机构破产和债券收益率下降的损失必须由其海外投资者（主要是亚洲和中东的外汇储备持有国，例如中国和日本是美国最大的债权人）买单，那么就会影响这些海外投资者的资金进一步回流至美国。美国金融市场的融资资源将会萎缩，美国金融市场和经济的发展动力将受到较大的冲击。以美国为中心、东亚国家和中东国家为外围的国际资本流动机制（所谓的后布雷顿森林体系）的脆弱性显露无遗，美国金融霸权可能受挫。

一、美国经济深陷泥泞

自2000年美国泡沫经济破灭以来，美国经济的债务化程度不断加深，这体现在实体经济和虚拟金融两个层面。从实体经济层面来看，由于美元利率长期保持在低位，造就了新一轮的房地产繁荣。在房地产价值不断上升的“财富效应”的推动下，美国居民习惯了当期支出高于当期收入的负债型消费模式，这种消费模式是美国贸易赤字不断膨胀的根源。由于贸易赤字远远高于服务项目的盈余，导致美国出现了巨额的经常账户赤字，从而推动美国的负债/GDP比率不断上升；从虚拟金融层面来看，为了平衡国际收支，美国不得不吸纳来自东亚国家和石油输出国大量的债务或股权投资，这充分体现在东亚国家和石油输出国的中央银行已经成为美国国债和机构债的最大持有者，即美国经济的最大债权人。

如果不爆发次贷危机，上述运转模式对美国经济是非常有利的。美国通过输出债权，获得了商品和资源的注入；通过输出在未来偿还债务的承诺，而直接改善了美国居民和企业的当期消费与生产。东亚国家和石油输出国以输出商品和资源为代价，换回了一堆纸面金融资产——美国国债。它们之所以愿意持有美国国债，是因为历史经验告诉它们，美国国债一直是国际金融市场上最为稳定的资产，具有典型的低风险、低收益的特征。直到美国的对外债务累积到在国际债权人看来其对外负债已经不能持续时，上述运转模式才会最终崩溃。对于债权人而言，这一天似乎格外遥远。

然而，次贷危机的爆发对美国的金融市场、实体经济以及国际信誉都造成了毁灭性打击。美国政府应对次贷危机而采取的措施可能会损害美国国债、机构债在国际投资者心目中的固有美德。

次贷危机本质上是在房地产市场繁荣时期，金融机构在牟利动机的驱使下，向不具备还款能力的低收入群体提供浮动利率住房抵押贷款，并通过证券化将这些次级抵押贷款的信贷风险分散给机构投资者所致。基准利率的提高和房地产价格的下降最终导致次级抵押贷款违约率的上升，使得基于次级抵押贷款的证券化产品其市场价值缩水，最终引爆了危机。

由于现代金融机构普遍具有杠杆经营的特征，并实施以市定价的会计方法，由于持有的次级抵押贷款证券化产品的市场价值缩水，它们不得不减记资产并报告账面亏损。为了维持自有资本的充足率，它们不得不降低杠杆比率，即出售高风险资产，增加流动性资产在资产组合中的比重。一旦所有金融机构都在市面上出售高风险资产，必然造成资产价格的下跌；一旦所有金融机构都追逐流动性，必然导致流动性短缺和信贷紧缩。

尽管美联储将基准利率下调至1%，并通过各项创新机制向投资银行和商业银行注入上万亿美元的流动性，但是信贷市场上的紧缩局面尚未得到实质性的改善，股票市场也持续低迷，道·琼斯指数跌破8000点大关指日可待。由于美国的居民消费和企业投资在很大程度上是靠信贷和股市驱动的，这就造成美国消费增长乏力、投资甚至出现了负增长，美国经济面临陷入衰退的威胁。

由于房地产价格持续下跌，信贷市场持续紧缩，从而导致信用风险已经由次级抵押贷款扩展到优质抵押贷款，由住房抵押贷款市场扩展到信用卡贷款、汽车贷款、助学贷款等市场。继最初21世纪金融、贝尔斯登、北岩银行等一系列金融机构倒闭后，2008年9月，房利美与房地美这两家在美国房地产金融领域举足轻重的机构也爆发了危机，雷曼兄弟破产、美林被收购，AIG被国有化，美国

次贷危机已经演化为破坏力极大的金融海啸。

考虑到危机的重大影响，美国在很短时间内通过了对财政部实施救援方案的授权。但是如果通过财政部购买金融机构的股份，进行国有化，则意味着美国金融机构所面临的巨大信用风险就转移到美国财政部的资产负债表上。这意味着美国国债的信用等级可能被调降，从而导致持有美国国债的国际债权人受损。

简而言之，在次贷危机的冲击下，将有更多的美国金融机构进行资产减记、披露账面亏损，甚至破产倒闭；美国消费和投资可能进一步萎缩，整体经济可能陷入负增长；无论怎样应对两房危机，都可能冲击美国国债和机构债的市场价值。在这种悲观预期下，国际投资者不能不对美国的偿债能力感到怀疑。当然，由于美国国债和机构债是以美元计价的，美国政府完全可以通过印制钞票的方法来避免违约，但是这种做法的代价是引爆全球通货膨胀。

那么，美国如何从目前的危机中脱身呢？

事实上，美国目前并没有一个完美的方法来摆脱危机。危机的解决需要美国本身以及国际债权人进行非常痛苦的调整。一方面，目前在美国国内，要求财政部停止对两房进行救援的舆论压力越来越大。这种观点认为，美国纳税人不应该为两房买单，应该由两房股票持有人以及债权人承担相应的责任。这种债务重组的观点实际上意味着听任美国机构债违约。甚至有人预测，美国经济要彻底摆脱次贷危机，甚至不排除美国国债违约的可能性。

另一方面，为了改善国际收支失衡，美国居民不得不压缩消费。然而对美国政府而言，要求美国居民停止消费的政治风险是很难接受的。那么为了维持当前美国居民的庞大消费，美国不得不维持强势美元的格局。因为如果美元持续疲弱，进口商品美元价格的上扬将压缩美国消费者的购买能力。这就意味着，至少在危机尚未结束之前，美国政府会降低要求东亚国家货币升值的压力。例如，在最近一次中美战略经济对话中，中方认定美方会将要求人民币升值作为重要议题，而美方几乎没有提及这一问题。在次贷危机尚未结束之前，来自美国的要求人民币升值的政治压力将持续走弱。美国将会通过美元升值来改善贸易条件，以作为应对危机的重要对策。

二、美国金融市场遭遇寒冬

短期而言，金融危机仍将持续一段时间，会有更多的金融机构陷入困境。根据 FDIC 的统计，截至 2008 年 6 月 30 日，美国 8000 多家金融机构，有 117 家出现了问题。随着危机的全面升级，将有上百家持有大量房地产信贷资产的小银行（其资产平均有67%的房地产信贷资产）和数十家大型地区、全国性银行（例如IndyMac银行）破产。一些大型金融机构正面临偿付困难，虽然它们太大而不能破产，那联邦储蓄保险公司的救援成本将非常巨大（Roubini，2008a）。

对于金融行业本身，仍存在着重大的风险。目前，美国金融市场仍然存在至少3个令人担忧的重大问题①。其一是偿付风险，由于投资银行、对冲基金、资产管理公司等都是采取高杠杆运作，如果其持有资产的价值下降一定较小幅度，由于以市定价的会计准则，其资产负债表可能产生较大的变化。更为重要的是，金融机构失去了稳定的收入来源，最后可能无法偿付。其二是融资风险，尤其是投资银行业严重依赖短期融资（例如再回购）。在市场动荡阶段，投资银行、商业银行（例如北岩银行、Indymac甚至是遭挤兑）等陷入了流动性困境，而其持有的资产一般是被证券化的资产，在通常情况下可能获得比较好的流动性，但是金融危机阶段就无法以合理的价格售出，这样就产生了融资需求和可能获得的融资的错配。其三盈利风险。随着杠杆比例的下降，再加上金融服务的需求下降和金融行业的重构，业务范围和规模可能减小，更重要的是金融机构必须用更多的资本金比例来获得客户的安全性信任，盈利水平将受到限制。经济学家认为，美国金融机构和消费者将进一步削减其各自的借款和贷款，金融机构再融资的资本池将以万亿规模减少，而金融机构还必须以更加保守的方法“盯住”其所持有的在金融危机期间相对不具流动性的资产，金融行业及其与之相互关联的房地产行业仍将受挫②。

更值得关注的是，金融体系可能“重组”。一是国有化趋势加强，美国政府以及其他货币当局为了挽救大型金融机构的破产，唯一可行的办法就是迅速国有化，以维持金融机构和金融市场的功能③。而去国有化的过程需要很长的时间，而且伴随国有化产生的就是行业垄断。Roubini（2008b）甚至笑称，市场主义的美国已经演变为美利坚社会主义合众国（United Socialist State Republic of America）④。二是混业经营。此次金融危机可能意味着美国金融体系正式重返混业经营的老路，当然混业监管也将兴起。尤其是摩根士丹利和高盛向银行控股公司转型的申请获得了美联储的批准，投资银行作为一个独立的行业几乎已经消失。三

---

① Economist. Investment Banking, Is There A Future? Sep 18th, 2008.

② Economist. Wall Street's Bad Dream. Sep 18th, 2008.

③ Paul Krugman. Crisis Endgame, New York Times. Sep 18th, 2008.

④ Nouriel Roubini. The transformation of the USA into the USSRA (United Socialist State Republic of America). http://www.rgemonitor.com.

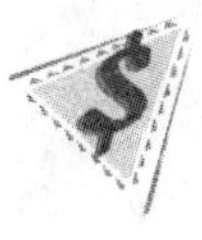

是美联储的地位。美联储在危机中通过向金融机构不断注资，获得了大量的金融资产，其7000亿美元资本金已经捉襟见肘，更为重要的是，在危机过程中，美联储的资产负债表迅速膨胀，成为美国金融体系最大的资产持有人。如果不成立一家专门处置这些资产的机构，美联储将成为“美国金融控股公司”。美联储将不得不在资产管理和其他职能（例如最重要的控制通货膨胀）取得平衡，这不一定有利于美国金融体系和宏观经济的整体稳定与发展①。

长期而言，美国新一轮的金融危机将会对美金融市场和实体经济造成实质性的负面冲击。其一，将重创市场信心。虽然美国政府接管“两房”有利于保持美国市场对海外资金的吸引力，但是随着美林、雷曼的倒下和AIG被国有化，市场信心将进一步受挫。Stigliz（2008）认为，美国金融危机已经演化为一场信心危机。其二，可能引发更加严重的流动性困难，例如美国商业银行可能受到进一步的冲击。美林、雷曼的破产并不是真实的坏账损失导致的，而是全球流动性紧缩、雷曼无法以合理的价格卖出资产造成的（即以市定价的会计方法造成的）。这种信用紧缩是对过去20年信用过度扩张的一种矫正，难以逆转。其三，将对实体经济产生负面作用。由于流动性短缺，金融市场危机将影响实体经济的运行，以消费和信贷支撑的美国经济可能失去增长基础，经济下行风险加大，美国甚至改变其以信贷消费支撑的经济增长模式。也就是说，可能产生次贷风险——金融风险——实体经济下滑——增长模式改变的传导进程，从而引发美国经济放缓甚至衰退，进而导致全球经济受挫。一旦这种转移形成，将会使目前这场还停留在投资银行领域的虚拟经济危机穿越实体经济，进而对整个美国造成实质性的重创。

更为重要的是，次贷危机的深入发展可能导致全球经济秩序的改变。如果美国金融机构破产和债券收益率下降的损失必须由其海外投资者（主要是亚洲和中东的外汇储备持有国，例如中国和日本是美国的最大债权人）买单，那么就会影响这些海外投资者的资金进一步回流至美国。美国金融市场的融资资源将会萎缩，美国金融市场和经济的发展动力将受到较大的冲击。以美国为中心、东亚国家和中东国家为外围的国际资本流动机制（所谓的后布雷顿森林体系）的运行可能受到影响。值得注意的是，美国政府史无前例的救助行为，使得美国政府成为金融行业最大的“地主”。美国政府通过美联储作为最后贷款人向市场注入流动性，国有化行为使得财政赤字大幅度增加，以公共债务取代私人债务，最后可能导致私人部门风险转换为国家风险，市场信用风险转换为国家信用风险，从

① Economist. Saving Wall Street, The Last Resort. Sep 18th, 2008.

而可能产生美元价值危机。即产生次贷风险——金融风险——国家信用风险的传导机制，这个机制不仅有巨大的负面内部冲击，还有强大的外部效应。如果出现资金从美国市场大量外流，则后果更为严重。当经济倒退影响到美国金融霸权的时候，美元在全球经济中的作用也将发生永久性的变化，对美国的金融霸权和美国海外债权人的冲击可能是无法避免。

三、美元会一蹶不振吗

次贷危机已经演变为对美国和全球金融市场的一次恶毒诅咒。在花旗、美国银行和美林2007年第4季度资产减记高达350亿美元的负面消息刺激下，美国股市和全球股市遭遇了1987年以来最绝望的“黑色星期一”。更为严重的是，全球股市暴跌是在布什政府宣布1450亿美元的减税政策之后发生的。为了回应危机，美联储自2001年“9·11”事件以来，首次在联邦市场公开委员会召开会议之前宣布降息，而且单次降息75个基点也是23年来前所未有的。

美联储的紧缩货币政策能够拯救全球金融市场和美国经济于水火之中吗？市场尚处于观望之际，曾经的金融大鳄、今日的慈善名人索罗斯又在英国《金融时报》上给次贷危机的伤口洒了一把盐。他认为本次危机是自第二次世界大战结束以来，美元获得世界性货币霸权以来，全球金融市场遭受的最为严重的危机。而这场危机将会动摇美元在国际货币体系中的统治根基。由此产生的政治紧张局势，包括美国贸易金融保护主义的抬头，将会把整个世界拖入衰退甚至无穷的黑暗之中。

索罗斯这次的判断是否如他以前货币投机的眼光那么精准？这是仁者见仁、智者见智的事情。然而在笔者看来，索罗斯准确地剖析了次贷危机爆发的根源，然而对美国的地位会因为这次危机而相对衰退的预言却为时过早。美国和美元的实力的确有所削弱，然而当今世界除美国和美元之外，没有任何国家及其货币具备担任全球领袖的能力甚至意愿。

简而言之，索罗斯认为次贷危机爆发的主要原因包括：以抵押品价值变动为基础的信贷状况循环导致了资产价格泡沫的出现、政府对于资产价格泡沫破灭后不恰当的救助导致了道德风险的滋生以及虚假的“市场原教旨主义”、金融创新产品的复杂程度使得监管机构和评级机构把风险控制和风险管理的重任拱手让于金融机构自身。这些观点的确是一针见血、鞭辟入里的。

首先，导致资产价格泡沫的原因千差万别，例如劳动生产率进步造成的供给

冲击、人们对某种技术或资产未来的收益产生过分乐观情绪而形成的“非理性繁荣”等。然而，经济学家对历次重大资产价格泡沫的研究发现，泡沫的产生往往是由银行信贷推动的。而在存在信息不对称导致的金融约束的环境下，借款者需要依靠抵押品获得贷款。而资产价格上升导致抵押品价值上升，使得借款者的净资产价值提高，借款动机增强；同时导致银行对信贷资产的评级上升，刺激银行加大信贷投放。反过来，信贷投放又导致资产价格的进一步上升。如此就形成了伯南克所谓的“金融加速器”理论：由于抵押贷款在总贷款中的比重较高，资产价格上升将导致抵押品市场价值上升，从而增强借款者获得抵押贷款的能力，促进全社会的投资和消费，银行信贷的增加反过来又会造成资产价格的进一步的上涨。这正是房地产市场繁荣导致次级抵押贷款市场繁荣的根源所在。

其次，在格林斯潘担任美联储主席的几十年中，形成了根深蒂固的“格林斯潘期权”，即一旦金融市场发生危机，为了避免危机对实体经济（通货膨胀和就业）的冲击，美联储总是采用向市场注入流动性和降低联邦基准利率的方式来救市。这种救助方式虽然能够立杆见影地缓解危机强度，却留下了两大痼疾：一是市场上流动性存量不断堆积，造成流动性过剩成为常态，因而使得美元疲软成为常态；二是单向的格林斯潘期权作为一种非对称的激励体系，滋生了道德风险，鼓励市场参与者进行风险更高的投资，因为一旦市场崩盘，总有政府进来兜底，从而降低了高风险投资的成本。从次贷危机爆发后发达国家政府的行动来看，它们依然奉“格林斯潘期权”为圭臬。向市场注入流动性和降息，成为对抗危机的不二法门。然而迄今为止，市场化的3个月LIBOR和政策性的隔夜拆借利率的息差却不断拉大，表明解决流动性短缺的手段并不能缓解信贷紧缩。

最后，对金融创新产品的盲目追捧确实也埋下了次贷危机的种子。基于同一笔次级抵押贷款，衍生出了MBS、CDO、CDO的平方和CDO的立方等理论上无穷层次的产品，这些产品被分拆出售给不同金融市场上的不同投资者。对于持有某种CDO的投资者而言，他甚至可能并不知道支持这种产品最原始的资产是什么！由于房地产市场繁荣所导致的次级债产品历史违约率空前之低，故而历史回报率空前之高，导致机构投资者甚至在没完全清楚次级债产品的风险涵义之前，就在资产组合中大量配置该种产品。而监管机构和评级机构也在没有完全理解该产品复杂的机理之前，就轻率地放行或给出高评级。整个市场对金融创新陷入了一种盲目崇拜和追捧的狂热，从而导致次级债产品在全球范围内大行其道。

如前所述，次贷危机的确是对以抵押品为基础的信贷方式、格林斯潘期权和金融创新的一种清算，这次危机因为打击了华尔街金融机构和美国房地产市场而显得灾难深重。那么美元和美国经济是否会如索罗斯所言，在危机后一撅不振呢？

笔者认为，从现阶段来看，这只能是一种美好的愿望而已。美国的确可能因为次贷危机而陷入衰退，美元的确可能在全球央行的抛售狂潮下“跌跌”不休。然而，只要我们遵循这一逻辑进行一次思维试验，就可以发现这一猜想不过是不切实际的空谈。假定美元的霸权地位不在，谁能够承担其领袖地位呢？欧元吗？至少在欧盟东扩趋势尚未结束，核心国家还对如何整合后进国家抓耳挠腮之际，结构性改革的滞后将妨碍欧元成为全球货币。日元吗？只要日本政府依然奉行日元低估政策，日本政府仍执着于一些历史问题而缺乏长期合作的眼光，日元仍只能居于东亚一隅。金砖四国吗？其高企的增长率背后仍隐藏着一系列制约可持续发展的经济政治问题，先成为发达国家是更切合实际的发展策略。多极货币吗？请牢记金德尔伯格的箴言，没有一个霸权国家的国际货币体系将重演20世纪20—30年代的黑暗时代。因此，尽管美国经济和美元可能在次贷危机的打击下伤痕累累，然而其在全球经济和国际货币体系中的地位在可预见的短期内还是难以动摇的。至少，没有任何一个国家有能力、有意愿像美国那样——向全球商品和服务开放市场，敢于承担长期的经常贸易顺差，敢于通过赤字消费来透支未来。请记住，全球霸主的气质，就像贵族的气质一样，短期内是抄袭和复制不来的。

四、金融海啸席卷全球

次贷危机是2007年以来国际金融领域发生的最重大的事件，是几十年来发达国家金融市场爆发的最严重的金融危机。索罗斯甚至认为这是二战以来最严重的金融危机，可能显著削弱美元在国际货币体系中的地位。

从目前来看，次贷危机仍在不断扩展：第一，房地产次级抵押贷款市场的危机已经扩展到Alt—A和优质抵押贷款市场，造成美国整个房地产抵押贷款市场陷入低迷，并造成所有基于抵押贷款的证券化产品的风险溢价上升；第二，房地产贷款领域的违约率上升，已经蔓延到信用卡贷款、汽车贷款等消费贷款领域；第三，次贷危机已经波及高收益企业的债券市场以及通过发行高收益企业债券进行杠杆收购的LBO市场；第四，次贷危机造成的信用紧缩和信心下降已经从整体上提高了市场的风险厌恶程度，导致几乎所有固定收益证券的风险溢价上升，甚至包括欧元区一些相对落后经济体的国债。

目前美国经济下滑甚至陷入衰退，已经成为市场共识，唯一不确定的是衰退的持续时间和严重程度而已。次贷危机导致美国房地产市场的新开工率、销售数量和成交数量、成交价格等大幅度下跌，房地产存货达到历史最高水平。房地产

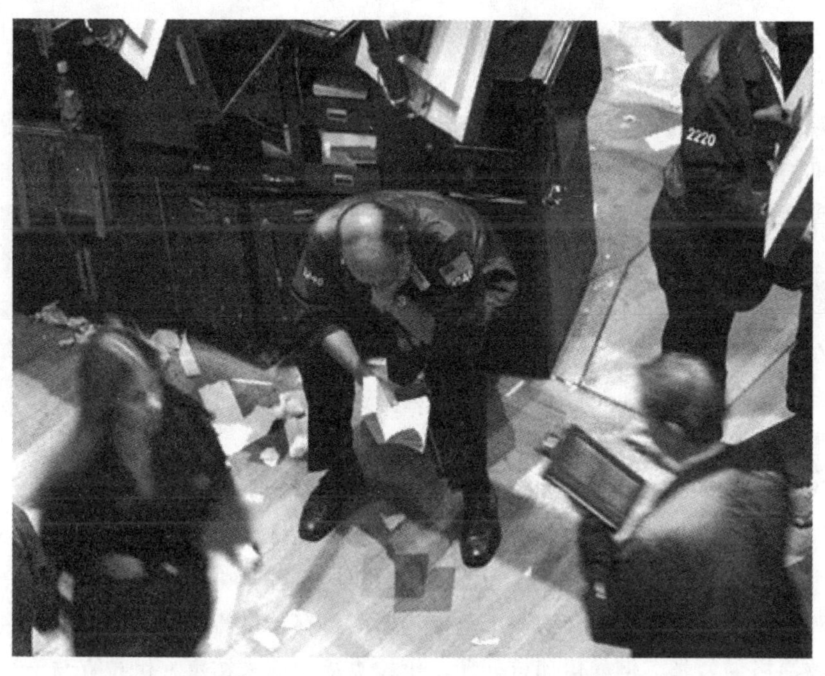

图 5－1　美国次贷危机重创全球股市

价格的下跌，将改变美国居民消费过去 5—10 年来的财富驱动格局，并将重新回归到收入驱动格局，而这意味着居民消费的疲软甚至下降。由于居民消费占美国 GDP 的 70% 左右，居民消费的风吹草动都会显著影响美国经济的增长前景。此外，次贷危机造成房地产投资的直接下滑，以及近年来美国股市下滑通过托宾 Q 效应造成固定资产投资的下滑，也将从投资渠道抑制经济增长。目前唯一增长强劲的是美国的出口，但是对于美国这样一个大国经济而言，依靠出口拉动本身就是不现实、不可持续的。当前美国政府已经采取了“双松”的宏观经济政策组合，联邦基准利率已经由危机前的 5. 25% 下降到目前的 2. 25%，在 2008 年上半年可能降至 1% 甚至更低，美国国会已经通过了布什政府 1680 亿美元的减税政策。如此大幅度的降息和减税当然会对宏观经济提到提振作用，然而这些政策要发挥作用都会经历一个时滞，一般认为需要 2—3 个季度才能充分发挥效力。这就意味着 2008 年上半年美国经济的衰退已经难以避免。

近来国际经济学界存在着围绕美国经济是否与新兴市场国家经济脱钩的争论。一种观点认为，新兴市场国家经济已经与美国经济脱钩，因此美国经济衰退并不会导致全球经济的衰退。同时，美国进口需求的下降也不会导致全球能源和初级产品价格的显著下降。因此结论是美国经济可能陷入滞胀，而全球经济依然在较高增长中面临通货膨胀压力。另一种观点认为，新兴市场国家经济从未与美

国经济脱钩，特别是新兴市场国家的出口从未与美国消费脱钩。因此，美国经济的衰退可能导致全球经济增长率的下滑，如果美国经济衰退的时间足够长、程度足够深，那么将会扭转当前全球能源和初级产品价格上涨的趋势，全球通货膨胀趋势可能中止，取而代之的是全球经济下滑甚至通缩。相比之下，笔者更加赞同第三种观点，这种观点认为，在美国经济繁荣时期，新兴市场国家的经济增长率和美国经济增长率的不相关性逐渐增强，即存在所谓的脱钩；而一旦美国经济陷入衰退，那么新兴市场经济将与美国经济重新挂钩。而在脱钩与重新挂钩之间，也存在一定的时滞。这就意味着在一段时期内，存在美国经济下滑与新兴市场经济上升、全球价格上涨并存的局面。但只要美国经济衰退足够长、足够深，就足以拖累全球经济增长以及扭转全球价格飙升的格局。

2008 年中期，全球能源和初级产品的价格飙升态势令人侧目：原油期货价格已经突破每桶 100 美元大关、黄金价格可能突破每盎司 1000 美元的心理关口、2008 年亚洲地区铁矿石合同价格上涨超过 60%、全球粮食价格涨势如潮。全球能源和初级产品价格上涨，第一个重要的原因是存在供给方面的冲击，中东地区地缘政治格局紧张，例如伊朗核问题、伊拉克战争尚未结束、伊拉克与土耳其就越境打击库尔德工人党组织形成的纠纷等，加上 OPEC 组织刻意地紧缩供给，导致原油价格飙升。为应对油价上涨而加快的生物能源工程，又加剧了部分农产品的价格上涨，而农产品价格的上涨也与恶劣的天气及其自然灾害有关；第二个重要的原因是来自发展中国家，尤其是“金砖四国”对全球能源和初级产品的旺盛需求；第三个重要的原因是作为全球能源和初级产品主要计价货币的美元的持续贬值。因此，在美国经济尚未陷入旷日持久的衰退的前提下，只要以上三个因素继续存在，全球能源和初级产品价格上涨的局面就难以改变。

国际资本流动在 2008—2009 年可能呈现出“一波三折”的格局。在 2008 年上半年，由于发达国家金融机构将会继续减记资产，为了缓解资本充足率压力，这些金融机构将会抽回在新兴市场国家的金融投资，提高流动性在资产组合中的比重。当前全球股市与美国股市同步下跌，就是这种趋势的具体表现。此外，来自新兴市场国家的主权财富基金也加大了对发达国家金融机构的投资力度，这也造成资金从本国流向发达国家的金融市场。到 2008 年下半年，等次贷危机的不确定性大幅降低，金融机构对不良资产的减记已经比较充分时，为了提高投资收益率，发达国家的金融机构将会重新加大对发展中国家资本市场的投资。更大规模的热钱流入将会造成发展中国家资产价格泡沫的膨胀。而到 2009 年的某个时点，当美国经济明显复苏、美联储重新加息、美元汇率再度走强之际，短期国际资本将获利退出新兴市场国家的资本市场，这很可能会引爆新兴市场国家新一轮的金融危机。

五、新兴市场国家断难独善其身

2007年肆虐全球金融市场的次贷危机，迄今为止仍没有结束的迹象。目前次贷危机给全球金融市场造成的最大问题，莫过于同时出现了流动性短缺和信贷紧缩。为了缓解流动性短缺的局面，全球中央银行已经联手向金融市场注入了接近万亿美元的流动性。2007年12月12日，美联储、欧洲中央银行以及英格兰、瑞士和加拿大等五大中央银行联手宣布以拍卖方式提供资金。2007年12月17日，欧洲中央银行宣布再次对市场无限量注资，美联储也通过以低于基准利率的利率进行隔夜回购，向金融机构提供资金支持。全球中央银行的频繁大额注资行为收到了一定成效。2007年12月18日，欧元两周伦敦同业拆借利率（LIBOR）创纪录地下降了54个基点，至4.40%。全球金融市场上的流动性过剩有所缓解。

然而，中央银行的注资行为却没有改变信贷紧缩的局面。一个直接的证据就是，联邦基准利率与3个月LIBOR拆借利率之间的息差越来越大。在2007年8月之前，上述息差一直维持在20个基点以内，而到2007年12月，息差已经拉大到80—100个基点。由于3个月的同业拆借是商业银行最重要的贷款来源之一，因此3个月LIBOR与隔夜拆借利率的息差拉大，反映了信贷紧缩的局面非但没有缓解，而且还有所恶化。联邦基准利率是隔夜拆借利率，期限更长的信贷利率只能由市场来决定，因此美联储降息对缓解信贷紧缩的作用是有限的。

息差拉大说明商业银行相互之间不愿意提供短期信贷。其中主要原因有二：第一，全球主要商业银行都不同程度地介入了次级债金融产品投资，次贷危机造成次级债金融产品价值大幅缩水，因此商业银行不得不大幅减记次级债资产，或者多提减值准备；第二，很多商业银行采用了结构性投资工具（Structured Investment Vehicle，SIV）进行更高风险的投资。SIV中的资产平时是位于商业银行资产负债表之外的，不需要进行合并和披露。但是一旦SIV遭受严重损失，其旗下的资产最终仍需要并入表内进行核算。目前，很多在次贷危机中亏得血本无归的SIV的资产不得不重新并入商业银行表内，这使得后者的资产负债表变得更为紧张。为了让自己的资产负债表变得更加好看一些，商业银行需要提高流动性资产的比重。因此，商业银行不仅不愿意向同行提供信贷，甚至不愿意向消费者和企业提供新的贷款。这就加剧了信贷紧缩的程度。

比流动性短缺和信贷紧缩更为严重的是全球金融市场上蔓延着的不确定性氛

围：人们不知道次级债违约率未来还将上升到多高的水平；人们不知道贪得无厌的投资银行究竟在同一批次级抵押贷款资产上面衍生出了多少层 MBS、CDO 以及 CDO 的平方和立方；人们不知道曾经被知名评级机构评为 AAA 级的次级债产品其风险重估的边界在哪里；人们不知道商业银行、投资银行和对冲基金真实的总损失究竟是多少；人们不知道在全球通货膨胀阴影抬头的背景下，美联储和欧洲中央银行还有多大的降息空间。正是因为上述不确定性的叠加，导致人们集体做出最原始的、对抗风险的选择，这无非是提高流动性资产在总资产中的比重、抢购国债、购买黄金和初级产品等。能够反映当前全球金融市场上的不确定性程度的或许是风险溢价水平。当前全球金融市场上公司债与国债之间的息差（风险溢价）急剧扩大，即使对于 AAA 级的公司债而言也是如此。在存在严重不确定性的前提下，甚至出现了以下荒诞的一幕：中央银行干预市场越积极，金融机构就越恐慌，因为它们担心中央银行知道其所不知道的真相！

相对于风声鹤唳、草木皆兵的全球金融市场，新兴市场国家尤其是东亚国家的形势可谓冰火两重天。新兴市场国家的经济增长普遍强劲，资本市场指数处于高位且相对稳定，次贷危机并没有对新兴市场国家的机构投资者造成严重损害。相对于全球金融市场上的流动性短缺、信贷紧缩和不确定性，新兴市场国家资本市场的前景光明、信贷旺盛，甚至还存在相当程度的流动性过剩。

这种鲜明对比的直接后果就是更多的短期资本将从发达国家的金融市场撤出，并流入新兴市场国家的资本市场。一方面，发达国家为了救市而向金融体系内注入了大量的短期流动性，这些流动性中的一部分可能通过短期资本的形式进入新兴市场国家；另一方面，在次贷危机中损失惨重的金融机构，急需寻找新的利润增长点以弥补亏损、平息股东的怨气。由于发达国家金融市场短期内难有起色，它们自然会把目光投向新兴市场国家。也许有个例子能够说明新兴市场国家资本市场对于发达国家金融机构的吸引力。在次贷危机中，美洲银行等机构损失较小，据估计，次贷危机给其带来了大约 100 亿美元的亏损，但以上金融机构所持有的中国上市国有商业银行股份，给其带来了远超过 100 亿美元的账面利润！更多的国际短期资本流入，将会进一步推高新兴市场国家的资产价格，造成这些国家股市或房地产市场的泡沫化程度增强。

然而，次贷危机不可能永远持续。如果美联储和欧洲中央银行认为经济下滑的风险远超过通货膨胀的风险，从而义无反顾地大幅度降息；如果保尔森能够成功地冻结 2008 年 1 月至 2010 年 7 月的重置贷款利率，从而直接缓解高违约率；如果美国政府把道德风险的顾虑抛在一边，提高住房管理局提供抵押贷款担保的信贷额度、放宽政府资助企业投资组合的限制、加强政府性抵押贷款担保机构的

作用，那么次贷危机就有可能更快地平息。如果美国经济能够避免陷入衰退而成功地“软着陆”，那么困扰全球金融市场的流动性短缺、信贷紧缩和不确定性就将很快消除。已经超调的美元汇率可能转跌为升，而国际短期资本的流向很可能出现逆转。

在助长了新兴市场国家的资产价格泡沫之后，国际短期资本的大规模突然流出，对于新兴市场国家资本市场的打击将是毁灭性的。此前多次金融危机的经验表明，一旦发达国家步入加息周期或者货币升值周期，就会引发国际短期资本流动的逆转，从而可能导致新兴市场国家发生危机。当然，与10年前的东亚金融危机相比，危机的性质可能有所变化。在当前新兴市场国家出现持续经常账户顺差、短期外债水平很低和持有巨额外汇储备的情况下，爆发债务危机、国际收支危机和货币危机的可能性相对较小，然而危机很可能表现为资产价格泡沫突然崩溃、金融机构资产负债表恶化、宏观经济在负向财富效应和投资效应的冲击下陷入衰退等形式。

最后值得一提的是，次贷危机本身或许是新兴市场国家机构投资者染指发达国家金融机构的一次难得的机会。由于全球著名金融机构在次贷危机中损失惨重，急需资金来提高资本充足率，因此本来并不受发达国家政府待见的新兴市场国家主权财富基金，忽然找到了施展拳脚的空间。继阿布扎比投资局持股花旗、GIC投资瑞银之后，中国的主权财富基金中投公司也投资了摩根士丹利大约10%的股份。花旗、瑞银和摩根士丹利等都是全球最知名的金融机构，具有悠久的历史、出色的长期业绩和经验丰富的团队，如果主权财富基金要在金融领域开展主权投资，它们无疑是最理想的投资对象。正是由于次贷危机的爆发，才使得新兴市场国家的主权财富基金有砝码与它们讨价还价，也使得主权财富基金顺利获得了东道国政府的默许。这样的机会是稍纵即逝的，随着次贷危机的平息，发达国家政府对主权财富基金的态度将变得重新强硬起来，主权财富基金投资的时间窗口将被关闭。

总之，由次贷危机导致的全球金融市场的不确定性，从短期资本流动而言将给新兴市场国家带来两种不同期限和不同后果的影响。短期内，更多的短期资本将流入新兴市场国家，推高资产价格泡沫；中长期内，随着次贷危机的平息，短期资本流向有可能发生逆转，从而可能捅破新兴市场国家资产价格的泡沫。最后，目前全球金融市场所处于的不确定时期，恰好是新兴市场国家主权财富基金并购发达国家著名金融机构的最好时机。

六、全球信贷市场风声鹤唳

美国次贷危机的爆发为我们重新认识全球信贷市场的发展状况提供了一次绝佳机会。在2007年夏季次贷危机爆发之前，全球范围内充斥着过剩的流动性和宽松的信贷。而次贷危机爆发之后，全球金融市场在旦夕之间突然面临流动性短缺和信贷紧缩，这种状况一直延续到现在。我们不禁要问，全球信贷市场为什么会在次贷危机爆发前后发生逆转？这种逆转是否反映了当前全球信贷市场某些典型的特征？次贷危机的爆发是否会改变市场主体对于信贷市场发展现状的评价，从而在一定程度上改变全球信贷市场的发展方向？

信贷市场是指包含信用风险的金融工具交易的市场，而信用风险是指借款人的信用程度发生变化的风险。最传统的信贷是企业贷款，即银行对企业提供的贷款，贷款资产位于银行的资产负债表内，银行承担贷款的信用风险，并以获得利息作为回报。后来信贷逐渐扩展到居民零售领域，包括对居民提供的住房抵押贷款、汽车贷款、信用卡贷款、助学贷款等消费贷款。信贷市场从批发市场（即企业信贷）向零售市场（即居民贷款）的扩展并未显著改变信用风险的分布性质，银行自始至终都是信用风险的承担者。

图5-2 美国次贷危机考验世界经济

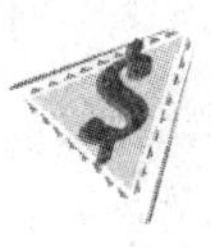

从20世纪80年代开始兴起到迄今为止，愈演愈烈的以证券化为代表的金融创新和金融全球化浪潮，却显著改变了信用风险的分布状况，从而深入改变了全球信贷市场的面貌。通过证券化，最初提供贷款的商业银行可以把大量性质相似的信贷资产组成一个资产池，并以该资产池为基础，向资本市场发行资产支持证券（Asset Backed Securities，ABS）。在证券化完成之后，原始的债权就从商业银行的资产负债表上转出，商业银行不再承担与这些债权相关的信用风险。信用风险转移到持有ABS的机构投资者身上，它们以获得利息作为风险补偿。因此，证券化的实质就是信用风险从商业银行向机构投资者、从银行体系向资本市场的转移，这有助于提高商业银行的资金周转效率、缓解商业银行的资本充足率压力（因为信贷资产转移到表外降低了银行的风险资产），从而促进信贷市场的发展。

证券化促进信贷市场发展最有力的案例就是全球住房抵押贷款市场。事实上，美国住房抵押贷款市场的发展壮大是与以住房抵押贷款为基础资产的ABS——住房抵押贷款证券（Mortgage Backed Securities，MBS）的发展壮大分不开的。商业银行通过发行MBS，将住房抵押贷款的风险不断转移到资本市场，并回笼资金开始新的贷款。证券化提供的风险转移机制和资金周转效率极大地促进了住房抵押贷款市场的发展。例如，当前美国住宅房地产市场的规模约为17万亿美元，住房抵押贷款市场的规模约为10万亿美元，而住房抵押贷款证券化市场的规模约为6万亿美元，大约60%的住房抵押贷款实现了证券化。

由于具有上述优势，以证券化为核心的结构金融创新不断扩展，证券化的基础资产逐渐由住房抵押贷款扩展到汽车贷款、信用卡贷款、辛迪加贷款、不良贷款，甚至某种衍生工具。例如，以信用评级较低的MBS作为基础资产而展开的新一轮的证券化过程，就产生了所谓的资产担保证券（Collateralized Debt Obligations，CDO）。此外，市场上还出现了一方为另一方所持有资产的信用风险提供保险的信用违约互换（Credit Default Swaps，CDS）。

不容否认，以证券化为代表的信贷创新，极大地推动了全球信贷市场的发展。对于借款人而言，信贷创新通过增加贷款规模缓解了融资约束；对于贷款人而言，信贷创新改善了风险状况和资产负债管理，提高了资本周转率，有助于提高净资产收益率以及获得更为廉价的融资来源；对于投资者而言，信贷创新提供的信贷衍生产品为投资者提供了更为丰富的风险与收益的组合，从而有利于投资者进行投资组合的多元化。对于信贷市场而言，信贷创新通过最大范围地分散信用风险，为市场提供了为风险定价和交易风险的机会，创造了管理风险和对冲风险的可能，从而使得信贷市场变得更加有效和充满弹性。

然而，金融创新的历史也是一部金融创新被滥用甚至被用于欺诈的历史。由于金融创新通常是一种新鲜事物，总会产生内部人和外部人的信息不对称，从而造成对新兴产品的价值和风险出现误判、产品定价严重偏离内在价值，最终给投资者带来惨痛损失。

次贷危机的爆发生动地说明了上述规律。次贷危机爆发的根源：第一是由于能够通过证券化转移信用风险，造成贷款机构向低收入阶层滥发信贷的机会主义行为；第二是由于日趋复杂的证券化技术最终向投资者提供了难以透彻理解和定价的结构性金融产品，从而不得不求助于信用评级机构；第三是由于信用评级机构的收入与其提供的评级直接挂钩，从而损害了评级机构的独立性，它们倾向于给出更高的信用评级。最终，美国房地产繁荣的破灭以及基准利率的提高引爆了次贷危机。危机爆发之后，由于金融创新的复杂性以及金融全球化造成的风险分布的广泛性，造成市场并不确定危机造成的最终损失有多大，也不确定危机损失在全球机构投资者范围内的分布状况。因此，所有机构都倾向于提高资产组合中流动性的比重，所有金融机构均不愿意提供新的贷款，这种不确定性最终加剧了流动性短缺和信贷紧缩的状况。

从更深的层次来看，不管金融创新发展到何种程度，它都不能切断信贷市场与经济基本面的内在联系。不管基于住房抵押贷款的 MBS、CDO 和 CDS 发展到何种复杂的形势和令人眼花缭乱的结构，所有这些证券化产品的质量，最终依然取决于最初的抵押贷款的违约状况。换句话来说，是美国住宅房地产市场的周期性下滑最终导致了次贷危机的爆发。金融创新不能改变经济周期的性质，不受约束的金融创新只会放大了经济周期性变化对金融市场的破坏程度。

次贷危机下的全球信贷市场将会何去何从呢？笔者认为，金融创新和金融全球化的趋势是不可逆转的。未来的全球信贷市场仍将构筑在以信用风险的分散化为核心的信用衍生产品的基础之上。然而，次贷危机的爆发为全球信贷市场的发展提供了一次宝贵的教训，即我们必须充分重视金融创新过程中蕴涵的风险。例如，如何遏制贷款机构的过度放款行为？如何加快投资者交易，提高证券化产品的透明度？如何改变信用评级机构的收费模式，以真正实现外部信用评级的独立性和客观性？如果不能在规范的前提下发展，那么全球信贷市场可能就会在金融创新魔咒的蛊惑下滑入黑暗深渊。

专栏3　冰岛中产阶级的自述：年轻人变得一无所有

亲爱的蒲实：

在回答你的问题之前，我简单介绍一下自己。就像你所知道的，我是《冰岛评论》的编辑，今年45岁。20世纪90年代中期我曾经在一个汽车杂志做编辑。我到过中国两次，一次是2003年，那一年我去了北京和江西的南昌；还有一次是今年3—4月间，去了广东。我领养了两个中国女儿。冰岛的经济现在的确受到了沉重的打击，但是它仍然很强壮。我仍然有工作，没有负债，还有一些资产。我会给两个可爱的女儿世界上最好的东西。

现在我应你的要求，讲一讲冰岛的金融故事，还有我的故事。

冰岛的银行私有化始于1998年。短短的5年间，冰岛三个大的国有银行都成了私有银行。那时候，银行被分成一块一块地卖出去，每个有社会保障编号的冰岛公民都可以竞买银行股份。一群大商人买走了大部分的股份，政治因素也发挥了作用，执政党决定谁可以在银行里持大股。在冰岛股市兴起的头几年，购买冰岛公司股票的公民都可以得到很大的税收优惠。20世纪90年代的小股东们很快得到了股票升值的好处，到2004年以后，股票市值已经翻了几番。那个时候，银行有5万多名股东，不过现在他们都赔了钱。

我就是他们中的一员。我在这3家银行都有股份，不过现在都化为乌有。要是一年半以前我出售这些股份，我的投资可以达到15倍的增长。幸运的是，我在危机来临之前卖掉了其中一部分，拿出了一部分资金和利润。我用这笔钱做了很多事情，旅行、为家里添置用品等等。2004年我和妻子去中国接我们领养的小女儿，就是用这笔钱为我们快乐的旅途买的单。那时的投资绝对是聪明的。但是我们把本金继续留在股市里，今年还用一部分积蓄追加了投资。我以为经济会有所回升，但是国际金融危机却扫荡走了所有的钱。不过幸运的是，我没有把鸡蛋放在一个篮子里，我还有其他资产，现在还无债一身轻。这个国家也有很多聪明人，懂得在合适的时机出售股份，获利非常丰厚。受到最沉重打击的是冰岛的年轻人，那些刚买了房子的年轻人。这一代年轻人习惯了什么东西都靠借，他们的成长经历让他们相信，钱就长在树上。他们对什么东西都急不可待，用信贷的方式早早地去买了房子、车子、家具和电器。现在当他们失业的时候，他们一无所有。

我不认为我们的银行有什么特别的错误，也不认为我们的银行经营有什么不正常。它们和西方任何一个地方的银行一样。在某种意义上，它们做得还更好。例如，我们的3家银行没有房地产业的坏账，这些次级贷款却冲垮了我们的银行。但是这些银行的确扩张得过大了，超过了我们货币——冰岛克朗的能力范围，以至于我们无法通过监管系统来控制它们。银行系统的衰退显然是我们在各个领域投资的结果。最糟糕的是，我们的银行大股东也是在冰岛拥有大公司的那些资本家，交叉持股是致命的危险。通过操纵资本游戏，那些已经积累了很多财富、已经非常稳定的老牌公司就像香蕉一样被买卖。成熟的果肉已经从内部慢慢被吃掉，只剩下被撑起来的香蕉皮。这些曾经强壮的老牌公司被慢慢剥离了资产。

很多暴发户商人就像蠢蛋一样热衷于香槟鱼子酱的饕餮盛宴，自以为是地享受私人喷气式飞机和游艇的奢侈。他们的薪水高得离谱，普通工人用200—300年都赚不到那么多钱。从前，我们的社会和斯堪的纳维亚的那些社会，例如挪威、丹麦、瑞典和芬兰一样平等。但是这“新发现”的财富却扭曲了所有的事情。突然之间，教师、护士这些以前曾被人们尊重的职业，却成为怪异“失败者”的职业，只有金融界人士才是天子娇子。曾有一位冰岛作家写道：“他们让中产阶级变为乞丐，让工人阶级变成蠢货。所有的价值从洞隙间被筛走。”

但是如果要否定资本游戏给这个社会带来的好处，也未免显得愚蠢。金融部门是纳税大户，这些钱用于基础设施、教育、社会服务和支付国家外债，很多人，包括我自己，都看到了自己的财富增长。不过现在又蒸发掉不少。

这个国家的很多人的财富都缩了水。一些人根本就不可能偿还巨额的抵押贷款，只有失去房子。那些贷款买股票的人现在也亏了。没有预见到危机的人、过度贷款消费的人，会成为难民。我们的经济的确过热了，需要时间来给它降温。过去的4年中，2.5万多名外国工人、包括中国人来到冰岛，用勤奋工作和过硬的技术为我们建造了欧洲最大的水坝。这些人现在离开了，冰岛人将取代他们的工作岗位。

我想我们软弱的媒体也对此负有责任，那些拥有银行的亿万富翁是这些媒体的所有者。记者都在这些资本家的股掌中，提不出正确的问题，我们不知道打击之后会发生什么。冰岛的所有公司都在利用这个机会缩减规模，是该打扫屋子的时候了。

但是我所看到的冰岛人却对这次危机表现出克制的坚忍。我们对艰难岁月习以为常，人们在这个时候团结起来，家庭显得尤为重要，人们又重新珍视那些普通的职业。在冰岛，我们几乎每个人都相互认识。我听到人们议论说，这一次的危机会让我们的社会恢复正常，回到那个更为平等的社会。我也相信会这样，野火烧尽的草原，又会有新的生命生长。我们也许需要2—3年的时间来重建经济、恢复正常。到那时候，我们就不会再谈论这几年中那些无节制的奢侈经历，而只讨论正常的生活。

冰岛是一个资源丰富的国家，海洋为我们提供了丰富的鱼类，我们在水、地热能源上也自给自足。我们还曾为中国西安的地热能源发展贡献过我们的知识和技术。我们的确也是世界上最富裕的国家之一，每个人都很勤奋工作、乐于奉献。我只是希望在我们勒紧裤腰带团结起来共渡难关的时候，不会失去我们的独立。我们的国家不打算出售，我们的生活水平依然很高，社会福利网会帮助那些困难中的人。

我们正面临着对我们信仰的重新评价。卡尔·马克思曾谈到过虚构的资本主义，资本家之间抛来抛去的债券背后没有真正的价值。这难道不是正在发生的事吗？过度的投资应该适可而止了。贪婪打破了平衡，最终控制了我们。我们该去看一看那些勤俭生活的人，那些找到生活平衡的人。

来自冰岛的问候

布雅尼

（转自三联博客）

专栏4　美国金融危机将引起全球化的退潮

中国社科院世界经济与政治研究所　何帆

美国金融危机的全面爆发再次表明，繁荣和衰退的轮回是资本主义无法逃避的宿命。从20世纪90年代至今，尽管经历了网络泡沫的崩溃、“9·11”恐怖袭击、安然事件等冲击，但美国经济始终保持着较快的经济增长。与此同时，中国、印度等新兴发展中大国迅速崛起、出口能源和初级产品的发展中国家收入大幅度增加。回顾历史，那是全球化高歌前行的黄金时期。但是，随着美国金融危机的爆发，全球化将受到严重挫折，并经历一次巨大的退潮。

受到美国金融危机的影响，全球经济将进入低速增长的时期。美国的金融危机由房地产市场上次级贷款违约率的上升为导火索，随后，一张张多米诺骨牌陆续倒掉。一批批对冲基金倒掉了。五大投资银行已经倒掉了3个，剩下的摩根士丹利和高盛也做了“变性手术”，变身为“银行控股公司”。美国最大的保险公司AIG被政府收购。加州等地区的大批地方中小银行濒临倒闭。美国国会即将推出7000亿美元的救助方案救市，动用的金额相当于伊拉克和阿富汗两场战争的费用总和。尽管坏消息不断传来，但最寒冷的冬天尚未到来。尽管华尔街已经是风声鹤唳、草木皆兵，但美国股票市场仍然只是小幅下调。当次贷危机演变为信贷危机之后，金融体系的瓦解必然会对企业的正常运转带来冲击。企业的资金压力将更加紧张，最终引发股市进一步的下挫。当楼市和股市双双跳水之后，居民的财富将大大缩水，消费不得不缩减。当消费出现了下降，推动美国经济增长的发动机就会熄火。在这个相互依存的时代，美国经济进入衰退或缓慢增长之后，欧洲、日本就会步其后尘，东亚经济也难以独善其身。

中国融入全球化恰恰是在过去10多年世界经济高速增长的时期。中国在20世纪90年代初期打开国门，恰逢美国实行低利率的时期，全球金融市场上流动性充裕，大量外资涌入中国：中国在20世纪90年代后期尽管也经历了东亚金融危机的冲击，但是得益于国际分工的深化，中国的出口却开始不断增长；中国在加入WTO之前曾非常担心“狼来了”，但这次我们的运气又是非常之好，全球经济一片红火，带动了中国的出口迅猛增长。正是借助良好的国际经济形势，中国的改革才真正唤醒了经济的活力。

中国从全球化获益良多，如果说美国是全球化最大的受益者，那么中国很可能就是第二大受益者。引进外资使得国内企业找到了学习和模仿的标杆，缩短了中国企业走向国际的摸索期。出口部门的扩张为上千万农村剩余劳动力找到了工作的机会。跨国公司大举进入中国，但不畏强敌的中国企业正是在和对手的激烈竞争之中脱颖而出，成长为受人尊重的新兴国际企业。全球化启迪了我们的思想，开拓了我们的思路，中国文化素来有开放的胸襟，沐浴来自四面八方的清新之风，中国人创新和创业的热情熊熊燃烧起来。

但是，成功之中孕育着危机。由于我们过分追求出口和引进外资，使得中国的国际收支呈现出独特的“双顺差”格局。我们不仅拥有巨额的贸易顺差，还有巨额的资本账户顺差，结果是外汇储备的不断累积，到今天已经将近2万亿美元。美国金融危机的爆发，使得中国处于进退两难的“人质”地位。中国持有大量的美元资产，这些美元资产均有进一步缩水的可能性。中国持有数千亿美元的机构债，这些资产的价值已经大打折扣。中国还持有大量的美国国债，但由于其他市场萎靡不振，投资者大量购买美国国债，导致其收益率不断下降，考虑到美国国会救市方案的资金来源还会来自增发国债，国债的收益率还将继续下降，中国的外汇投资面临着持续缩水的尴尬局面。一个人均收入排名在100名之后的穷国，却在为一个富国出现金融危机的时候承担最终贷款人的角色，这是我们坚持过去错误发展模式酿成的苦果。

美国金融危机的进一步恶化，必然波及中国的出口。自2007年年中到现在，出口部门已经频频告急：进口成本大幅飙升、劳动力成本居高不下、贸易摩擦愈演愈烈。展望未来，出口部门的前景将更加黯淡。在艰难的时候，只有那些最具有竞争力的企业才能熬过寒冬，并看到更明媚的春天。这将是一个出口部门产业重组的时机，优胜劣汰，我们有信心看到，中国一批更加强悍的全球性企业将在危机之后破茧而生。但是，还要看到的是，大批缺乏竞争力的中小企业将哀鸿遍野。要不要救这些企业？关键在于如何去救。海啸即将登陆，因此我们应该让这些企业离开险境，离得越早越好，离得越远越好。如果一味地坚持过去的发展模式，仍然试图去扶助这些企业，实际是在贻误转型的时机。

美国金融危机将带来全球化的退潮，中国必须未雨绸缪，及早应对。过去，我们对基础设施投资太多，但对人力资本投资不足；我们的制造业发展日新月异，但服务业却沉疴不起；我们的储蓄居高不下，但国内消费却迟迟难以启动；我们长于占领国际市场，却拙于推动国内竞争；种种隐患，在高速增长时期可能被暂时掩盖，在外部环境日益恶化的时候，问题将会被醒目地暴露。中国的全球化之旅刚到中途，但我们已经变得比启航的时候更加清醒：太平洋上不太平，全球化的风暴可以使航船倾覆。寻找新的航线，绕过危险的暗礁，才能到达我们光荣的终点。

第六章

金融危机总是相似的吗

次贷危机已经演化为新一轮的金融危机，格林斯潘甚至认为美国已经陷入“百年一遇”的金融危机。美国金融危机是一场与金融创新紧密相关的金融危机，在金融行业发展的历史上，金融创新与金融危机总是相伴而生，“历史的故事又一次重演”。以史为鉴是人类进步的一个重要法宝，但是经济领域总是出现容易健忘的危机。

本轮金融危机发生在全球化的背景下，是一次流动性危机，也是一场信用危机。对比大萧条而言，大萧条是一次严重的银行危机和偿付危机，更是一次破坏性极大的经济危机。比较之下，两者都是系统性危机，但到目前，新一轮金融危机尚未对实体经济造成破坏性影响。新一轮金融危机的发展还存在重大变数，是否会演化为经济危机，现在不得而知。因此，把本轮金融危机放在金融创新的历史进程中进行考察，并与大萧条进行一个简单的历史比较，是非常有必要的。

一、金融创新与金融危机的轮回

美国次贷危机的爆发使得人们对金融创新对金融体系的作用有了进一步的认识，尤其是金融创新对金融稳定性和金融安全的负面作用引起了重视。从更长的历史时期来看，金融创新与金融风险也是相伴相生，只是金融创新引发的金融冲击很少对美国金融体系造成巨大损害，并且对美国和全球金融安全的影响程度相对次贷危机而言是较小的，因此没有得到足够的重视。实际上，考察金融创新和金融稳定性的历史，可以发现，在某种程度上，国际金融体系的演进是金融风险——金融创新——金融风险的动态迂回发展，国际金融发展的历史也是一部金融创新、金融风险和金融安全相互交织的历史。

（一）第二次世界大战后金融创新的历史进程

广义的金融创新是金融内部通过各种要素的重新组合和创造性变革所创造或引进的新事物，泛指金融领域内出现的、有别于既往的新业务、新技术、新工具、新机构、新市场和新制度安排①。根据不同的标准，金融创新有着不同的分

① 何德旭、王卉彤：“全球视野中的金融创新”，《世界经济导刊》，2006年第10期。

类。根据创新的内容，一般可以分为制度创新、产品创新、技术创新和服务创新等。本节按创新的内容分类进行讨论。

在不同的历史时期，金融创新的重点也不甚相同。在20世纪40—50年代，主要是以制度创新为主，即布雷顿森林体系的建立；60—80年代掀起了金融创新的高潮，众多金融产品被开发应用；90年代之后，得益于信息技术的发展，金融创新主要体现在技术进步对金融体系的影响上。21世纪以来，金融创新是技术创新和产品创新并举，出现了以服务创新为主的金融创新浪潮（见表6－1）。

表6－1　　第二次世界大战以来全球金融创新的历史进程表

时　　间	创新类型	主要创新产品	意　　义
20世纪40—50年代	制度创新	布雷顿森林体系：美元直接与黄金挂钩，各国货币则与美元挂钩，并可以向美国兑换黄金	美国金融霸权的确立；提供了一个稳定的国际金融秩序，促进了战后的经济建设。
20世纪60—80年代	产品创新	监管规避型：欧洲债券、欧洲美元 风险重置型：外汇期货、外汇远期、货币互换、利率互换和期权	促进了金融市场的发展与繁荣。其中，1972年外汇期货的产生，意味着国际金融市场进入衍生品市场的时代，1980年的货币互换和1981年的利率互换的兴起则是衍生品市场膨胀的标志性事件。
20世纪90年代	技术创新	电子金融	极大地降低了交易成本；全球金融市场一体化。
21世纪	服务创新	结构化金融产品、资产证券化发展、对冲基金、私募股权基金等另类投资的兴起	金融资产流动性加强；金融资产的全球配置；市场主体复杂化。

（二）金融危机的历史分析

每次金融动荡都有着与众不同的特点，但都有一个相似之处，即它们都紧接着一段表面上的繁荣期之后发生，从而暴露出这种繁荣的致命弱点。而这个繁荣的背后，往往伴随着各种各样的金融创新。即在各种金融创新中，可能隐含地包括了相生的金融风险，而这种金融风险在金融繁荣的过程中不断累积，进而可能成为某轮金融创新和金融繁荣的终结者，危及金融安全，甚至造成金融危机。

金融创新在某种程度上是金融风险累积和金融危机发生的重要诱因，也是危及金融稳定性和金融安全的重要因素。第二次世界大战以来发生在工业化国家的前18次金融危机中，许多金融危机在定性和定量方面出现了惊人的相似点，最

后都对金融稳定性造成了一定的负面影响，有的甚至是对金融体系的破坏性冲击（即爆发金融危机）。在第二次世界大战后的大部分金融冲击发生前，一般都有一段金融管制放松的过程。在金融管制放松的过程中，伴随着各种层次的金融创新，包括制度、产品、交易等①。

1. 制度创新导致的金融危机。

每一种金融制度和金融运行机制的改变都是与特定的历史背景、经济发展阶段和金融深度相适应，即金融制度的创新都有特定的创新基础。随着经济实力的改变、金融市场的发展和技术进步的创新，一个时期的金融制度可能不适应另外一个时期的经济基础。

在制度创新引致的金融危机中，最经典的例子就是布雷顿森林体系的崩溃。在由单一货币作为世界主要储备货币的体系中，该种货币将面临保持币值稳定和提供国际清偿力的矛盾。在布雷顿森林体系下，即美国若大量对外输出美元，将导致美元自身贬值的危机，若限制输出美元，国际货币体系就会面临国际货币的数量短缺，即“特里芬难题”。随着美国贸易逆差不断扩大，美国黄金储备无法满足国外换兑需求，1971 年 8 月尼克松政府宣布停止履行外国政府或中央银行可用美元向美国兑换黄金的义务。这意味着美元与黄金脱钩，支撑布雷顿森林体系的一根支柱已倒塌。1973 年 3 月，欧洲共同市场 9 国达成协议，联邦德国、法国等国家对美元实行“联合浮动”，该体系的另一支柱（即固定汇率制度）也已垮塌。运行近 30 年的布雷顿森林体系崩溃了。

20 世纪 70 年代初，为了规避汇率风险，欧洲共同市场 9 个国家在外汇市场创新性地实行了“联合浮动”。这一创举宣告了布雷顿森林体系的瓦解，同时也是欧洲货币一体化进程的一个里程碑式的事件。但是，欧洲共同市场的“联合浮动”及其后的欧洲货币体系同样遭受了严重的货币危机，即是 1992 年的英镑危机②。

2. 产品创新导致的金融危机。

金融产品的创新是金融创新的核心内容，是金融市场深化的主要动力源。同时，产品创新给投资者提供了各种各样的工具，以获取高额利润。金融创新让投资者认识到了太多的利润机会，导致对利润的过度追求，产生了过热的非理性。即金融创新将导致过度交易。另外，对金融创新的风险定价过低，金融创新的使

① Reinhart, Carmen M. And Kenneth S. Rogoff. This Time is Different: A Panoramic View of Eight Centuries of Financial Crises. Apr., 2008. www. economics. harvard. edu/faculty/rogoff/files/This_Time_Abstract. pdf.

② 戴维·德罗萨：《20 世纪 90 年代金融危机真相》，中信出版社 2008 年版。

用就会过度①。

金融创新导致的过度的非理性交易也可能引发金融安全问题，甚至导致金融危机。1987年的美国股市危机、1990年的日本股市泡沫等危机就是最好的例证。对于金融机构而言，英国巴林银行倒闭、美国长期资本公司风波、中国的中海油事件等都是鲜活的例子。在这些金融问题和金融危机中，金融创新（尤其是衍生品创新）发挥了重大作用，甚至是主要作用②。因为在高度杠杆操作市场中，随着信用的扩张和交易的过度，对风险的厌恶就会增加，即出现“风险增加原则”现象，金融机构急需更多的流动性，最基本的风险管理策略遭到破坏，进而产生系统性风险，导致对金融安全的严重威胁（伊特韦尔等，2001）。前美联储主席沃克尔指出，金融创新导致金融中介发生在有效的官方监管和监督之外，规模巨大的金融衍生品在不透明的情况下交易，这些都会带来严重的金融风险③。

3. 金融全球化条件下的金融危机。

技术进步给全球金融市场带来了巨大的变化，金融交易、清算和运行等已经成为一个不可分割的整体。但是，技术进步带来的金融全球化、一体化却成为一个“循环破坏者”——金融风险在这个条件下变得极具传染性。最典型的例子是东亚金融危机。1997年泰铢大幅度贬值诱发泰铢危机，进而波及整个东亚地区，对泰铢汇率的“矫正”迅速演变为地区性金融危机。金德尔伯格（2007）指出，在东亚金融危机的扩散和升级中，金融一体化的作用不容忽视，至少投资者的情绪被迅速扩散并放大，即出现“羊群效应”和“蝴蝶效应”。更值得注意的是，东亚金融危机在全球扩散。虽然，东亚危机没有给美国带来实质性的影响，但是却带来了一定的市场混乱。严重的是，拉丁美洲受到了更大的破坏性影响（戴维，2008）。同时，金融衍生工具对东亚金融危机的爆发也有一定的负面作用，尤其是互换和外汇远期交易。因为衍生工具和表外业务等创新的运用给韩国、印度尼西亚、马来西亚等国家的资产负债表、外债风险和风险管理等带来不完全的信息，使得这些国家低估了风险（伊特韦尔等，2001）。

次贷危机的蔓延同样是金融全球化下金融危机传染的典型例子。美国次贷危机爆发之后，受到直接冲击的是欧洲金融机构，IMF预计欧洲相关金融机构的损失可能超过5000亿美元，这也是“探戈效应”的典型表现。当次贷危机演化为

① 金德尔伯格：《金融危机史》（第四版），中国金融出版社2007年版。

② Lambert, Richard. Crashes, Bangs and Wallops. Financial Times. Aug 7 & 8, 2008.

③ 转引自Lambert。

信用危机之时，持有美国国债和机构债权的国家成为风险的承担者，其中中国可能成为最大的潜在风险承担者。实际上，在次贷的影响下，越南、印度和中国等新兴市场国家的股市已经下挫超过50%，新兴经济体的金融稳定性受到严重的破坏。如果美国政府对次贷危机的救援不力，那么次贷危机将进一步影响美国和全球金融体系的稳定性。

二、次贷危机与大萧条

2008年9月以来，随着美国政府宣布接管房利美和房地美，美林被收购、雷曼兄弟公司宣布申请破产保护，AIG被国有化，高盛和摩根转型为银行控股公司。在不到3周的时间内，美国金融市场跌宕起伏，次贷危机全面升级，演绎了全球金融历史上一次重大的“火灾”。

为此，美国财政部和美联储进行了史无前例的救援，并向美国两院提交了经济稳定紧急法案以及问题资产救助计划的框架文件。经过一番周折，经济稳定紧急法案终于在参议院和众议院通过。美国政府的救市行为对稳定金融市场信心、促进金融市场稳定、保障金融体系安全是至关重要的。但是，市场投资者和学术界对该计划都存在一定的质疑，认为美国政府的救市措施并不平坦，美国经济前景存在巨大的不确定性。

（一）两次危机的相似性

大萧条是美国历史上乃至全球经济史上最为严重的一次经济危机，虽然已经过去70多年，但是对于危机的研究仍是美国经济学界一个重要的议题。对比两次金融危机，其相似性主要体现在以下几个方面：

1. 房地产泡沫是两次危机的引爆点。

大萧条爆发初期，房地产市场生产过剩，而且所有住宅中大约一半被抵押；其后，大规模的违约造成美国房地产市场的崩溃①。1934年1月美国的《城市住宅金融调查》显示，在被调查的22个城市中，自有房屋抵押贷款的违约比例均

① 这个观点同样得到了基于凯恩斯主义分析的金德尔伯格的认同。但是，货币主义的弗里德曼和舒瓦茨不同意这个观点，他们认为，美国房地产崩溃是紧缩的货币政策造成的，是大萧条的结果，而不能被认为是原因。剑桥美国经济史大萧条的作者Temin认为，虽然相对消费不足而出现生产过剩，房地产投资下降等是一种理性的市场行为，最多产生经济衰退，而不会引起大萧条。他认为，还有其他更为重要的原因导致大萧条，例如持续的通货紧缩和政策失败。

超过21%，其中，超过一半的城市，违约比例超过了38%，克里夫兰甚至高达62%（Bernanke，1983）。当时美国经济除1920—1926年的土地泡沫之外，1925年后美国股市泡沫迅速成长，不到4年的时间，S&P综合指数上涨了3倍。

而本轮金融危机的引爆点就是众所周知的住房次级抵押贷款和房地产泡沫（何帆和张明，2007）。美联储持续降息，迅速在全国范围内催生了资产泡沫，尤其是房地产泡沫。2001年美国次贷总额占抵押贷款市场总额的比率仅为5.6%，到2006年该比率上升到20%；仅付利息型房贷自2001年的0%上升到22.8%；无需或较少提供财务资料的房贷自2001年的28.5%上升到2006年的50.8%。

2. 两次危机的破坏力极大。

1930—1933年是美国历史上金融体系最艰难、最混沌的阶段。1933年3月，银行破产达到高潮，银行体系瘫痪，违约和破产程度严重，影响了除联邦政府之外的几乎所有借款人。1930年11—12月，第一次银行危机爆发；1931年夏天，金融恐慌演化为经济衰退；1933年3月，银行“休假”，整个银行体系陷入瘫痪；直到1933—1935年，罗斯福新政出台之后，重建金融体系，经济才缓慢复苏。1930—1933年，每年银行倒闭的比例分别为5.6%、10.5%、7.8%和12.9%，到1933年底，坚持经营的银行仅为1929年的一半多点，美国的银行数量从25000家减少到不足15000家（Bernanke，1995）。

另外一方面，大萧条的破坏力体现在对实体经济的冲击上，即严重的经济危机。美国的经济活动从1929年中期到1933年初持续衰退。工业产出下降了37%，价格下降了33%，其间的国民生产总值下降了30%。而名义的国民生产总值则下降了一半以上。失业率上升到25%的最高峰，并在20世纪30年代其他的年份中一直保持在15%以上（剑桥美国经济史，2008）。

新一轮金融危机，截至2008年6月底，已经产生了117家“问题银行”。随着“两房”被接管。雷曼、美林倒下，AIG被国有化，可能还会有上百家金融机构出现问题。次贷问题引发的金融危机有可能让美国付出将近3万亿美元的代价，相当于美国GDP总量的20%以上（Roubini，2008a）。另外，在实体经济方面，占全球GDP约55%的发达经济体陷入经济衰退。Roubini（2008b）警告，不能排除系统性失败和全球经济衰退的可能性。

3. 两次危机的爆发与金融部门的行为密不可分。

大萧条与美国银行业的资产债务期限错配、非审慎经营是紧密相关的。一方面，由于美国的银行业是由小型的、分散的独立银行组成，带来了银行体系的整体脆弱性。银行持有的负债主要是活期存款，而其资产却主要是非流动性资产，

这就导致了期限错配，带来了一种不良的预期。对银行破产的市场预期，就可能产生挤兑，最后导致不良预期的自我实现。另一方面，大萧条与20世纪20年代大规模的债务扩张紧密相关。公开发行的公司债券和票据从1920年的261亿美元增长到1928年的471亿美元，非联邦公开证券从118亿美元增长到336亿美元，城市房地产抵押债券的未清偿价值从1920年的110亿美元增加到1929年的279亿美元，而1929年美国国民收入为868亿美元（Bernanke，1983）。

在次贷危机的爆发和升级过程中，金融行业的非审慎行为被认为是次贷危机爆发的重要原因之一，非审慎的住房抵押贷款、过度的证券化、会计准则和资产管理等创新带来了美国房地产市场的繁荣，同时也带来了次贷危机，重创了美国房地产市场、金融市场和国际市场（何帆和郑联盛，2008）。本轮金融危机的爆发是对美国金融机构和金融行业冒险行为的一次大规模的清算。斯蒂格利茨（2008）认为，两次危机是市场不诚实的后果，美国金融机构通过各种途径规避了金融当局的监管，并拒绝反垄断的任何举措。两次危机都是金融机构的不诚实行为以及政策决定者的无能造成的。

4. 两次危机都是引致性金融危机，危机的传导存在相似性。

在大萧条和新一轮金融危机中金融合约都是非指数化的，这样货币存量和价格水平的变化就可以通过债务型通货紧缩和银行资本及其稳定性来影响实体经济。资产和商品价格下降，对债务人构成还债压力，债务人就不得不贱卖自己的资产，进而引起资产价格进一步的下跌，金融环境更加窘困。资产负债表的结构决定了通货紧缩的程度，即自有资金和流动性、非流动性资产的构成。债务型通货紧缩就是借款人（一般是企业和家庭）发生财务困难，通过各种传导机制，对经济产生实际影响。如果债务型通货紧缩足够严重，就会危及银行和其他金融中介机构，直接造成银行实际或潜在的贷款损失，影响金融机构的资本实力，损害机构的经济效率。例如金融机构的可贷款资金会减小、挤兑风险加大、服务供给萎缩。当然，银行业的恐慌明显地降低了货币乘数。这就产生了引致性金融危机（Eichengreen 和 Grossman，1994）。

金融危机将给信贷流动渠道造成大量渠道外的变动，扰乱了信贷配置的过程。对挤兑的担忧导致存款人大规模提前提取存款，政府不得不因此提高准备金的比率，银行也必须增加流动性强的资产。当整个金融部门提供服务的效率大幅度降低，中介行为的实际成本大幅度提高，借款人就会发现信贷变得昂贵而难以获得，信贷紧缩就会演变为总需求的萎缩，最终演变为一次经济衰退。衰退持续的时间长短取决于两个因素：一是在信贷混乱之后，建立新的信贷渠道或者重塑旧的信贷渠道的时间；二是债务人恢复正常经营和偿还能力的时间（Bernanke，1983）。

5. 政府的强力干预。

1933 年 3 月，美国银行体系几乎瘫痪，金融体系的自我修正能力已经丧失，至少市场参与者对市场自我调整的信心已经失去。新任总统罗斯福只好宣布“银行休假”[①]（1933 年 3 月 7 日，罗斯福宣布临时关闭全国 17032 家银行，3 月 12 日，12817 家银行获准重新开业），关闭了大部分金融中介和金融市场，大萧条达到了危机的底部。“罗斯福新政”[②] 之后，政府主导金融重建，理顺了债权人和债务人的关系，稳定了经济和金融秩序。1934 年，政府通过复兴金融公司向银行和大量金融机构注资。1933 年之后，政府成立了联邦储蓄与贷款保险公司（FSLIC）和联邦存款保险公司（FDIC），对存款、贷款提供一定的保险，政府并授权金融机构发放贷款，例如，1934 年，在新增的抵押贷款中，政府支持的房屋产权抵押贷款公司发放了 71% 的贷款。罗斯福还和国民进行“炉边谈话”，稳定了国民对市场和政府的信心。

在本轮金融危机中，为了防止危机进一步恶化，造成更加严重的后果，尤其是警惕危机造成的系统性破坏，演化为经济危机，美国政府和欧洲中央银行、日本中央银行、英国中央银行等货币当局紧密合作，对次贷危机进行了史无前例的救援。BIS（2008）指出，货币政策当局主要的救援体现在四个方面，一是使短期利率接近于目标水平；二是向市场提供流动性支持；三是加强国际合作；四是调整货币政策的基调。其中，美联储在 2007 年 12 月和 2008 年 3 月连续推出四项重要的金融创新，包括期限拍卖工具、扩展的公开市场操作、期限证券借款工具和一级交易商贷款工具。截至 2008 年 5 月底，美联储大约动用 6000 亿美元资产实施上述金融创新（Cecchetti，2008），截至 2008 年 9 月中旬，各国中央银行向市场注入的流动性资金已经超过 1 万亿美元[③]。

更为重要的是，美国政府还出台了一系列财政金融政策以稳定金融体系，稳定经济发展。2007 年 12 月通过《抵押贷款债务减免的税收豁免法案》，2008 年 2 月推出“救生索工程”，旨在减缓房主还贷压力，稳定住房抵押债券市场。2008 年 2 月 14 日，布什签署约 1680 亿美元的退税法案，对中低收入的纳税人实施不同力度的一次性退税，同时，中小企业也可以获得总额为 500 亿美元的税收优惠。更受关

---

① Temin 认为，银行休假本身仍是大萧条所带来的弊病的另一个症状。因此银行休假本身就是问题的一部分，而非解决问题的方法（剑桥美国经济史）。

② 罗斯福新政主要由三个主要的部分组成：银行体系的改革，增加政府对生产的控制，开始建立社会“安全网”。前两项都始于著名的 1933 年“百日新政”。建立社会“安全网”的工作则在罗斯福的第二个任期开始，“第二次新政”则致力于将经济复苏带来的好处扩大到整个社会大众（剑桥美国经济史）。这里讨论前两项内容。

③ 作者根据美联储和其他中央银行的注资规模进行简单地加总得出。

注的是，美国政府通过了《经济稳定紧急法案》，授权财政部实施“问题资产救助计划”，收购价值至多7000亿美元的问题住房抵押贷款资产和其他资产。财政部还出台了相关计划，为美国政府购买的金融机构问题资产提供保险。

（二）两次危机的差异性

1. 两次金融危机的历史背景不同。

大萧条是与金本位制度相联系在一起的，而本轮金融危机则是与“后布雷顿森林体系”相联系的。美联储主席伯南克（1991）认为，全球范围内的国内货币供给崩溃，导致20世纪20年代末和30年代初总需求的急剧收缩和价格下降，其内部制度因素是20世纪20年代后期大多数国家所采用的国际金本位制存在技术缺陷和管理不善等缺点。第一次世界大战之后，各国努力重建金本位制，以期稳定货币供给和金融体系。英国于1925年恢复金本位制，法国是1928年恢复该制度，至1929年主要市场经济国家多采取金本位制度。

但是，在金本位制下，一个国家的货币供给受黄金储备存量和中央银行买卖黄金价格的影响，同时受货币乘数、黄金拨备率（gold backing ratio，基础货币除于中央银行的国际储备加黄金储备之和）、国际储备和黄金储备之比等因素的影响。复兴的金本位制仍旧将通货紧缩而不是货币贬值作为弥补外汇赤字的措施，而且金本位使得赤字国家承受的通货紧缩压力大于外汇盈余国家面临的通货膨胀压力（剑桥美国经济史）。由于黄金大量流入美国，使得美国的货币供给大幅度增加（数倍于黄金流入增量），从而带来严重的市场投机，1928年，美联储为了抑制股票市场的投机，转向了紧缩性货币政策，以冲销黄金的流入。而另一方面，其他国家的黄金流入美国，货币供应量相应减少，陷入通货紧缩的境地。这样，由于实行金本位制度的国家内部货币存量大幅度下降，全球都陷入了货币紧缩的境地[①]。因此，大萧条是货币紧缩的结果（Friedman等，1963），而货币紧缩的祸根在于金本位制度的调整（弗里德曼，1991）。Eichengreen（1984）认为各国国内政治经济局势的动荡，中央银行的信誉大打折扣，而且银行业状况变差，国际协调不力，已经没有稳定的市场预期来维持金本位制的运行。

Temin认为，美联储在应对维持金本位制度中被误导了，以至于产生了重大失策。1931年下半年之后，德国和英国都放弃了金本位，投资者认为美元接下

---

① 因为，20世纪20年代，主要经济体必须承担国际收支失衡的调整责任，而金本位制度由于20世纪20年代初的黄金冻结政策以及20世纪20年代末的紧缩政策，使得黄金的分布结构与货币需求的结构不匹配（弗里德曼，货币稳定方案）。

来也会贬值。他们在美国政府对美元进行贬值前突然抛售美元。但美联储不打算向国际压力让步，它选择维持美元的币值，进而提高了利率，这加速了货币供应量的下降。结果就使美国的利率在1931年最后一个季度急剧上升，信贷变得更加难以获得。在整个紧缩政策中，联储的行为是前后一致的，目标就是维持金本位制，因此美联储公开市场操作被金本位制紧紧地束缚着。胡佛政府中的每个人都毫不怀疑地坚持一个前提：金本位是值得挽救的。

而新一轮金融危机的爆发和全面升级与全球经济失衡以及所谓的“后布雷顿森林体系”是紧密相关的。当前的全球国际收支失衡主要表现为美国持续的经常账户赤字，以及东亚国家和石油输出国持续的经常账户盈余。根据全球流动性的传导方式，我们可以将其划分为位于中心的美国，以及位于外围的东亚国家和石油输出国。中心国家产生并释放流动性，而外围国家吸收流动性，同时将一部分流动性重新注入中心国家。Dooley等（2003）将当前的全球国际收支体系视为一种新的稳定的国际货币体系，并将其称为后布雷顿森林体系。在这种体系下，中心国美国得到的好处是能够以低利率为经常账户赤字和财政赤字融资，保证本国居民的高消费；外围国家（东亚国家、石油出口国）可以通过长期出口来拉动经济增长和解决就业问题。Dooley等认为，当前的国际收支失衡格局符合中心国家和外围国家的长期利益，因此是富有效率而且能够长期维持的。但是，Dooley等认为这种平衡实际上是一种非常脆弱的平衡，它可以描述全球经济失衡的资本流动机制，将其定义为一种稳定的、能长期维持的体系是过于勉强。Roubini和Setser（2005）认为，由于当前的体系对中心国家的货币没有任何约束，缺乏一种在成员国之间分担国际收支调整成本的制度化机制，加上国别货币长期充当中心货币的时代已经一去不复返，因此当前的国际收支失衡只能维持两年左右的时间，到2007年左右将会发生剧烈调整。不幸的是，被他们言中。

2. 两次危机的性质有所差别。

大萧条首先是银行危机，还是清偿危机，更是经济危机，其诱因不仅是货币紧缩，还有实体经济的因素；而本轮金融危机首先是流动性危机，再是信用危机。大萧条主要有两个传导渠道，一是通货紧缩引起的银行危机，二是名义工资相对价格变动的调整不充分，造成实际工资高于市场出清水平（Bernanke, 1995）。

在大萧条中，对经济和金融系统的命运起着决定作用的是商业银行的崩溃。1930年10月开始的是第一轮银行危机，各地独立的中小银行和农村地区的银行随着商品价格的波动也发生大范围的倒闭。这个阶段仍然没有发生具有强大破坏力的银行危机。但是，美联储最大的政策失败直接导致了1931年3月至6月第

二轮银行危机。尽管在1931年初，经济有了恢复的迹象，但是联邦储备体系并没有实施适当的扩张政策。持续不断的通货紧缩的恶性循环使借款者违约，同时金融机构出售资产以满足资金需求，这都削弱了金融中介的证券组合，迫使资产价格下降。新一轮的银行危机重新掀起了流动性挤兑和货币紧缩政策。由于英国、德国放弃金本位而导致美元遭抛售，1931年10月美联储提高了贴现率。利率的提高和黄金的外流带来了更多银行的危机以及经济活动更大幅度的衰退①。不断发展的通货紧缩在1931年秋天被美联储变成了大萧条（Friedman等，1963）。Temin甚至认为，美联储的政策已经使得大萧条不可避免，因为此时全面通货紧缩中的蒙代尔效应已经远远大于凯恩斯效应，通货紧缩将导致大萧条②。联邦储备银行在解决银行系统危机方面已经无能为力，1932年第四季度，银行系统遭遇了新一轮的危机浪潮，并重新出现了对流动性的紧迫需求。最后直接导致了1933年的“银行休假”。弗里德曼（1991）认为，此时的美国银行体系已经完全陷入清偿危机之中，过去银行暂停支付现金是为了防止恐慌和挤兑，而这次的“暂停”是三年痛苦之后的一次自决。此次清偿危机的彻底性和严重性是以前任何危机所无法比拟的③。

大萧条的一个重要根源来自于实体经济，总需求下降以及20世纪20年代耐用消费品或住房的生产过剩是危机爆发的重要原因。Kindleberger（2007）亦认为，商品的过度供给以及由此引起的商品价格的下跌是大萧条的导火索，而商品过剩的重要原因是国际贸易品价格的下跌。当然，大萧条对实体经济造成的破坏性影响，目前也是新一轮金融危机所不及的。

而新一轮金融危机首先是一个流动性危机④，金融机构所从事的证券化和高杠杆操作，使得金融体系的流动性出现易变性，容易被数倍放大或者缩小。一是金融机构的行为改变了人们持有货币的动机，引起货币需求结构的变化。二是货币需求的决定因素变得更为复杂和不确定，各种因素的影响力及其与货币需求函

---

① White，Rugene N，“20世纪的银行与金融业”，《剑桥美国经济史》。

② 全面的通货紧缩有两种效应：动态的和静态的。静态效应也就是凯恩斯效应，即货币增加了购买力。一定的名义货币存量可以购买更多的商品，使得真实的资产余额增加。总需求下降更多地影响了价格而不是生产。这样，通货紧缩取代了经济萧条。动态效应，就是蒙代尔效应，它通过预期发生作用。如果人们预期通货紧缩将继续，那么他们就会预期将来的价格会比现在的价格更低。他们会持币待购以从未来预期的更低价格中获益。他们就不愿意以任何名义利率贷款，因为他们将来必须用美元还款，而那时的美元就会因为物价水平比现在低而更值钱。简而言之，实际利率这时会高于名义利率。这样，通货紧缩引起了经济萧条（美国经济史）。

③ 米尔顿·弗里德曼：《货币稳定方案》，宋宁等译，上海人民出版社1991年版。

④ 当然，凡是金融危机都与流动性紧密相关，大萧条在一定意义上也是流动性危机，只是相对于新一轮金融危机而言，大萧条的流动性紧缩对金融体系的冲击没有本轮金融危机明显。

数关系的不确定性加剧，从而降低了货币需求的稳定性。三是货币供给的内生性增加。金融创新和杠杆操作使得货币供应在一定程度上脱离了中央银行的控制，而越来越多地受制于经济体系内部因素的支配，例如货币乘数的变化，从而严重削弱了中央银行对货币供应的控制能力和控制程度。更值得注意的是，创新型金融产品和资本运作在过去几年对信用创造的作用非常大，同时对流动性极其依赖，这些产品和运作在金融动荡的条件下容易丧失再融资功能，使得市场的整体流动性大幅度萎缩（即信用骤停），从而产生流动性危机（Reinhart 等，2008）。

在流动性危机之后，市场开始出现严重的惜贷和信用紧缩，尤其是大型金融机构的纷纷倒下，给市场带来了巨大的信心问题。相对大萧条而言，这一轮新的金融危机的特点是大型金融机构的轰然倒塌，尤其是房利美、房地美这两个具有政府隐性担保的机构和美国国际集团等金融机构的倒下，使得市场对信用本位体制忧虑重重，因此，信用本位是以国家信用为支撑的，而像“两房”这样具有美国国家信用的机构竟然几近破产，使得市场对信用本位以及美国国家的信用都产生了动摇。由此可见，美国新一轮金融危机对信用的质疑，对金融体系的稳定以及实体经济层面的后续影响仍将持续。至于新一轮金融危机是否会演化为严重的经济危机，目前仍有待观察。

3. 美联储的救援态度和力度大相径庭。

1929 年，危机出现端倪的时候，美联储不仅没有放松货币供应，还紧缩货币，期间提高了基准利率。1931 年 5 月，奥地利最大的银行破产，8 月份英国放弃金本位，此时如果美联储放宽货币供给，可能防止市场恐慌，稳定市场情绪，但是美联储却将贴现率提高 2 个百分点。1929—1933 年，美国基础货币存量下降 35%，狭义货币 M1 同期下降 25%。实际上，在大萧条危机爆发初期，美联储不仅没有将大量流入的黄金储备货币化，而且还将正的黄金储备流入转化为货币存量的负增长，美联储的政策实际上不仅没有对危机进行适当的政策应对，而且还在破坏金融稳定（Friedman 等，1963）。在大萧条的前 14 个月（1929 年 8 月至 1930 年 10 月），货币存量下降了 3%。而这个阶段实际上与一般的周期性紧缩的表现极为相似，或者说就是一般的周期性紧缩，因为此时通货对存款的比例是相对稳定或者稳定下降的（弗里德曼，1991）。

甚至可以说，是美联储的失策将美国拉入大萧条。在周期性紧缩之后，美联储仍然没有承担起最后贷款人的职能。1931 年 3 月至 6 月，美国爆发了第二轮严重的银行危机，1930 年 10 月至 1931 年 7 月，货币存量再次大幅度下降 6%，但是美联储的外部信用总额并没有增加，总额仅仅是 1928 年年底的一半（弗里德曼，1991）。更为严重的是，1931 年 9 月，美国放弃金本位，在没有对国内困

难做出反应的时候，却迅速有力地对由此引起的国外困难做出反应，即快速提高贴现率，从 1931 年 10 月 8 日的 1.5% 上调至次日的 2.5%，一星期之后又上调至 3.5%。这个时候大萧条已经不可避免，美联储犯下了大萧条过程中最为严重的错误。到危机高潮的 1933 年，就有 4000 多家银行破产（弗里德曼，1991）。Friedman 等（1963）还认为，大萧条中美联储犯下巨大错误在于美联储缺乏一个英明的领导，因为长期担任纽约联储主席的本杰明·斯特朗在危机前逝世了，这使得美联储的权力中心从纽约转移到了华盛顿。

在本轮危机中，美联储与大萧条时期的美联储是两个完全相反的角色。在危机爆发初期，美联储就密切关注事态的发展。随着危机的升级，美联储的救援成为史无前例的一次救援。一是大量注入流动性，2007 年 8 月 11 日，次贷危机爆发，金融市场流动性状况发生逆转，其后 48 小时，美联储等货币政策当局向市场注入 3262 亿美元的资金，当日，美联储 3 次向市场注资 380 亿美元。随着危机的升级，货币政策当局向市场注入的流动性规模不断扩大，截至 2008 年 9 月中旬，各中央银行向市场注入资金规模已经超过 1 万亿美元。二是放松货币政策，降低贴现率和联邦基准利率。2007 年 9 月到 2008 年 4 月期间，美联储累计降息 325 个基点，从 5.25% 降低至 2%，而且贴现率从一般高于基准利率 100 个基点下降至 25 个基点，拆借期限从隔夜扩大至 30 天，甚至 90 天。三是不断排除政策束缚，扩展政策空间。大萧条以来首次对投资银行提供流动性，参与接管“两房”和 AIG，批注摩根和高盛转型为银行控股公司，摒弃市场主义信条等。如果现在的美联储是 20 世纪 30 年代的美联储，那么新一轮金融危机的破坏力无疑将会更大。还有一点，现任美联储主席伯南克是研究大萧条的专家，其对美联储在大萧条时期的错误有着充分的认识。

4. 两次危机对金融监管和金融改革的作用不同。

大萧条使得美国金融体系走向分业经营和分业监管的模式，而本轮金融危机可能是金融监管向混业监管转变，监管结构可能从伞形监管向功能监管转变。1933 年，罗斯福新政批准了“格拉斯—斯蒂尔法案”（即银行法），将投资银行业务和商业银行业务严格划分开，保证商业银行避免从事证券业务的风险，确立了分业经营和分业监管的制度框架。在以后的 60 多年时间里，美国金融业坚持银行、证券分业经营的模式，美国政府对金融业基本都朝着减少干预的方向发展，直到 1999 年“格拉斯—斯蒂尔法案”被全部废止。

在美国新一轮的金融危机中，美国政府已经意识到金融监管的不力。随着美国银行兼并美林、雷曼公司出售资产给巴克莱，美国金融行业可能重新走回混业经营。美国财政部因此公布美国金融监管改革方案（Treasury，2008），该方案的本质就是将美国政府的金融监管权利和结构重新整合，将现有7家联邦监管机构精简为3家。美联储监管职能将显著扩充，监管范围由商业银行扩展到投资银行、经纪公司和对冲基金，以加强对混业经营的监管[①]。新设立的“审慎金融监管机构”将目前的货币监管局（OCC）与储蓄机构监管局（OTS）包括进来，对受联邦担保的金融机构实施监管。新设立的“商业运营监管机构”将目前的证券交易委员会（SEC）和商品期货交易委员会（CFTC）合二为一，负责监管金融机构的商业运营以及保障投资者和消费者的利益。长期而言，美国金融监管体系可能从伞形监管向英国、德国等国家的统一监管（功能监管）转变，从而建立一个更加有利于金融稳定的监管体系。

（三）两次金融危机的启示

制度性缺陷是危机爆发的最大根源。不管是大萧条还是新一轮的金融危机，都有其特定的经济环境。不管是金本位还是布雷顿森林体系（以及所谓的后布雷顿森林体系）都为世界经济的快速、平稳、健康发展做出了积极的贡献，但是随着全球经济的发展，制度本身的缺陷和调整具有一定的必然性，潜在危机的爆发也具有一定的必然性。一个不可持续的经济制度早晚都要对经济活动产生负面冲击，只是程度不一样而已。如果对该制度调整得快，调整得早，那么其负面冲击可能要小。

金融是现代市场经济的核心，而流动性是金融的核心。不管在什么年代，流动性具有易变性的本质，流动性过剩向流动性短缺的逆转可能几天就能完成。在金融繁荣阶段，受货币流通速度加快、信贷非理性扩张等等因素的刺激，流动性通常过剩；但是，在金融动荡时期，由于出于风险防范和金融机构本身的资金需求，流动性可能发生逆转，即出现流动性不足的状况。一旦流动性过剩突然发生逆转，那么将会给世界经济和全球金融体系带来破坏性极强的冲击。货币政策当局应该加强对流动性的管理，制定实施流动性的监测、控制、调整和预警等政策。

协调金融创新与金融监管的关系。完善金融创新的监管体系是防范风险的核心要求。金融机构自身的风险管理是远远不够的，监管当局进行有效的监管是保障金融稳定性和金融安全的利器。首先，金融监管当局要改变监管的理念和监管模式，金融全球化条件下的金融创新和混业经营的再次繁荣，使得原本的监管机制已经无法满足新形势的需要。监管当局需要针对金融市场的安全性、流动性和

---

① 实际上，在2008年9月21日，美联储批准摩根士丹利和高盛转型为银行控股公司的申请，投资银行作为一个独立行业的时代已经结束。

盈利性以及金融机构的资本充足率、资产质量和表内表外业务设计一个科学的监管体系，以此来提高防范和化解金融风险的快速反应能力（IMF，2008）。其次，金融监管应强调针对性，例如银行业需要关注其表外业务的变化，对资产证券化应强调对基础资产和各级证券化产品的风险分级与评估。另外，离岸金融、税收大堂、私人股权基金、对冲基金等仍然没有实施具有针对性的监管措施。最后，监管当局的能力建设需要放在突出的位置，监管能力应与金融业务、金融创新的发展保持动态的协调。金融监管可能永远落后于金融发展，但是应该严防出现“监管空心”和“监管死角”。

货币金融当局的有力救援是金融风险扩散的有效防火墙。从此次金融危机的救援来看，货币金融当局的强力声援可以有效地防止市场信心的非理性下挫，同时流动性的及时注入，可以缓解流动性紧张，防止金融创新中的风险通过流动性渠道转移扩散（Economist，2008）。另外，国际金融合作可以有效防止金融风险的国际传播，例如美联储和欧洲中央银行的联合行动，对防止金融危机的进一步扩散起到了一定的积极作用。即在应对各种金融动荡和金融安全问题时，应该具有一个强有力的最后贷款人。当然，东亚金融危机和美国新一轮的金融危机的经验表明，最强大的最后贷款人往往是自己。

历史的印痕：东亚准备好备用轮胎了吗？

中国社科院世界经济与政治研究所　何帆　郑联盛

10 年过去了，1997 年泰铢大幅度贬值诱发的东亚金融危机给整个地区带来的痛楚和无奈似乎还历历在目。发生在小国泰国的危机竟然波及整个东亚地区，对泰铢汇率的“矫正”迅速演变为地区性金融危机，至今仍让人心存余悸。

东亚经济发展的模式，曾被誉为发展中国家的典范。世界银行 1993 年出版了颇具影响力的《东亚奇迹》，赞扬东亚取得的成就以及给世界发展的启示。即使在 1996 年，国际货币基金组织仍认为东亚经济前景看好。

的确，在金融危机发生之前，东亚各个经济体的基本面仍然十分看好，但是在没有准备的情况下，国际收支失衡、货币危机和金融危机接踵而来，东亚经济体备受煎熬却手足无措。格林斯潘曾将东亚这种毫无防备而遭受的痛楚总结为：东亚没有备用轮胎。

自20世纪80年代中期以来，东亚国家的经济开始驶入快车道，而投资和出口被称为经济发展的两个轮子。可以这么说，东亚危机国家在经济启动的时候选择的是一套抓地性能好、可高速行驶却不耐磨、易变质的中软轮胎，依靠内部高涨的投资和外部强大的进口，驱动整个经济体快速向前，并把其他发展中国家抛在脑后。但是，在高速前进的同时，东亚国家忽视了轮胎的磨损程度对高速运行的赛车的潜在威胁。

在危机发生的前几年，东亚经济一直维持着较高的经济增长速度。1985—1990年，泰国GDP年均增长超过9%。如此高的经济增长其主要动力来自投资，尤其与出口相关的制造业投资。而这些投资首先是依靠本地的储蓄进行融资的。在20世纪90年代初期泰国却发现本国的储蓄已经无法满足投资的需要。这个时候泰国正好顺应国际金融一体化的趋势，开放了资本项目。

大量的资金流入泰国之后，没有投入制造业部门，而是转向房地产市场和股票市场，引起了房地产市场和股票市场的泡沫。大量的资本流入还抬高了非贸易品的价格，国内价格相对国外价格迅速上涨，导致真实汇率急剧升值，泰铢被严重高估，这为泰国的国际收支危机和货币危机埋下了种子。泰国政府的财政赤字和外债都不高，但是企业和金融部门却积累了大量的外债。在金融自由化之后，企业纷纷借外债，因为美元利率比本国利率要低，这增加了货币错配的风险。泰国的银行为了弥补资本金不足以及增加竞争筹码，也大量借入美元债务，这使金融体系的资产负债表处于危险境地，最后成为货币危机向金融经济危机转变的诱因。1996年，泰国因汇率高估丧失竞争力，出口和出口增长速度的逆转使得市场对泰国失去信心，资本流动方向逆转，成为危机发生的导火索。

总结东亚金融危机的教训，经常项目逆差被认为是诱发因素，资本项目自由化以及与资本自由化相关的过多短期外债是最大的祸害，而固定汇率制度则是最大的制度缺陷。从内部因素来看，过度投资以及资产市场泡沫是罪魁祸首。

当历史到了2007年，世界经济形势发生了巨大的变化。最近，世界银行刚刚出版了一部新的报告叫《东亚复兴》——《东亚奇迹》的姊妹篇。它极大地肯定了中国的发展以及东亚的实质性复兴。这份报告认为中国在贸易、创新等方面相当好，在金融方面逐步改善，还极力看好中国和亚洲经济的未来。

东亚经济已经远离金融危机的风险了吗？我们认为，格林斯潘的警告仍然是值得重视的，因为东亚仍然没有预备好备用的轮胎。正如纽约大学的Roubini教授指出的，“对于东亚，2007年几乎是1997年的对立面”，从经常项目逆差、外汇储备稀少、货币严重高估、（半）固定汇率制度转变为大量贸易顺差、巨额外汇储备、货币严重低估、浮动或管理浮动汇率制度。但他认为，东亚可能从危机中学习到的是错误的经验，“亚洲可能已经为新一轮危机埋下了种子”。

东亚经济仍然在依靠外需拉动，为了保持出口竞争力，东亚经济体均不愿意让本币升值，而且刻意保持本币低估。出于对东亚金融危机之前高投资的反思，东亚各经济体，除了中国之外，其投资率都明显减少，但是这使得东亚的储蓄—投资缺口更大，结果是贸易顺差高居不下。此外，东亚还吸引了大量的外资，结果是这一地区的外汇储备不断增长。为了减少外汇储备增加对本国货币供应的冲击，东亚各国的中央银行不得不进行冲销政策，但是这种冲销政策并没有完全抵消新增外汇储备的影响。流动性过剩是困扰东亚经济的一个主要问题，资产价格泡沫并非是中国一个国家所担心的风险。

灾难在人类历史上总是数度重演，尤其在经济领域，人们又是那么健忘。虽然东亚复兴了，但借用格林斯潘的话，我们还是应该问问自己：有没有准备好备用的轮胎？

第七章

金融监管与金融创新的龟兔赛跑

2005 年，纽约大学的 Roubini 教授和牛津大学 Setser 教授在评论“后布雷顿森林体系”的时候，就认为在所谓的“后布雷顿森林体系”中，对中心国家（美国）的货币没有任何约束，缺乏一种在成员国之间分担国际收支调整成本的制度化机制，这种所谓的体系是具有内在的脆弱性的，因此当前的国际收支失衡只能维持两年左右的时间，到 2006—2007 年左右将发生剧烈调整。

不管是真知灼见，还是碰巧言中，2007 年爆发的次贷危机不断升级蔓延，毫无疑问成为大萧条以来最严重的金融危机。重要的是，风暴的中心是在市场体系金融市场最完善最深化的美国。住房抵押贷款标准的放松、金融产品的过度证券化、金融机构风险管理的不到位、货币当局的货币放松和监管放松以及信用评级机构的渎职等遭到世人的广泛攻击，被认为是引爆金融危机的根源。

目前，危机仍在深化发展之中。根据 Reinhart 和 Rogoff 对数百次金融动荡的比较分析，“这次可能没完”。因此，谈及反思可能为时尚早，尤其进行制度层面的分析。谈及制度层面的分析讨论，可能也涉及金融体系、经营模式、监管机制、政府与市场以及最后贷款人等等问题。这里先说美国资本市场主导的金融体系。

一、市场主导金融体系的优劣分析

在大萧条之后，美国颁布了格拉斯—斯蒂格尔法，确立了商业银行业务和证券业务、其他非银行业务相分离的市场体系，这样就产生了银行业务、证券业务和非银行业务等齐头并进的市场发展格局，并形成了相关的金融市场、金融工具和金融机构，最后使得美国形成了市场主导型的金融体系。

从定义上来讲，银行主导型金融体系就是以银行为中心的金融体系。这类金融结构的主要特点是，间接金融占据优势地位，并发挥主导作用，直接金融则相对薄弱或者不受重视。市场主导型金融体系就是以市场为中心的金融体系。其主要特点是，它以直接金融为主要依靠，直接金融市场较受重视或较为发达，而且直接金融与间接金融相互融合，二者在社会储蓄转化为投资、影响公司控制和加强风险管理方面共同发挥作用。

（一）资本市场主导金融体系的优点

在美国市场主导的金融体系的形成过程中，金融风险不断地在商业银行等传统金融中介向资本市场转移和集中，尤其在证券化之后，银行业作为独立的中介地位已经丧失。在金融创新和信息技术革命的推动下，美国金融市场更加一体化，同时以市场为主导的美国金融市场的范围和影响也在不断向外围扩散。在这个过程中，也是金融风险逐步积聚、转移并分散的过程。在次级住房抵押贷款市场出现问题之后，迅速蔓延至整个住房抵押贷款市场和中介机构（投资银行和抵押贷款担保机构等），进而又冲击持有抵押贷款证券化产品的金融机构（商业银行、保险公司和共同基金等），最后升级演化为金融危机。可以说，市场主导的金融市场结构是美国新一轮危机爆发和升级的制度基础之一。

一般而言，市场主导型金融体系可以更加有效地分散风险，而且投资组合策略更加灵活性，可以获得更高的收益。Allen 和 Gale（1997）将金融体系风险分散的功能区分为横向风险分担和跨期风险分担。市场主导型的金融体系有着更为发达的市场，允许个人分散投资组合，对冲异质风险，投资者可以根据风险承受能力调整资产组合，这样，在既定的时点上，不同投资者可以进行风险互换就是横向风险分担。跨期风险分担是不同时点上风险的跨时平均化，市场主导的体系和银行主导的体系在这一方面的风险转移功能相近。从历史经验来看，市场主导的金融体系的收益性的确高于银行主导的金融体系。

更为重要的是，市场主导型的金融体系由于金融产品丰富、金融市场发达，可以吸引更多的资金流入。在全球范围内，就形成了以美国为中心 、以欧洲、东亚、中亚等为外围国家的国际资本流动体系。这种体系被 Dooley（2003）等人称为后布雷顿森林体系。的确在各个“体系”下，美国得到的好处是能够以低利率为经常账户赤字和财政赤字融资，保证本国居民的高消费；外围国家（东亚国家、石油出口国）可以通过长期出口来拉动经济增长、解决就业问题。美国长期以来贸易赤字和信贷消费得以维持的确有其市场主导的金融市场的功劳。

（二）资本市场主导金融体系的风险

虽然市场主导型金融市场结构给美国居民和国家带来了巨大收益，但是该体系同时也存在着巨大风险。首先，市场主导型金融体系使得投资者的资产更多地暴露在风险之下，市场信息、市场情绪和短期流动性的变化将导致资产价格的较大波动。资本市场本身对信息和流动性的需求更大，对资产价

值波动的敏感性更大，尤其在监管放松的条件下，金融市场的过度交易使得市场的脆弱性加大（Minsky，1992）。在市场主导型金融体系中，市场动荡的来源是资产价格的剧烈波动，市场危机来源于资产价格与基本面的偏离以及持续性的资产泡沫（Allen 和 Gale，1997）。例如在 1987 年美国股灾、2000 年网络泡沫和美国新一轮的金融危机中，危机的诱发因素都是资产价格泡沫，而且美国和英国等市场主导型金融体系受到的冲击远远大于以德国为代表的银行主导型金融体系的损失。

更值得注意的是，市场主导型金融体系可能存在更大的系统危机。在该体系下，各项金融业务的界限模糊，不同种类的金融机构组成了金融风险链条的各个环节。资本市场由于金融创新、杠杆操纵和过度交易等所带来的风险自然转移分散到银行业市场之中，这样资本市场的风险就演化为整个金融体系的风险。Baily 等（2008）指出，金融机构在信息不透明的条件下进行高杠杆操作，致使流动性更加脆弱，加上这些行为都是规避性质的金融活动，系统风险就被放大了。另一方面，该体系存在着商业银行和以投资银行、担保机构、基金等为代表的资本力量之间的竞争。由于资本市场是以资金交易为对象，而商业银行和存贷机构是以资金为经营对象，尤其在全球化的条件下，还必须面对全球竞争，这样各金融机构过于大胆地进行业务创新和资本运作，而忽略了对风险的防范，最后使得整个金融体系由于过度竞争造成风险定价过低的局面，从而蕴藏了更大的系统风险。这在美国新一轮的金融危机中，最典型的例子就是评级机构的行为，它们之间的竞争，使得证券化产品得到普遍偏高的信用评级，但忽略了风险。

还有，混业经营的风险更容易跨境传递。在混业经营下，资本的跨境投资和跨境活动被认为是提高全球金融市场效率的有效途径，可以促进资本在全球的配置。但是，随着资本的跨境配置，风险也在全球分散。但是，这个过程是建立在流动性充足、资本流动稳定和资产价格稳定的基础上的，一旦产生外部冲击（例如国际投资者进行风险重估、资产价格下滑或者流动性逆转），资本的国际流动就面临巨大风险。而且，风险的爆发不仅会影响资本所有者，还会影响到资本投资的目的地市场。

最后，市场主导型市场对监管的要求更高。在银行主导型市场中，可以通过对银行及银行控股公司的统一监管而达到较好的监管效果。在市场主导型金融体系中，尤其是美国的金融市场，是多头的伞形监管，各监管当局在分业监管的模式下，无法充分有效地实施监管，尤其是混业经营日趋繁荣的时候，美国金融监管不到位日益显现。因此，保证金融部门的安全和稳定运行将是监管当局最大的挑战①。

在市场主导型体系中，金融机构基于资产贷款的重要性日益下降，而其他可以采取杠杆操作的业务，例如自营、做市商、投资银行和风险管理等，却不断扩大。尤其是传统银行向混业经营转变的过程中，这个趋势更加明显。但是，在美国，商业银行仍是金融市场中最大的信用债权持有人，传统的借贷业务已经逐步被大型银团贷款、房地产信贷、证券化和信用卡等取代。实际上，美国金融动荡的前期表现，最恰当的描述就是做市商危机（Hoening，2008）。

二、金融市场分久必合

实际上，20 世纪 80 年代以后美国金融体系才真正地从分业经营向混业经营的模式转变，而且这个过程是在经济全球化的过程中，金融创新、金融结构变动与金融监管博弈的结果。在新一轮的金融危机中，混业经营仍然是危机爆发和升级的一个制度因素。堪萨斯联储主席 Hoenig（2008）认为，资本市场主导、混业经营体系，再加上落后的金融监管，是次贷危机爆发的基础性因素。

（一）美国分业经营模式

美国颁布了格拉斯—斯蒂格尔法以后，相继出台了《1934 年证券交易法》和《投资公司法》等一系列法案，这些法案不仅确定了美国以市场为主导的金融市场结构，还确立了金融分业经营的法律制度基础。随后分业监管的实施也逐步强化和完善了相应的法律法规，加强了银行业和证券业的分业经营模式。该模式还被日本、英国等许多国家效仿，也是中国金融市场经营模式的模板。

但是，德国、瑞士和法国等国家一直以分业经营和分业监管为主要的经营模式，而且 20 世纪 80 年代以来，国际金融体系出现了从分业经营向混业经营的转变。其中，英国于 20 世纪 80 年代中期开始转型，至 1992 年完成；日本在 1998 年年底放弃分业经营模式，很多效仿美国的拉丁美洲国家同样取消了分业经营制度（蔡浩仪，2002）。分业经营的典范国家美国在 20 世纪 80 年代底也未出现混业经营的迹象，直到 1999 年放弃格拉斯—斯蒂格尔法，相继颁布金融服务现代

① 剑桥美国金融史（2008）指出，在金融一体化和全球竞争的条件下，各产业的界限模糊，机构成为多样化的金融混合物，20 世纪初期主要的核心问题就是金融部门的安全和稳定运行，也是监管当局面临的主要政策问题。

法，从而奠定了美国从分业经营向混业经营的法律基础。

美国在确立混业经营模式之后，美国金融行业得到了长足发展，金融工具层出不穷，金融市场不断深化，但是，美国对于混业经营的监管却是缺失的。因为，美国现行的监管体系仍然建立在分业经营的基础之上。在混业经营模式下，商业银行通过实施证券化，就可以将风险资产从资产负债表中转出，从而规避美联储对资本充足率的管制。与此同时，由于相关ABS和MBS的发起人是商业银行，证券交易委员会也无法全力介入对此类资产支持证券的监管。各个主要监管者的权力在一定程度上受到其他专业监管部门的牵制，这样就造成了"监管死角"，进而引发严重的金融风险。从美国新一轮金融危机的发生和发展来看，虽然混业经营模式本身具有特定的风险因素，但是美国金融监管对金融风险的预警、披露和防范并非有效。

（二）混业经营的风险

美国在20世纪80年代以后从分业经营向混业经营模式的转变，是在经济全球化过程中，金融创新、金融结构变动与金融监管博弈的结果。在新一轮的金融危机中，混业经营仍然是危机爆发和升级的一个制度因素。堪萨斯联储主席Hoenig（2008）认为，资本市场主导、混业经营体系，再加上落后的金融监管，是次贷危机爆发的基础性因素。

第一，混业经营的信息优势是不均衡分布的，可能恶化信息不对称问题。不管是银行主导体系还是资本市场主导体系，不管分业经营还是混业经营，都需要解决信息不对称和委托代理问题，但是资本市场主导体系和混业经营模式对此要求更高。

一般来讲，解决信息不对称问题的传统方法有：与借款人建立长期关系，要求提供担保，提供一定水平的资产或者资本，对借款人行为和贷款使用进行限制。但是，在混业经营和金融创新中，借款人和贷款人的距离越来越远，基础资产越来越模糊，限制和监管的难度越来越大。Hoenig（2008）指出，一家著名投资银行发行的抵押贷款和信托产品是由次级抵押贷款组成的，而借款人的担保资产几乎为零，其中超过一半的贷款只有很少的文件证明，有的甚至根本没有任何证明。但是，却有93%的抵押资产被两大信用评级机构捧为"投资级"。而截至2007年9月底，该信托产品中的贷款就有18%成为坏账。

最近几年来，信用评级机构对于资产抵押贷款的爆炸式增长具有极其重要的推动作用。评级机构甚至将私营部门发行的资产抵押支持债券（MBS）的信用等级与政府支持企业发行的债券等级相提并论。除了巴塞尔协议框架支持信用评

级的职能之外，更为重要的是评级机构与债券发行人之间的“激励冲突”，即信用的评级高低与评级服务费用高低的相关性。当然，还有一个问题就是信用评级的公式和参数有问题。而所有这些问题都是在投资者和监管者不知情或者无法知情的条件下进行的，这也是美国金融危机爆发前重大的信息不对称问题，蕴藏了巨大的道德风险。

第二，范围经济效应可能成为委托代理问题的土壤。在金融中介理论中，委托代理问题同样是影响金融中介功能的重要问题。在分业经营模式下，例如银行可以将委托代理成本内部化；但是在资本市场主导、混业经营模式下，委托代理则是更为普遍的市场关系，尤其是金融创新、金融一体化和国际化、金融投资者复杂化，还有金融投资的日益专业化，使得个人甚至是领域外的机构无法熟知金融产品投资的过程，进而必须采取委托代理的方式进行。委托人和代理人目标的不一致（利益冲突），将导致中介过程的不稳定，进而影响到金融体系的稳定。Puri（1995）对混业经营的全能银行与投资者内部潜在的利益冲突分析后发现，全能银行有机会并有动机利用中介身份与职能，通过捆绑产品和隐藏内部信息等不道德手段，损害投资人利益，引发委托代理的不道德风险。

第三，混业经营可能导致金融机构的期限和流动性错配。最近几年，许多美国抵押贷款都是在储蓄贷款体系外进行的，也游离于基于商业银行监管的体系之外。很多金融机构像商业银行一样借短贷长，而且由于没有储蓄来源，这些金融机构通过发行资产抵押商业票据或证券化，在短期货币市场上融资。在市场出现动荡之后，期限错配使得金融机构陷入流动性短缺，被迫低价卖出持有的长期资产，造成巨大损失和连锁反应。由于这些金融机构和金融活动是在监管体系之外，而且不受传统的金融安全体系的保障，即无法获得贷款保险和中央银行的最后贷款支持，如果不是美国和欧洲等中央银行的公开市场操作和“攀越藩篱式”的信贷工具支持，这些金融机构将陷入更加严重的流动性危机。

更为严重的是，在混业模式下，银行体系外的机构一旦出现危机，就会迅速传递到商业银行。因为，商业银行为了在混业经营模式下获得生存和发展的空间，大肆扩大了表外业务，甚至直接参与证券化。在混业经营下，投资银行、对冲基金、担保机构、公共基金乃至商业银行都更加依赖资本市场获得流动性，而本身资产的流动性是不足的，它们更容易陷入流动性危机，尤其在以市定价的会计准则下，混业经营对流动性更为敏感。IMF（2008a）指出，在危机期间，流动性传递的各种机制将在各个金融市场之间放大并传播流动性冲击，进而产生系统性风险，各种流动性传递机制不仅在资产负债表相关的金融机构之间发生直接作用，而且还将通过资产价格波动对金融机构和表外业务产生负面冲击。

第四，混业经营的外部性更为明显。混业经营具有外部性，在金融繁荣阶段，该外部性是正的，而在信贷紧缩和金融动荡阶段，该外部性是负的。在混业经营的链条中，各个金融机构在金融市场和支付体系中具有天生的内在联系，一个子行业的冲击或倒塌，在外部性的影响下，可能导致其他行业的不稳定，即产生系统性冲击。由于混业经营外部性的解决需要政策部门强有力的措施保证体系的透明、效率和稳定。在微观层面（例如清算、盯市）和宏观层面（监管）都需要有明确而有力的政策，如果没有，那么混业经营负的外部性将更具冲击力。因此，混业经营首先需要处理好两个问题：一是微观投资者，尤其是中小储户的利益保护问题，二是宏观的金融稳定问题，以维持流动性的安全和稳定，尽量最小化外部性的冲击（Rochet，2008）。Hoenig（2008）就认为美国主要的法规、监管政策和中央银行流动性支持的工具主要是为了处理传统的银行危机，在应对资本市场产生的危机和外部银行危机方面，显得力不从心，而且，监管和政策框架没有以同样的速度跟上金融市场的发展步伐。这使得混业经营的风险不断暴露和传递，最后造成严重的金融危机。

三、金融监管为何缺位

在美国新一轮金融危机爆发的原因中，金融监管部门的监管放松和监管不到位受到了极大的批判。在任何一个金融体系中，金融监管是保证金融体系健康稳定有效运行的最后“堡垒”。在美国新的金融危机中，这一最后堡垒没有充分发挥其作用。一方面，这一工事已经不适合经济全球化和信息革命带来的金融体系发展的要求，即不合时宜；另一方面，堡垒本身出现了缺口和漏洞，使得金融风险有机可乘。下面主要讨论金融市场结构与金融监管的匹配，混业经营对金融监管的要求，功能监管与统一监管的关系以及美国新的金融危机中功能监管与混业经营的错配。

在现代金融体系下，金融机构的多元化经营要求要有相应的监管组织模式与其相适应。不管是功能监管，还是统一监管都有其独特的优势和内在的缺陷，如何在不同的金融环境下，采取相适应的金融监管模式，是金融监管当局重大的挑战。

（一）分业经营与功能监管的背离

自2007年夏天，次贷危机爆发以来，美国金融体系动荡迭起，已经演化为严重的金融危机。与此同时，美国金融监管体系及其职能的发挥也受到众多的非议。一些研究（IMF，2008b）认为，在美国新一轮金融危机的爆发和升级过程中，美国金融监管模式和金融经营模式一定程度上的背离，加上监管当局的监管放松，美国金融监管当局对次贷危机的爆发难辞其咎。

图 7－1　麦凯恩批评美国证监会主席失职，任金融市场变成赌场

当前金融机构的监管框架是在 70 多年前建立的架构基础上产生的，可能已经无法适应市场主导的金融体系和混业经营的模式。对存款机构监管的基本构架绝大部分与 20 世纪 30 年代的构架相似。证券业和期货业同样实行分业监管，该监管模式在 70 年之前就已经基本确立。然而，目前资本市场全球化使得其他国家正在向“市场主导型经济体”不断发展成熟，提供了美国以外具有深度和流动性的资金来源，却带来资本流动的不稳定。信息技术和信息流的改善导致了创新型、风险分散及通常较为复杂的金融产品和交易策略的出现。然而，这些创新复杂的内在属性可能阻碍了投资者和其他市场参与者对其风险进行恰如其分的评估。资本市场中机构投资者日益增多给市场带来了流动性，提高了定价效率和改善了风险分散，并鼓励了产品的创新和复杂化。但这些机构可以使用较高比例的杠杆操作和更加相关的交易策略，这对广泛的市场构成了潜在的破坏性。这些发展状况正暴露出监管的差距和冗余，给美国金融服务业及其监管架构施加了压力（美国财政部，2008）。

当前以业务功能划分监管制度无法甄别系统风险。在本轮金融危机爆发和升

级的过程中，功能性监管暴露出其最为明显的缺陷：没有一个单独的监管部门拥有监督系统性风险所需要的全部信息和权利（美国财政部，2008）。任何一个监管部门都无法在整个金融体系中采取协调行动，这使得解决与金融市场稳定性相关的问题变得更加困难。美联储也没有真正处于监管的核心，至少是没有发挥监管核心的作用（Cecchetti，2008）。而在目前的金融体系中，与金融机构有关的事件可能触发更大范围的混乱或者一系列的违约，这会严重影响金融体系以至于实体经济也会受到负面影响。

还有，美国金融监管体系中存在着比较严重的监管冲突与监管疏漏。目前，美国实行的是以美联储为中心的伞形监管模式。该模式是以中央银行为核心、各金融监管机构为组成的监控体系。但是，伞形监管对金融风险的预警、披露和防范并非有效（Cecchetti，2008）。主要监管者美联储的权力在一定程度上受到专业监管部门的牵制，从而产生了监管冲突；另外，由于职能分工，又疏于对交叉业务的监管，监管效率还不能达到最佳，往往出现监管疏漏。例如，商业银行通过实施证券化就可以将风险资产从资产负债表中转出，从而规避美联储对资本充足率的管制。与此同时，由于相关资产证券化的发起人是商业银行，证券交易委员会也未全力介入对此类证券的监管。证券化将信贷风险由信贷市场转移到资本市场，但由于信贷市场和资本市场的监管体系是彼此分割的，从而不能充分识别和控制证券化的风险。金融监管的不充分、无效率和监管“死角”，尤其是缺乏对 MBS、CDO 等结构化金融产品和相关机构的有效监管，使得金融创新和金融市场过度暴露于风险之中。

当然，金融创新的复杂性和金融机构经营的多层次使得金融监管的能力受到挑战，金融监管也不能代替金融机构进行风险管理。最后，还有监管准则的问题，虽然美国银行业将巴塞尔协议 II 当作监管的重要准则，但是巴塞尔协议 II 本身是鼓励证券化（以分散风险）和表外融资的（IMF，2008b）。

但是，问题的严重性除了体制因素之外，更为重要的在于监管当局的监管放松。2007 年和 2008 年次级借款人的贷款拖欠、贷款违约和取消抵押品赎回权的比率较高，这凸显了美国针对抵押贷款的监管制度存在缺陷。最近几年，抵押经纪人和贷款人在没有联邦监管的情况下，发放了抵押贷款的大部分和超过 50% 的次级抵押贷款。这些抵押贷款发起人受到的监管程度是不尽相同的（在某些情况下监管程度有限或者没有监管）（美国财政部，2008）。

从次贷危机演化为金融海啸，美国金融市场受到了极大冲击。美国财政部因此出台了改革监管机制的“蓝图”，提出了相关的短期和中长期的政策选择，以期对美国金融监管体系进行系统性改善。短期内应该注重以下问题：一是强化总统金融市场工作小组在金融市场监管和政策问题上保持一种有效和有用的机构协调人的角色。二是解决对抵押贷款发放的监管中存在的缺陷，建立一个按揭监管委员会、全国按揭贷款法律起草条例应该继续成为联邦储备银行专有的职责，明确并加强联邦法律的执法权限。三是联邦储备体系提供流动性。联邦储备银行需要解决金融体系总体流动性供应方面有关的某些根本问题，在保持市场稳定性和考虑扩大安全网的相关问题之间取得平衡（美国财政部，2008）。

在中长期，逐步废除并将联邦储蓄宪章转变为国民银行宪章，因为美国消费者居民按揭贷款已经具有足够的来源，联邦储蓄宪章已经不是必不可少的了①。加强对州注册银行的联邦监管，应该对州注册银行的直接联邦监管进行合理的调整。要么对参加联邦存款保险的州注册银行进行检查的职责交由联邦储备银行负责，要么对参加联邦存款保险的州注册银行进行检查的职责交由联邦存款保险公司负责。还有，加强对支付结算系统的监管，美国主要的支付结算系统往往不受到任何统一的、专门制定的及其全局性的监管制度的监管，其结果是，对主要支付结算系统的监管具有异质性。另外，加强对保险业的监管。因为保险业主要由州监管机构进行监管，而联邦政府几乎没有介入监管，这一情况持有了130多年。最后是期货和证券业的监管，在其当前的监管架构之内及其当前的权利之下，证券交易委员会应该采取若干特定举措使其监管方法现代化，以实现一种机构之间更加无缝的合并，以防止监管疏漏（美国财政部，2008）。

（二）美国金融监管改革的蓝图

次贷危机的爆发将美国金融市场和实体经济拖入险境，但同时也给美国政府进行金融监管改革提供了由头与机会。2008年3月31日，美国财长保尔森公布的《监管改革蓝图》可谓石破天惊。一旦该改革方案得以实施，美国的金融监管体系将发生天翻地覆的变化。甚至有人认为，次贷危机后的金融监管改革计划其重要性已经超过了安然破产事件后出台的《萨班斯—奥克斯利法案》，甚至不亚于大萧条后产生的《格拉斯—斯蒂格尔法案》。

《监管改革蓝图》的本质就是将美国政府的金融监管权利重新整合，将现有的7家联邦监管机构精简为3家。美联储的监管职能将显著扩充，监管范围由商业银行扩展到投资银行、经纪公司和对冲基金。新设立的“审慎金融监管机构”

---

① 作为应对大萧条的举措，1933年国会创建了联邦储蓄协会宪章（联邦储蓄宪章）。起初联邦储蓄宪章专注于为居民按揭贷款提供稳定的资金来源。随着时间的推移，联邦储蓄贷款的权限扩展到居民按揭贷款之外。例如，20世纪80年代国会扩大了联邦储蓄宪章的投资权限，并于1996年批准将非按揭资产纳入其中，以通过合格储蓄贷款人的检验（美国财政部，2008）。

将目前的货币监管局（OCC）与储蓄机构监管局（OTS）包括进来，对受联邦担保的金融机构实施监管。新设立的“商业运营监管机构”将目前的证券交易委员会（SEC）和商品期货交易委员会（CFTC）合二为一，负责监管金融机构的商业运营以及保障投资者和消费者的利益。

媒体披露，美国财政部早在次贷危机全面爆发前的2007年3月就开始酝酿这一改革方案。这说明美国政府的金融监管改革计划并非全然由危机驱动，尽管如此，次贷危机依然是该方案浮出水面的催化剂。如果说全球投资者曾经对美国金融市场和监管体系充满信心的话，那么次贷危机的爆发则摧毁了市场信心。即使在如此发达的美国金融市场上，依然充斥着结构性金融带来的信息不对称、牟利动机下过度的放贷与欺诈、利益冲突下客观性的丧失等等。而零散分割的金融监管体系，未能及时觉察、甄别、防范和化解危机，对其进行改革已势在必行。

当前美国的金融监管体系沿袭自金融业分业经营时期。在1929—1933年大萧条之后，美国国会通过的《格拉斯—斯蒂格尔法案》奠定了银行、证券、保险分业经营的基调。在该法案下，美联储与货币监管局负责商业银行的监管、储蓄机构监管局负责储贷协会的监管、证券交易委员会和商品期货交易委员会负责投资银行和经纪公司的监管，这一格局延续至今。然而，美国1999年颁布的《金融服务现代化法案》象征着分业经营向混业经营的回归，美国金融机构的跨界并购整合与交叉经营销售成为新的趋势。然而，尽管重开混业经营已10年之久，但分业监管的格局仍未打破。

进入21世纪以来，随着金融创新和金融全球化的进一步发展，金融机构利用实质性的混业经营手法来规避分业监管体系的手段越来越丰富、动机越来越强烈。例如，商业银行通过实施证券化，就可以将风险资产从资产负债表中转出，从而规避美联储对资本充足率的管制。与此同时，由于相关ABS和MBS的发起人是商业银行，证券交易委员会也未全力介入对此类资产支持证券的监管。证券化将信贷风险由信贷市场转移到资本市场，但由于信贷市场和资本市场的监管体系是彼此分割的，从而不能充分识别和控制证券化的风险，最终酿成了次贷危机。

从上述意义上来讲，《监管改革蓝图》符合金融创新以及混业经营的趋势，有助于美国金融市场的规范可持续发展，有利于美国的长期利益。然而，新的金融监管方案的推出也面临着以下风险和不确定性。第一，一旦方案得以实施，美联储的权力将获得极大扩张。一方面，中央银行是否应该承担金融监管的职能，目前还存在广泛争议。因为在这种情况下，为了避免出现问题的金融机构破产，中央银行可能通过无限制提供信贷来进行救援，这既增加了金融机构的道德风险，又造成中央银行资产负债表上信用风险的累计，还向经济体注入了通货膨胀压力。也许，英国在中央银行之外成立全能的金融监管局这一布局更加合理。第二，新方案的推出意味着除美联储之外，其他监管机构的权力被压缩甚至面临被取缔的风险，这自然会遭到这些机构的全力反对。第三，新方案对缓解次贷危机并无立竿见影的影响，甚至可能导致美国金融机构运营成本的增加，刺激短期资本流出美国市场，从而造成危机的深化。因此，新方案的推出至少要等到次贷危机尘埃落定之后。

《监管改革蓝图》也为中国的金融监管改革提供了有益的借鉴。目前中国金融市场上涌现出越来越多的金融控股公司，混业经营的发展趋势已经不可逆转。然而，中国目前的“一行三会”是典型的分业监管模式。在金融创新和全球化浪潮下，用分业监管来应对混业经营，必然会带来风险及错配。金融监管的大部制度改革呼之欲出，而次贷危机则有望加速这一进程。

（三）谨防监管过度

虽然当前次贷危机仍愈演愈烈，但是越来越多的注意力投向了如何避免类似危机再度上演。市场普遍认为，互联网泡沫破灭后美联储宽松的货币政策、金融产品的过度衍生化、金融机构的逐利行为以及政府监管的缺位是导致次贷危机爆发的根源。自20世纪80年代以来金融领域管制的放松则在次贷危机的爆发中扮演着至关重要的角色。

在这场危机中政府备受指责之处包括：第一，政府在金融衍生产品的设计和交易方面几乎不加干涉。政府隐含地假定衍生品交易双方均能准确地理解衍生产品的构造与风险，因此双方的交易纯属市场行为，没有干预的必要。第二，由于缺乏一个统一的金融衍生产品清算中心，政府事实上并不清楚市场上各种衍生产品的交易规模与头寸分布，因此一旦危机爆发，政府在很长时间内甚至不能准确地估计危机的严重程度和波及范围。第三，政府的分业监管体系很难监测管理跨行业的金融产品，金融机构往往采用打擦边球的方式来规避政府监管。例如，住房抵押贷款支持证券从理论上而言既属于美联储的监管范围，也属于证券交易委员会的监管范围，但最终却摇身变为两不管的灰色产品。

迄今为止，美国政府承诺花在救市方面的财政资金已经高达1.3万亿美元。既然政府用纳税人的钱来援助金融机构，政府注定会加强对金融机构的监管。尤其考虑到目前美欧政府均采取了利用财政资金补充金融机构资本金的救市方法，这必然会带来金融机构被或多或少国有化的浪潮。在危机爆发之后，凯恩斯主义死灰复燃，用“政府之手”来弥补“市场失灵”的观点重新成为主流。

必须承认，在最近一二十年来，美国政府在衍生产品以及跨行业产品监管方

面的确存在严重的缺位。次贷危机提供的一个重要教训就是，在金融创新的过程中不能明显放松金融监管。然而，另一种风险也同样不容忽视，即监管不足可能在恐慌情绪下以及多方博弈中被“矫枉过正”，转变为监管过度。

正如我们要对“市场万能”心存警惕一样，我们更应警惕“政府万能”的思潮。市场失灵固然会周期性发生，但政府失灵的案例更是数不胜数。正如弗里德曼所言，在市场做不好的地方，我们凭什么相信政府能够做得更好？在金融市场出现系统性危机时，我们固然需要政府援助。然而一旦金融市场恢复平静，那么过多的政府干预往往会致使金融机构丧失活力，金融市场创新严重迟滞。

在本轮救市过程中，美国政府宣布暂时禁止市场对金融类股票做空。这种加强政府监管的做法被市场认为是极为不明智的。在市场情绪极为低迷的情况下，限制做空只能缓解而非逆转市场的下滑趋势。它不能改变股市的基本面，却严重损害了股市的定价机制。只有看多和看空的投资者都有充分表达自己意见的投资盈利方式，股市才能尽快形成一个稳定的均衡价格。限制做空被认为是对美国自由市场资本主义意识形态的严重挑战，受到各方的指责。

另一种观点认为，在次贷危机的诸多根源中，市场失灵固然扮演着重要角色，但“政府失灵”同样摆脱不了关系。作为具有政府隐含担保的房利美与房地美，购买或担保了40%的美国住房抵押贷款。而正是因为两房在最近十余年来大量购买了风险较高的抵押贷款，才使得住房抵押贷款证券化市场发展得如此之快。而作为受到政府严格监管的两房，在危机前其财务杠杆高达60多倍，远高于金融机构的30多倍，这说明国有企业对利润的贪婪追逐可能并不亚于私人企业。当大多数华尔街机构被国有化之后，谁能保证在政府持股背景下它们不会追逐更高的风险？

在保尔森提出的美国金融监管新蓝图中，现有的7家联邦监管机构将精简为3家，美联储的监管职能将得到显著扩充，被授予综合监管金融机构混业经营的至高权力。然而市场最大的疑问就是，作为货币政策制定者的美联储如果被授予全面监管金融机构的权力，这其中是否存在着利益冲突？是否会影响货币政策的独立性？最严重的问题在于，谁来监管美联储？

随着次贷危机的深化与扩展，在未来相当长时间内，加强监管已经成为一种趋势。然而，政府要清醒地意识到自己的局限性，监管主要是一种控制风险的手段，而不应该成为直接干预金融机构经营活动的借口。一旦金融市场和实体经济恢复平静，政府应尽快将金融机构重新私有化。政府监管不足的市场固然会爆发金融危机，然而政府监管过度的市场却更像死水一潭，缺乏创新和活力，最终甚至沦为腐败与寻租的温床。

四、创新与监管的魔道之争

从次贷危机中的各种金融创新来看，金融创新在不同层面上都可能产生金融风险，风险的累积和升级甚至会产生金融危机，直接危及金融安全。因此，如何在利用金融创新重新配置金融资源的同时，又能有效地防范金融风险就成为一个紧迫的现实问题。

（一）金融创新与金融监管的关系

提高金融创新的信息透明度是防范金融风险的基本条件。复杂的金融创新工具对信息要求非常高，只有信息充分、透明，投资者（包括专业的金融机构）才有可能了解金融创新产品的风险，并对风险进行定价，从而做出科学的投资决策。监管机构应该要求金融创新产品发起人进行强制性的信息披露。

金融机构加强对金融创新产品的风险管理是防范金融风险的基础环节。其一，金融机构应该对金融创新产品的安全性、流动性和盈利性有一个充分的认识，并将持有的金融资产的潜在风险进行甄别，按市场风险、信用风险、操作风险和流动性风险等不同的特质，进行相应的资产损失计提。其二，金融机构应该加强风险识别和防范的能力建设，例如风险识别中的波动率、贝塔系统、VaR 等模型并无法十分客观地度量风险的大小。其三，金融机构需要对各种风险进行相应的防范，例如银行应该可以根据自身情况，结合巴塞尔协议，建立符合相应风险管理需要的充足资本金和贷款呆账准备金。

完善金融创新的监管体系是防范风险的核心要求。金融机构自身的风险管理是远远不够的，监管当局进行有效监管是保障金融稳定性和金融安全的利器。首先，金融监管当局要改变监管的理念和监管模式，金融全球化条件下的金融创新（及其导致的金融脱媒）和混业经营的再次繁荣，使得原本的监管机制已经无法满足新形势的需要。监管当局需要针对金融创新的安全性、流动性和盈利性以及金融机构的资本充足率、资产质量和表内表外业务设计一个科学的监管体系，以此来提高防范、化解金融风险的快速反应能力。其次，金融监管应强调针对性，例如银行业需要关注其表外业务的变化，对资产证券化应强调对基础资产和各级证券化产品的风险分级和评估。另外，离岸金融、税收天堂、私人股权基金和对冲基金等仍没有具有针对性的监管措施。最后，监管当局的能力建设需要放在突出的位置，监管能力应与金融业务、金融创新的发展保持动态的协调。

货币金融当局的有力救援是金融风险扩散的有效防火墙。从次贷危机的救援来看，货币金融当局的强力声援可以有效防止市场信心的非理性下挫，同时流动性的及时注入可以缓解流动性紧张，防止金融创新中的风险通过流动性渠道转移扩散。另外，国际金融合作可以有效防止金融风险的国际传播，例如美联储和欧洲中央银行的联合行动，对防止次贷危机的进一步扩散起到了一定的积极作用。即在应对金融创新引发的金融动荡和金融安全问题时，应该有一个强有力的最后贷款人。

金融创新是防范金融创新风险的落脚点。“创新—风险—监管—再创新”是一个动态的发展过程，金融创新仍是规避或削减金融风险、保障金融安全的主要途径。不管是金融机构对金融产品的设计和信息披露，还是金融机构和投资者改善风险管理模式，或者金融监管当局提高监管水平，这其中都包含了更多的金融创新。如果金融创新能够满足相应的信息披露要求，投资者能客观定位风险偏好并改善风险管理，金融监管机构能够加强有效监管，那么金融创新就可以有效地保障并促进金融安全。

（二）美国金融危机中的金融创新与金融稳定

次级住房抵押贷款危机的爆发和蔓延是大萧条以来最为严重的金融危机，2008 年 4 月 IMF 预测危机的直接损失可能接近 1 万亿美元，危机的冲击范围从住房市场扩展至信用市场，从发达国家扩散至新兴市场国家，从美国波及全球，给全球金融稳定和经济发展带来了严峻挑战。反思次贷危机，的确有几个方面需要引起注意。

其一，金融稳定是相对的。不仅新兴市场国家和金融基础薄弱的发展中国家会爆发金融危机，而且金融基础设施健全、金融市场完善和金融创新发达的国家也会发生金融危机，而且其危机冲击的力度更大，范围更广。发展中国家尤其需要警惕由此产生的外部风险，并进行防范。发达国家不能因为金融发达而放弃对金融风险的预警与防范。

其二，金融创新是一把双刃剑。金融创新有利于金融效率的提高和金融资源的有效配置，有利于金融发展和金融稳定；同时，金融创新对于金融机构而言可能会产生严重的财务风险和流动性风险，对于整个金融体系可能会带来金融脆弱性，影响金融市场的资金融通功能，进而带来金融市场的系统性危机。

其三，流动性具有易变性的本质。在金融繁荣阶段，受货币流通速度加快、信贷非理性扩张等等因素的推动，流动性通常显示为过剩；但是，在金融动荡时期，由于出于风险防范和金融机构本身的资金需求，流动性可能发生逆转，即出现流动性不足的状况。而且，流动性逆转的过程时间很短。

其四，金融监管是保障金融安全最有力的手段。在金融创新层出不穷、分业经营向混业经营转变的过程中，许多金融业务是在金融监管的视力范围之外，金融监管严重不足。但是，为了保障金融稳定和金融安全，应该强化金融监管的作用，尤其是采用功能监管的模式可能更有利于防范金融创新导致的金融风险。

其五，金融安全比市场规律更为重要。从美联储的救援来看，美国政府摒弃了所谓的自由经济规律，放弃了政府不干预市场的信条，更不顾及道德风险，目的在于稳定美国金融市场，保障金融安全。可以看出，作为现代市场经济的核心，金融的稳定和安全高于一切。

五、市场有效还是政府有效

近来美国金融市场处于风雨飘摇之中。在华尔街经历了有史以来最黑暗的一周之后，美国财政部和美联储向美国国会抛出了一项总额高达7000亿美元的救市方案，试图利用财政资金来购买金融机构资产负债表上的不良资产。该方案在增加了若干拉拢两党议员的附加条款之后，最终被参议院和众议院通过。

自次贷危机爆发以来，美国政府通过实施极为宽松的货币与财政政策来应对危机。联邦基准利率在不到一年时间内下调了325个基点，美联储通过各种创新信贷机制向金融市场注入上万亿美元的流动性。而美国财政部的减税计划、救助两房和AIG以及当前的救市方案其总金额已经达到1.3万亿美元。可以说，规模如此巨大的政府救市，是1929—1933年美国大萧条之后前所未有的，这也自然再度激起了全球范围内对政府是否应该救市的争论。

支持者声称：目前美国金融市场上已经出现了系统性风险。货币市场、商业票据市场、信贷市场都出现了成交量萎缩、资金价格飙升的局面，政府事实上已经成为这些市场上唯一的资金供应方。仅仅依靠单个金融机构注销不良资产以及募集新股本，已经不足以摆脱危机。如果政府不及时介入，不但美国金融市场可能停摆，美国实体经济也极有可能重演20世纪30年代的大萧条。在目前的危机时刻，政府必须出面拯救金融市场。

反对者则针锋相对地指出：第一，为什么政府要动用纳税人的资金去为贪婪的华尔街机构自身的决策失误买单？为什么要用工薪阶层的税收去拯救动辄年薪上千亿美金的投资银行家？用财政资金拯救华尔街明显缺乏合法性，难以获得美国大众的信服。第二，用公众资金救助私人机构，很难避免滋生道德风险。获得

政府“隐含担保”的金融机构可能一而再、再而三地通过承担过高风险而牟利，反正收益是自己的，风险是社会的。第三，政府向金融机构购买不良资产，其隐含逻辑无非是，市场目前对于这些问题资产的定价是错误的，而政府能够比市场更加准确地发现这些资产的内在价值。政府真的能够比市场更准确？

事实上，自20世纪80年代以来，美、英等主要发达国家都出现了金融创新、自由化与放松管制的浪潮。这一浪潮是与金融经济学中“有效市场”的假设紧密相联的。该假设认为，金融市场相对于商品市场而言更加有效。由于该市场上有着无数的套期保值者与投机者，他们会充分利用任何微小的价格差异来投机牟利。因此，金融市场上的价格反映了市场上所有的相关信息，而这一市场均衡价格将引导资源的合理配置。政府干预只会导致价格扭曲和资源错配，因此政府唯一应该做的无非就是放松各方面的管制，而仅仅维持市场秩序、保证合约的履行。在这一假设的指导下，以证券化为代表的金融创新风起云涌，并缔造了华尔街自20世纪80年代以来的辉煌。

而迄今为止次贷危机的最大教训就是以残酷的事实告诉人们，金融市场同样会发生商品市场上的“市场失灵”，而且有过之而无不及。金融市场上最大的问题依然是信息的不对称性。除了设计者之外，没有人能够准确地理解复杂的结构性金融产品的构造、定价和风险。但是只要持有这些产品能够带来高收益，不确定性并不会阻碍这些产品的大行其道。在市场繁荣时期，在牟利动机的趋势下，金融机构照样可以短视地放松信贷标准，并且不负责任地将高风险的债权通过证券化的手段转嫁给整个资本市场。次贷危机的爆发无非是繁荣时期的过度放贷、过度投资和道德风险累积的结果。

只要金融市场还存在贪婪与恐惧，市场注定会遭遇周期性危机，政府救市就具有内在的合理性。然而，美国政府的救市并不必然成为中国政府拯救股市和房市的理由。次贷危机是成熟金融市场由于对金融创新监管不足而引发的系统性危机。中国股市却远非一个成熟完善的资本市场，其初始制度设计上存在着严重偏误（目的在于为国有企业融资而非建立一个全社会范围内直接投融资的市场），由此衍生出来国有股减持、大小非解禁等诸多“中国特色”的问题。中国股市目前的困境是宏观经济的景气周期下滑、政府失灵与市场失灵交织在一起的结果，远非单纯的政府救市可以解决的。中国政府目前需要尽快清理股市上的历史遗留问题，及时将中国股市变为一个全流通、具有双向盈利机制（在股市处于低点时及时推出做空机制）、对所有中国企业平等开放的资本市场，而不应该在制度性问题尚未解决之前就简单出台优惠政策去托市。否则，中国股市将不可能成熟壮大，政府宏观政策也将不断地被股市上的“民意”所绑架。

第八章

危机对中国影响几何

美国次贷危机自2007年8月全面爆发以来，已经演变成自1998年美国长期资本管理公司破产之后，发达国家金融市场面临的最严重的危机。然而，由于美国国内更多的浮动利率次级贷款合同将于2007年下半年和2008年到期，美国次级债市场的违约率还将继续上升。此外，次贷危机已经影响到美国房地产市场的基本面，房地产市场在短期和中期内仍将继续下滑，这可能拖累美国整体的经济增长。

作为全球化中一个深度参与经济体，中国已经处在全球化浪潮的风口浪尖之上。这次金融危机已经蔓延至全球的各个角落，金融经济和实体经济受挫已经是不可避免的，唯一不确定性的是负面冲击的大小和持续时间。本轮金融危机对中国经济和金融发展的影响将是持久而深远的。

一、直接损失相对有限，潜在冲击不容忽视

至少从目前来看，美国金融危机对中国金融机构和中国经济的影响并不十分显著。由于中国目前仍然存在较为严格的资本账户管制，中国机构投资者的海外投资仍然奉行比较谨慎的投资原则，次贷危机对中国的传染效应是有限的。尽管美国财政部的一项研究指出，截至2006年6月底，中国机构投资者购入抵押贷款证券急升516亿美元，从559亿美元剧增至1075亿美元，并占同期亚洲投资抵押贷款证券2260亿元的47.6%。业内人士估计，其中相当部分为高风险的次贷业务。

但是据国际投行的估计以及中国国有商业银行的披露，中国银行、中国工商银行和中国建设银行各自投资于次级抵押贷款证券的规模均为数十亿美元，而且信用评级都在AA级以上。次贷危机对高评级债券的影响相对较轻。即使这些证券价值严重缩水，但由于占总资产的比重很低，不会对三大行的整体资产质量造成显著影响。

不过，这并不意味着我们可以对美国金融危机的发展掉以轻心。由于全球金融市场通过跨境资本流动联系在一起，美国金融危机已经逐步引发了美国金融市场危机和美国经济衰退，这将对中国资本市场和中国经济造成显著的负面影响。

即使美联储通过大幅降息避免了危机的升级，美国货币政策的变动也会对人民币汇率及利率政策产生显著影响。目前，中国股票市场大幅下挫，已经成为全球金融历史上最大的股灾之一，而且股市在跌破1800点之后，何时是底部以及在底部整理的时间将会多长是没有人能够说明白的。

图8-1　面对美国次贷危机，中国准备好了吗？

更为重要的是，如果美国金融危机进一步扩散，造成固定收益证券市场和股票市场的全面危机，那么可能造成国际短期资本撤离美国市场（尤其是来自日元套利交易的资金撤回日本国内）、美元大幅贬值、美国国内长期利率上扬以及美国经济陷入中长期衰退的后果。危机升级对中国经济造成的负面影响包括：

第一，从短期而言，如果美国次贷危机引发全球对冲基金调整自身的资产组合，增加流动性资金的比例，那么就可能造成国际短期资本从中国股市和房地产市场撤离。由于外国短期资本通过各种渠道进入中国资本市场的规模实际上远远超出政府统计口径内的规模，如果外国短期资本出现大规模抽逃，可能导致中国股市和房地产市场的下跌。如果严重的话，可能刺破中国股市和房地产市场存在的泡沫，资本市场全面下跌所引致的财富效应可能抑制国内总消费，从而影响经济增长。

第二，从中长期而言，由于中国经济和人民币汇率相对于美国经济和美元汇率存在一定的独立性。一旦美元大幅贬值、美国经济陷入中期衰退，那么相对坚挺的人民币和相对健康的中国经济，将会吸引大量的短期资本重新进入中国境内。中国资本市场在经历了短期外国资本撤出导致的调整后，很可能被流入的短期外国资本重新推高，甚至引发更大程度的投机泡沫，为中国经济的持续稳定发展埋下隐患。

第三，大量的日元套利资金撤出美国回流日本，可能造成全球主要货币的汇率发生大幅调整（美元贬值和日元升值）。这一方面会影响人民币实际有效汇率的稳定，另一方面会引发以美元资产为主的中国外汇储备资产的实际购买力下降，外汇储备的价值大幅缩水。

第四，美国经济陷入衰退，将导致美国市场对中国出口商品需求的下降。经济衰退所引发的美国国内经济矛盾的增加以及总统选举年度的影响，将加剧中美贸易摩擦问题，美国政府逼迫人民币升值的压力可能显著加大。尤其是，美国新任总统可能为了刺激美国经济而采取贸易保护主义。

另外，美联储继续通过调低联邦基准利率来避免危机的进一步扩散，这也会对人民币汇率和利率政策的实施空间造成掣肘。美联储下调联邦基准利率将会进一步缩小美元和人民币之间的利差，一方面引致更多的热钱流入中国，另一方面将进一步限制中国货币当局运用加息手段来调控国内通货膨胀的能力。中美利差的缩小将凸显人民币汇率的升值压力。换句话说，美联储为了应对金融危机的降息举措将进一步限制中国政府自主运用货币政策的空间。

二、出口前景黯淡无光

首先必须指出的是，中国经济问题依然主要是国内问题，例如经济结构失衡（在制造业和服务业之间存在的资源配置扭曲）、过度依赖投资和净出口来拉动经济增长、经济增长的质量偏低（单位 GDP 能耗高、环境污染尚未完全计入产品成本等）、扭曲的外资外贸政策（对 FDI 各种不恰当的优惠措施）、国内要素价格市场存在严格管制（全球原油价格与中国国内成品油价格显著倒挂）、国内市场上要素和产品缺乏充分流动，要素价格缺乏弹性（新《劳动法》的实施使得劳动力的定价问题变得更加缺乏弹性）等等。

不过，在经济和金融全球化的背景下，国际经济环境的变化也会对中国经济产生显著影响。在当前形势下，国际经济金融环境中的不确定性，对中国宏观经济带来的挑战要大于机遇。有一种观点认为，全球金融危机对中国出口的影响有限。因为中国出口产品价格便宜，在国际市场上具有竞争力，尤其当全球经济衰退的时候，中国商品有望成为160多年前爱尔兰灾荒中的“马铃薯”——吉芬商品。中国出口企业受到的影响不会太大。这种观点是一厢情愿的，是“脱钩论”的化身，也是非常危险的。

第一，美国居民消费与中国出口之间从未脱钩，目前对美国的出口仍占中国出口的20%左右，重要性不容低估；第二，美国经济衰退将导致全球经济增长率的下滑，从而通过影响其他经济体的进口需求，最终抑制中国出口。如果这条渠道非常重要的话，那么中国出口地区的多元化并不意味着美国经济增长对中国出口的影响力削弱。2008年中国出口行业的增长前景不容乐观其主要原因在于：一是人民币对美元汇率的升值幅度可能达到10%；二是中国政府将会继续对外贸政策进行调整，例如继续降低出口退税、对某些产品征收出口关税或实行更为严格的配额管理等；三是能源价格、原材料价格、资金价格和劳动力价格的持续上涨，削弱了出口企业的盈利空间；四是在美国经济和全球经济下滑的背景下，贸易保护主义压力注定会重新抬头。因此，如果不采取相应的政策预案，一旦发生任何严重的外部冲击，中国出口行业可能就会遇到麻烦。由于出口行业对GDP增长率的贡献程度达到30%，以及出口行业具有显著的劳动密集型特征，一旦出口下滑，将会对中国的经济增长和就业构成挑战。

美国依然是中国最重要的进口国之一，对美国的出口约占中国对外总出口的1/5。美国经济下滑乃至陷入衰退，将削弱美国居民的进口需求；美国经济基本面恶化以及美联储降息所造成的美元相对于人民币的贬值，将会削弱中国出口商品在美国市场上的竞争力；与美国经济下滑如影随形的美国贸易保护压力上升，也使得中国对美国的商品出口环境更加恶化。更为重要的是，美国经济下滑，将会拖累其他发达国家的经济增长，从而降低其他发达国家对中国商品的进口需求。因此，一旦美国经济陷入衰退，中国出口形势便不容乐观。

除外需下降之外，中国出口行业还面临着出口退税率下降以及劳动力、原材料、能源、资金成本上升的不利局面，因此进入2008年以后，中国出口以及贸易顺差的增速显著下降。2008年上半年，中国出口6666亿美元，同比增长21.9%，比上年同期下降5.7%；中国贸易顺差990.3亿美元，同比下降11.8%，净减少132.1亿美元。考虑到过去几年内，净出口对中国经济增长的贡献约为2—3个百分点，一旦净出口出现负增长，将会对中国经济增长带来显著冲击。

三、外汇储备可能严重缩水

自两房危机爆发之后，中国政府在管理外汇储备方面就一直处于非常尴尬的境地。中国目前是全球最大的外汇储备持有国，截至2008年6月底，外汇储备规模超过1.8万亿美元，到2008年底可能突破2万亿美元。其实在全球金融市场上，可供中国政府投资的金融产品非常有限——由于目前欧元相对于美元处于较高水平，欧元资产普遍价格过高；日元资产的收益率相对较低；其他金融产品的市场流动性较弱。因此，中国政府不得不把大部分外汇储备投资于美国的国债与机构债。根据笔者的估算，截至2008年6月，中国政府大约投资了6000亿美元左右的美国国债、4600亿左右的美国机构债，两者合计超过1万亿美元。

在“两房”危机爆发之后，中国外汇储备市场价值就面临着巨大风险。如果美国政府不对两房进行救援，放任两房倒闭，或者由两房直接与债权人就债务重组进行协商，那么两房发行的机构债就会发生实质性违约，信用评级将由AAA级直接调降至投资级以下，机构债的市场价值将大幅缩水。中国政府所持有的4600亿机构债的未来着实令人担忧。

在美国政府接管了“两房”、对AIG实施了国有化之后并出台了救援政策，是否就意味着中国政府可以高枕无忧了呢？答案是未必。两房、AIG的国有化和其他救助措施实际上意味着与金融机构的资产组合相关的信用风险，目前已经转移到美国政府的资产负债表上。美国政府要支付7000亿美元的注资费用，不得不借助于增发国债。无论是潜在信用风险的增加，还是财政赤字的进一步恶化，都有可能危及美国国债的信用等级。为了吸引潜在的投资者购买，美国政府可能不得不提高新发国债的收益率，而这必然会压低已发国债的市场价值，造成中国政府持有的6000亿美元国债的市场价值缩水。

简而言之，作为美国政府的主要债权人，无论美国政府如何进行救援，中国政府都不得不承担部分损失。尽管美国政府目前表态要优先保障金融机构的债权人的利益，但我们不能把美国政府的临时表态当作永久承诺。事实上，如果中国政府不尽快调整外资外贸政策，纠正汇率失衡，从而降低外汇储备的增长速度，那么中国政府在未来还会不断遭遇这种尴尬局面。中国外汇储备管理任重而道远。

四、次贷危机对中国提供了哪些警示

一场震惊世界的金融风暴席卷而来，全球正面临自20世纪30年代“大萧条”以来最为严重的金融危机。由于经济全球化程度的不断加深和全球金融体系的长期失衡，这场源自美国的金融风暴，波及范围之广、冲击力度之强、连锁效应之快都是前所未有的。目前金融风暴对中国实体经济的直接影响有限，但长期影响仍然很大，这将会对中国的金融模式和经济发展模式的选择产生影响。

虽然中国目前还没有出现次级抵押贷款产品，但是美国次贷危机足以在房地产抵押贷款的潜在风险、证券化对信用风险的传递、政府宏观经济政策如何应对危机等三个方面，对中国的商业银行、金融创新和政策制定提供警示。

（一）次贷危机对中国商业银行的警示

美国次贷危机爆发的根源之一在于房地产金融机构在房地产市场繁荣时期，放松了对借款人的资格审查标准。所谓次级债就是指房地产金融机构对信用评分较低或信用记录缺失、无法提供或不愿意提供收入证明的群体发放的住房抵押贷款。显而易见，这类贷款的违约率必然较高。因此，次级债的合同利率也高于优质贷款。

既然次级债违约率较高，那么为什么美国房地产金融机构还愿意发放次级债呢？这是因为房地产金融机构心中打好了如意算盘：在房地产市场繁荣时期，房地产价格不断上涨，在这一前提下，即使次级债借款者发生违约，房地产金融机构也可以通过出售作为抵押品的房地产来回收贷款本息。换句话来说，抵押品市场价值的上升部分对冲了次级债的信用风险。

次级债借款者心里也打好了另一个如意算盘。借款者对自己的还款能力心知肚明，很多人都明白自己没有能力自始至终地偿还所有贷款本息。在房地产价格上涨的前提下，一旦借款者不能按期偿还本息，他可以将房地产重新抵押，即用新的贷款偿还旧的贷款，或者将房地产出售以偿还贷款。不管怎样，对于次级债借款者而言，他们享受了在一段时间内入住新居的福利。

贷款者和借款者都对次级债趋之若鹜的最重要的前提是，房地产市场必须一直繁荣下去。如果房地产市场步入衰退造成房地产价格下跌，对于贷款者而言，抵押品价值缩水使得即使出售抵押品，也不能收回贷款本息甚至本金，对于借款者而言，他们也不能通过重新抵押或者出售房地产来偿还贷款本金。因此，美国房地产市场由盛转衰是美国次贷危机爆发的扳机性因素。

对中国的商业银行而言，住房抵押贷款一直是其资产负债表上的优质资产。一方面，住房抵押贷款的违约率相对较低，而贷款利息相对较高；另一方面，作为贷款抵押品的住房价值在近年内不断攀升。以上因素决定了当前住房抵押贷款的信用风险相对较低。那么这种风险相对较低、收益相对较高的资产，自然而然地成为中国商业银行竞相追逐的目标。住房抵押贷款在中国各大商业银行的资产负债表中均占有显著比重。

在竞相发放住房抵押贷款的过程中，为了延揽客户，一些商业银行自然会降低贷款资格标准、简化贷款审核程序、调低首付比例等，这些举措无疑会造成住房抵押贷款其潜在的违约率上升，只不过由于以下 3 个因素的存在，目前中国住房抵押贷款违约情况尚不显著：第一，住房抵押贷款对于中国而言仍是一个新事物，中国商业银行大规模提供住房抵押贷款还不足 10 年，违约率大幅度上升的局面还从未出现过；第二，近 10 年来中国经济总体向好，居民收入大幅度增长，宏观经济尚未出现大的波动；第三，在城市化的推动下，中国房地产市场近年来持续繁荣，在房地产价格上升的背景下，商业银行可以通过出售抵押品回收贷款，贷款违约不足以对商业银行整体的盈利性造成显著冲击。

但是，这并不意味着住房抵押贷款的信用风险不存在，它只是尚未体现出来而已。特别是最近两三年来，中国大中城市的房价整体飙升，城市房价已经连续两年出现每季度上涨 5% 的局面。用房价收入比、房价房租比等指标来衡量，在中国的一线城市和二线城市中已经出现明显的泡沫。一旦房地产泡沫崩溃，这会对中国商业银行系统造成严重的负面冲击。一方面，借款者违约率的上升和抵押品价值的下降使得银行坏账增加；另一方面，商业银行根据新的巴赛尔资本协议，对住房抵押贷款的风险拨备有限，这就导致了一旦房地产泡沫崩溃，中国商业银行必然出现大面积的坏账和亏损。对于银行间接融资占主导的中国金融系统而言，银行危机很可能导致全面的金融危机甚至经济危机。

因此，中国商业银行应该充分重视美国次贷危机蕴涵的风险含义：在房地产市场繁荣时期，住房抵押贷款的确是一种优质资产。但是住房抵押贷款资产的质量与房地产市场的整体行情密切相关。一旦房地产市场步入衰退，违约率的上升和抵押品价值的下降将导致住房抵押贷款演变为不良贷款，从而危及银行的资产和利润。因此，中国商业银行必须未雨绸缪，充分重视住房抵押贷款的信用风险。一方面，商业银行在发放住房抵押贷款时应该坚持审慎原则，实行严格的收入核查，杜绝出现虚假按揭的情况，此外应维持一定的首付比例，避免出现零首付抵押贷款。另一方面，商业银行应该密切关注房地产市场的动向，及时针对住

房抵押贷款信用风险的变化计提风险拨备，以缓冲违约率骤然上升对银行利润产生的即时负面冲击。

（二）次贷危机对中国金融创新的警示

为什么美国次贷危机会演变为资本市场的全面危机？这是因为证券化的风行造成信用风险从次级债供应商传递给了资本市场上的机构投资者，从而造就次级债供应商和次级债支持证券持有者一荣俱荣、一损俱损的局面。

房地产金融机构的资产负债表借方有很多笔住房抵押贷款债权，为了迅速回笼资金以提供更多笔抵押贷款，它们可以在投资银行的帮助下，将一部分住房抵押贷款债权从自己的资产负债表中剥离出来，以这部分债权为基础发行住房抵押贷款支持证券（Mortgage - Backed Securities，MBS）。借款者未来偿还抵押贷款所支付的本息，就成为房地产金融机构向 MBS 购买者支付本息的基础。而一旦房地产金融机构将 MBS 出售给机构投资者，那么与这部分债权相关的收益和风险就完全转移给了机构投资者。也就是说，通过证券化操作，房地产金融机构就可以把抵押贷款的违约风险转移给资本市场，由抵押贷款支持证券的购买者来承担相应违约风险。

根据 UBS 提供的资料，当前美国住宅房地产市场的规模约为 17 万亿美元，其中住宅抵押贷款市场的规模约为 10 万亿美元，而抵押贷款证券化市场的规模超过 6 万亿美元。换句话说，大约 60% 的住房抵押贷款已经实施了证券化。而其中次级抵押贷款证券大约占抵押贷款证券化市场的 14%。

正是因为证券化的风行，造成一旦次级债违约率上升，一方面次级债供应商坏账上升、亏损增加，另一方面次级债证券持有者资产缩水、亏损增加。换句话说，由于证券化造成信用风险从贷款者向机构投资者的传递，那么信用风险爆发的受害者也就不限于贷款者自身，而是由整个资本市场来承担。

以上情景可以给出我们两个截然不同的启示：第一，我们应当警惕金融创新过程中蕴涵的风险。证券化既是贷款者降低风险的一种手段，同时又增加了机构投资者面临的风险。第二，证券化的确是降低住房抵押贷款供应商信用风险的有效方法。对于中国现阶段的金融市场而言，第二个启示尤为重要。

虽然中国股票市场从 2006 年以来获得了飞速发展，但是当前中国的金融体系依然由银行间接融资主导。一旦商业银行系统发生危机，对中国金融体系的影响将是毁灭性的。正如上文所述，在房地产市场出现局部泡沫的前提下，住房抵押贷款的累积已经在中国商业银行内部形成了系统性风险，而商业银行目前还不能找到有效的方法来化解这种风险。因此，通过实施证券

化，向资本市场发行住房抵押贷款支持证券是纾解商业银行住房抵押贷款信用风险的有效途径。

迄今为止，仅有中国建设银行在2005年底做过住房抵押贷款证券化的试点工作。住房抵押贷款证券化之所以尚未在中国推开，主要是因为在法律、会计和税收方面还存在着种种制度性障碍。例如，中国国内还没有出台关于特别目的载体（Special Purpose Vehicle，SPV）的法律，而SPV是证券化过程中实现破产隔离和风险转移的重要机构。又如，证券化意味着资产从发起人资产负债表上转出，而对于转出的证券化资产的会计核算，目前尚未有相关法律法规的出台。尽管在中国建设银行的证券化试点过程中，财政部和银监会出台了一些试点管理办法，但是尚未形成具有普遍约束力的法律法规。

美国次贷危机对中国金融创新的最大启示，在于应尽快开展中国商业银行住房抵押贷款证券化的全面试点和推广工作，让资本市场上的机构投资者与商业银行共同承担抵押贷款的信用风险。

（三）次贷危机对中国宏观经济政策的警示

在本轮美国次贷危机中，美联储始终处于进退两难的尴尬境地。很多主流经济学家和分析师认为，正是美联储在21世纪头几年连续的降息政策，导致美国房地产市场出现泡沫，造成次级债市场的繁荣。也正是美联储在2004—2006年的连续加息政策，挤破了美国房地产市场的泡沫，引爆了次贷危机。换句话说，是美联储的货币政策造就了美国房地产市场繁荣和衰落的周期交替。这是对凯恩斯主义相机抉择的宏观经济政策最好的讽刺，同时印证了货币主义、理性预期学派以及真实商业周期理论对宏观经济政策无效性的判断。

事实似乎的确如此。美国经济在1995—2001年期间出现了互联网泡沫，该泡沫的崩溃直接导致全球经济在2001—2003年期间陷入中等程度的衰退。为了刺激经济增长，美联储在很短时间内将联邦基准利率从6%调低至1%。历史性低水平的利率直接带来了美国房地产市场从2001年到2005年的繁荣。由于美国经济从2003年开始全面复苏，通货膨胀压力重新显现。为此，美联储从2004年6月到2006年6月的两年时间内连续17次上调联邦基准利率。基准利率的上升逐渐刺破了美国房地产市场的泡沫。

此外，是否应该对美国次贷危机进行救援，美联储在这个问题上也左右为难，尤其在危机的初始阶段。一种观点认为，美国经济的基本面仍然健康，企业盈利状况依旧强劲，次贷危机尚未对GDP增长率、失业率和通货膨胀率等核心经济指标产生重大影响，因此美联储不应该采取救援行动，美

联储降息只会助长那些不负责任的贷款者和借款者的"道德风险"。此外，在通货膨胀压力依然存在和股票市场价格高企的背景下，降息和注入流动性很可能催生新一轮的通货膨胀和资产价格泡沫。另一种观点认为，次贷危机对宏观经济的影响尚未最终体现出来，房地产市场是美国经济最重要的基本面，本轮危机已经影响到美国经济的中长期增长前景，因此美联储必须前瞻性地采取强有力的措施（至少降息200个基点）①，才能防止次贷危机演变成中期衰退。由于美联储主席伯南克对金融危机的发生、传播、影响和治理非常熟悉，因此美联储在大萧条的错误政策和救援不利是伯南克批评的一个重点。在本轮金融危机中，美联储的迅速行动和多次冲破藩篱，强烈表明危机的严重性和美联储的强烈行动意愿。要不是美联储和财政部史无前例的救援行动，美国金融危机的冲击将是不可想象的。

不过，美联储在次贷危机初级阶段中的困境，为中国宏观经济政策的制订提供了一些启示。第一，政府在制订宏观经济政策时，必须综合考虑政策方方面面的影响。在很多情况下，特定政策的制订都面临着两难困境或者三难困境。例如，美联储疏解互联网泡沫危机的降息举措却滋生了房地产泡沫。在中国当前的宏观经济形势下，为了缓解通货膨胀压力，中央银行应该加息。但是在人民币升值预期下，加息将会带来更多的外国短期资本流入，进一步增强通货膨胀压力。因此，为了增强加息政策的效力，中央银行首先必须增强人民币汇率的弹性。第二，政府应前瞻性地判断房地产市场的走势，提前采取措施以避免房价下跌的不利影响。房地产行业是影响国计民生的行业，同时又是对其他行业拉动性极强的行业。一旦房地产行业陷入衰退，一方面可能引发信用危机、银行清偿危机甚至社会动荡，另一方面可能通过连锁反应导致经济增长率下降甚至陷入衰退。因此，政府应该对房地产行业指标保持密切关注，前瞻性地判断房地产市场的走势，提前采取货币政策等宏观调控手段甚至行政调控手段以避免或缓解房价大幅下跌的不利影响。第三，在危机发生后，政府不要轻率地采取救援行动。如果危机仅限于个别行业或个别企业，政府应该让该行业或该企业自己去承担决策失误的责任，否则将会助长道德风险。只有当危机升级到可能对整个宏观经济基本面产生显著负面影响时，政府才应该采取强有力的宏观经济政策进行救援。

① 截至2008年11月，美联储将联邦基准利率降至1%，降息幅度已经超过了200个基点。

中国贸易顺差迎来转折点了吗?

中国社会科学院世界经济与政治研究所　张斌

贸易顺差的转折点

次贷危机、人民币升值、出口退税、工资上涨、新劳动法、信贷成本实增、环保要求提高等等，这一切会让中国贸易顺差大幅下降吗?

如果按照标准的教科书理论，或者听听出口企业的抱怨，我们似乎应该据此预测中国的贸易顺差会大幅下降。从2008年上半年的数据来看，事实果真如此。2008年上半年累计贸易顺差990亿美元，低于去年同期的1125亿美元，这是自2004年以来中国首次出现负的贸易顺差增长率，是贸易顺差格局的一次转折性变化。

是上面诸多原因造成了罕见的贸易顺差负增长吗? 上半年，出口增长率21.8%，进口增长率30.6%，进口的大幅增长是减少贸易顺差的主要原因。这有些出乎意料，因为受上面提到的诸多因素影响的应该主要是出口，而不是进口。再进一步看，进口大幅上涨的主要原因是进口原油和铁矿石等大宗商品价格的上涨。笔者大致估算了一下，如果按照去年同期价格计算，进口今年上半年同样数量的原油要多付出233亿美元，铁矿石要多付出133亿美元，仅仅这两项国际大宗商品价格上涨因素所造成的进口增加金额合计就达到366亿美元。

如果剔除原油和铁矿石大宗商品价格上涨的影响，今年上半年进口增长22%，贸易顺差增长率也不再是负的，而是正的20%。这意味着如果国际大宗商品价格恢复平静，中国贸易的基本格局可能还会回到我们习惯的轨道上，尽管这个轨道不利于中国经济的可持续发展。上面数字同时也说明最开始提到的次贷危机、人民币升值、出口退税、工人工资、新劳工法、信贷成本和环保成本等因素只能在有限程度上解释中国贸易余额的变化。

找到合适的理论

为什么在上述如此众多的不利因素的影响下，剔除了大宗商品价格波动影响的中国贸易顺差还是高居不下的？上面提到的诸多流行解释元素不行，用传统教科书中利用国内外需求和汇率变化解释贸易顺差变动也不适用，应该用什么理论理解中国贸易顺差？是不是储蓄减去投资等于贸易顺差这个框架能更好地解释中国的贸易顺差的变化？

考虑这么一个三口之家。原来妻子和儿子在家务农和整理家务，丈夫打猎，猎物换些钱币买家中所缺的生活用具和油盐酱醋。不管是什么原因，现在只留妻子一人在家务农和整理家务，儿子和丈夫一起外出打猎。会发生什么呢？猎物价钱变得糟糕，因为市场很小，丈夫加上儿子虽然打了更多猎物，但是买得起猎物的只有少数几个人，所以猎物价钱难保。还好，即便价钱难保，猎物和钱还是多了。

如果原来丈夫打猎所得就足以应付家中所缺的生活用具和油盐酱醋，儿子和丈夫多挣的钱无非就是存起来。把猎人一家组成一个国家。打猎所得猎物等于出口，家中所缺的生活用具和油盐酱醋等于进口，没有花出去的货币等于外汇储备，妻子务农和家务以及拿钱换来的生活用具和油盐酱醋等于消费，猎物价钱等于贸易条件，我们再看下面一系列现象：进口不变，出口增加，贸易顺差增加，外汇储备增加，消费减少（或者储蓄增加），贸易条件恶化。这些很多都是中国经济近些年的典型特征。

是什么原因让儿子和丈夫一起在外打工呢？从家庭内部评价体系来看，外出打工比在家里务农和干家务更有利。从国家评价体系来看，做出口比在家做农业或者服务业更有利。让出口有利可图的政策又很多：低估的汇率、无所不包的外资优惠政策、当地政府的大力支持等等；让农业和服务业比较不利的政策也有很多：种类繁多的价格管制价格（例如对大米价格和出口的管制），对行业准入的严格限制（例如医疗、卫生、通讯、交通、金融和教育等等）。

回顾中国过去十多年的市场化发育历程，一个典型的特征就是：能够用来出口或者进口替代的制造业产品实现了从商品价格到企业，到行业，再到国内和国际市场的整体市场化改革和开放；医疗、卫生、通讯、交通、金融、教育等诸多服务类行业市场改革举步维艰。在这样的环境下，企业自然在出口和进口替代部门，以及市场化程度较高的国内服务业部门努力发展，在行政垄断的众多服务业部门无所作为。结果自然就是上面猎人家庭的例子。

还需要补充一点。过去曾有很多国内外著名学者认为中国有很高的储蓄率，所以高贸易顺差在所难免。从上面框架来看这个观点站不住脚，不是因为

有了高储蓄才有了贸易顺差，而是因为创造了贸易顺差，被迫带来了高储蓄。储蓄减去投资等于贸易顺差的解释在等式关系上正确，但在理解上不应该先入为主地认为是等式左边决定了右边，而应该具体问题具体分析。中国的情况可能就是例外，从等式右边解释左边，从高顺差解释高储蓄更有说服力。

改变中国贸易顺差的3种可能

按照上面的分析框架，未来3—5年内中国贸易顺差的转折性变化有3种可能：

第一种可能是贸易条件再度大幅恶化，类似数量的出口和进口，但是因为进口价格大涨，贸易余额出现了大的变化。这个变化正是我们目前所经历的。但是过了今年以后，如果没有再度出现大宗商品价格持续大幅的上涨，贸易顺差增速再度受到大幅影响的可能性不大。

第二种可能是中国未来出现了非常严重的通货膨胀，这将造成真实汇率的大幅升值和贸易顺差的转折。在严重的通货膨胀局面下，出口和进口替代等制造业商品在国际商品套利的作用机制下价格上涨不会太多，价格上涨主要集中在难以参与国际贸易的食品、服务等行业。这将激励资源流出制造业，转向服务业，出口和进口替代都将因此减少，进口也会增多，贸易顺差出现逆转。

第三种可能是中国坚决贯彻预定的宏观经济调控目标，主动转变资源配置格局，减少贸易顺差。问题的关键是收放并举，一方面放松医疗、卫生、通讯、交通、金融、教育等行业准入和建立公平竞争的市场环境，让私人部门的资源能够流入这些部分；另一方面坚持人民币大幅升值、解除对出口型外商直接投资企业的各种补贴、增加对能源和环境消耗严重的产品的出口税收，让那些低附加值的出口和进口替代部门无利可图，自己退出。

在上面3种可能出现的情况中，第一种情况再度出现的几率不大；第三种情况是我们所希望看到的，但是它考验宏观当局制定政策的智慧以及对抗利益集团的决心；第二种可能是我们最不愿意看到的，它不仅可能是严重的通货膨胀，而且还将是一场金融危机。

专栏 7 美国金融危机的启示

中国社会科学院世界经济与政治研究所 余永定

美国金融危机的根本原因是美国居民的消费需求严重超过居民收入。美国经济学家鲁比尼曾指出：60%—70%的美国人实际工资下降，靠借钱维持过去的生活水平；20% 的美国人靠借款维持超出其收入水平的生活水平。在房地产价格不断上升的情况下，负债最常见的形式是住房抵押贷款。在此基础上，通过再融资，美国居民进一步扩大了负债。

储蓄率的下降和负债率的上升，意味着风险的提高。各种衍生金融工具的出现只能转移风险，并不能减少风险，更不能消除风险。美国货币当局无法令利息率无止境地下降，也无法令住房价格无止境地上升。当购房人最终无法偿还贷款（付息）之时，就是美国金融危机爆发之日。美国次贷危机给我们的第一个启示是：无论政府执行何种政策，无节制的负债必然会导致金融危机的爆发。

衍生金融工具的创造和使用虽然不能最终消除风险，但可以在全球范围内转移风险，掩盖风险，推迟金融危机的最终爆发。但也正因为如此，一旦金融危机爆发，其严重程度必将大大增加。资本市场既能提高资源配置效率，也能制造巨大泡沫。资本市场越是发达，可以制造的泡沫就越大。美国次贷危机为我们提供的第二个启示是：资本市场的发展必须是有节制的，限制资本市场过度扩张的各种传统政策不应轻易废除。例如，限制混业经营的各项政策不应轻易废除，资本市场的自由化和证券化应该受到限制。盎格鲁—撒克逊模式并不是唯一的，不应该作为我们效仿的终极模式。

美国金融市场上各种衍生金融工具的复杂性充分说明，政府机构对金融机构的监管能力有限，私人评级机构也不可能对各种衍生金融工具充分了解，因此，所谓加强监管往往流于形式。事实上，在自由化的条件下，监管永远是落后于市场的。美国次贷危机的第三个启示是：对于政府和社会金融监管机构的能力不能高估，而且关键在于，从一开始就应该限制衍生金融工具的使用。

风险的存在意味着不确定性的存在，不确定性的存在意味着投机获利的可能性。投资和投机的界限很难确定。从次贷到 RMBS，再到 CDO、CDO 平方、CDO 立方……；从参照实体到 CDS，我们可以看到，对距离基础金融产品（例如住房抵押贷款）越远的金融产品（衍生层次越高的金融产品）的投资，越具有投机性。衍生金融产品的发展一方面适应了避险的需要，另一方面也适应了投机的需要。投机加大了金融市场的不稳定性，认为投机可以提高金融市场效率的说法是值得怀疑的。与投机相伴而生的各种金融游戏，浪费了各种实物资源，大大降低了整个经济的资源配置效率。美国次贷危机的第四个启示是：必须限制投机。

贪婪是资本主义发展的原始动力。马克思说过："一旦有适当的利润，资本就胆大起来。如果有 10% 的利润，它就保证到处被使用；有 20% 的利润，它就活跃起来；有 50% 的利润，它就铤而走险；为了 100% 的利润，它就敢践踏一切人间法律，有了 300% 的利润，它就敢犯任何罪行，甚至冒绞首的危险。"在离谱的高利润和高收入的刺激下，机构和个人很容易丧失理智。对高额利润的追求必然导致对风险的低估和无视。次贷危机就是住房金融机构的贪婪所使然。美国次贷危机的第五个启示是：必须设计某种机制，限制离谱的高利润和高收入。

通过金融全球化，美国已经把次贷危机的风险转移到了世界的各个角落。中国作为美国金融资产主要的持有国之一，不可避免地会受到次贷危机的冲击。根据外电报道，中国外汇储备中有 70% 左右是美元资产，其中大部分是美国国库券。中国持有的美国机构债（主要是对房地美和房利美的债权）高达 3700 亿美元。美国次贷危机对中国的冲击到底有多大现在还很难量化。但是，不管怎么说，中国作为美国的最大债权人之一，存在为美国金融危机买单的严重危险。目前，我们已经因美元资产价格暴跌、美元贬值、美国通货膨胀率上升和部分债券违约而遭受损失，今后，随着危机的恶化，这种损失可能会更大。不仅如此，如果美国国债和机构债再出问题，中国的损失将极为严重。

美国政府解决危机的所有措施的核心是保证货币市场有足够的流动性、资本市场有足够的资金。中国、日本和其他贸易顺差国（即对美资本输出国）继续持有甚至增加持有美元和其他美国金融资产，是美国得以解决次贷危机的必要条件。任何金融危机的解决都是需要债权人和债务人共同承担的。中国不是美国的"利益相关者"吗？在积累了 1.8 万亿美元外汇储备之后，中国已经成为美国次贷危机的“损失分担者”，独善其身已经是完全不可能的了。除了期盼美国次贷危机早日结束，中国目前已经难有作为。现在，美国人（除非是弱智政客，或装装样子）是不会要求人民币升值、不会希望中国停止向美国出口廉价商品的。当然，他们更不会反对中国进一步积累外汇储备（只要是购买美国金融资产）。令人遗憾的是，中国一些官员和经济学家似乎不了解我们自己的尴尬地位，还留恋出口导向的发展战略，还希望尽量保持中国的巨大贸易顺差。对出口部门来说，这些顺差代表利润和就业增长。但对整个国家来说，这些顺差代表中国可能或已经遭受的真实财富损失。我们可以批评中央银行购买美国资产不当，批评中国投资公司（CIC）投资失败。但是，在目前这种情况下，谁能做得更好呢？如果中国维持巨大双顺差的局面不改变，如果这些顺差不能转化为直接投资或其他币种的资产，我们就只能持有美元或将其用于购买美元资产。换句话说，我们就只能为美国次贷危机买单。因而，中国必须加速经济增长方式、增长战略的调整，坚决把经济增长的动力尽快转移到内需上来。

第九章

中国如何应对危机

美国次贷危机全面升级为全球金融危机，不仅美国、英国等主要发达经济体遭遇重创，一些小型发达经济体和新兴经济体也受到重创。由次贷危机引发的金融海啸，已经成为大萧条以来最为严重的金融危机。

美国政府邀请 G20 国家领导人参加于 2008 年 11 月 15 日举行的国际金融峰会，将重点讨论如何对金融危机进行全球政策协调与合作，对金融海啸进行具有针对性的全球救援。作为最大的新兴经济体和最大的外汇储备持有国，中国也在受邀行列之内，可能需要参与针对金融危机的实质性救援。美国等发达经济体可能会对中国提出要求注入流动性等救援建议，另外作为一个负责任的大国，中国拿出真金白银进行救援的可能性较大。

更为重要的是，金融危机使得中国经济发展的外部环境日益恶化，客观上要求中国在保持经济较快发展的同时，要加快国内经济改革和结构调整的速度和力度，这样就相当于外部环境的恶化与内部困难叠加在一起，中国经济如何应对，中国如何参与全球金融救援，如何统筹内外两个大局，的确需要进行系统性安排。

一、中国应该参与国际救援吗

目前，中国面临严峻的国际国内经济环境，全球金融危机已经使中国卷入其中，不管出于金融稳定、经济安全，还是政治影响，中国可能都需要加入国际金融救援的队伍之中。而且，中国不管是主动还是被动，都无法从国际金融救援中脱身。不管是存量外汇储备，还是新增外汇储备，美国、欧洲都是主要的投资市场，只要中国买入美国国债、机构债、权益资产等都是直接或者间接救市。

此次国际金融救援涉及 20 个主要的发达经济体、新兴经济体和国际金融组织，涉及各个国家和组织的实际利益，各个国家都将以较大的弹性参与合作。中国也可以充分参与讨论和研究，提出各种可能的方案，保持各种方案的弹性，以最大化金融救援的针对性和有效性。某种意义上，在金融全球化和危机的全球蔓延中，救别人也是救自己的有效途径之一。因此，中国参与国际金融救援是正确的举措。

二、中国参与全球金融救援的原则

美国金融海啸已经成为大萧条以来全球最为严重的金融危机，对金融体系和实体经济都造成了重大的负面冲击。为了缓和危机的破坏作用，主要发达经济体相继出台了史无前例的救市措施，其中美国出台《经济稳定紧急法案》，救市规模高达8500亿美元。此后欧盟各主要国家纷纷采取重大救市举措，据不完全统计，截至2008年10月底，欧盟各国救援规模已经超过2.5万亿美元。

虽然各主要经济体实施了重大的救援，但是金融市场似乎毫不领情，各主要股市争先恐后大幅下挫，主要国际货币汇率跌宕起伏。更为严重的是，主要经济体其实体经济受挫，新兴经济体和中小发展中国家亦遭“城门失火”之殃，冰岛、乌克兰、巴基斯坦、韩国等国家陷入了严重的困境。

美国等发达国家认识到，此轮金融危机已经是全球范围的金融危机，单凭一国之力，已经无法挽救市场，需要进行全球层面的政策协调与金融救援合作。因此，美国政府邀请G20国家领导人参加于2008年11月15日举行的国际金融峰会，重点讨论如何对金融危机进行全球政策协调与合作，对金融海啸实施具有针对性的全球救援。

作为最大的新兴经济体和最大的外汇储备持有国，中国已在受邀行列之内，可能需要参与针对金融危机的实质性救援。我国外交部亦表示，中国将在力所能及的范围内参与各种形式的金融危机救援计划。

但是，中国国内经济形势也不容乐观，面临着经济下滑和物价较高的双重风险，出口行业、房地产行业等经济部门也面临着较大的挑战。在稳定国内经济发展的同时，有效参与全球金融救援需要内外统筹、量力而行、长短结合、政经并重、形式灵活、积极参与全球金融救援。

（一）内外统筹、量力而行是中国参与全球金融救援的根本原则

首先，中国参与国际金融救援的首要原则是统筹内外两个大局。作为一个拥有13亿人口的大国和全球第四大经济体，中国经济平稳较快的增长是对全球金融体系和世界经济的稳定健康发展最有力的“救援”。本轮金融危机的冲击已经远远超过东亚金融危机，我国最困难的时刻可能尚未到来，而且目前还面临着外部需求减少、资本市场大幅下挫、金融体系脆弱性和经济增速放缓等现实风险，政府和相关部门应充分统筹国内国外两个大局，未雨绸缪，做出相关政策安排或

预案以备“自救”之需。中国最重要的是把自己的事情办好，保持经济稳定、保持金融稳定、保持资本市场稳定，这是中国参与全球金融救援的前提之一。

其次，本轮金融危机何时见底仍不明朗，国际金融救援可能将是一个持续较长的过程，加上中国的资源有限，中国必须量力而行。市场普遍预期，美国房价可能还有10%—15%的跌幅，如果美国房地产市场调整不到位，金融危机就难以见底。因此，美国房地产市场和金融机构仍可能会有较大调整，美国和全球经济放缓的程度、是否引发严重衰退以及持续时间等问题还难以预料。虽然中国有1.9万亿美元的外汇储备，但是外汇储备需要满足安全性、流动性和收益性的要求，再加上稳定国内经济的需要，中国可动用的资源并不多，必须在力所能及的范围内进行救援。

最后，中国参与全球金融救援应该有所侧重，兼顾政治影响和经济利益。中国仍然是一个发展中国家，中国需要将重点放在对发展中国家和贫困国家的救助上。本轮危机是发达经济体引爆的，它们必须为此负责任并进行有效的自救，而一些受波及的发展中国家和贫困国家是无辜的，也没有足够的实力和充分的准备应对本轮金融危机。因此，将有限的救助资源集中在对发展中国家的救援上，是中国参与救援的有效方式，也是扩大南南合作的有利途径。

（二）立足国内金融发展，采取灵活方式参与

我国应该将全球金融救援和长期金融改革与发展相结合。参与危机的救援，有利于深刻认识金融危机的爆发、发展、蔓延和救助，有利于我国加强对全球化、金融创新和金融危机的风险防范。更为重要的是，我国需要在参与国际金融救援的过程中，保障中国自身的长期金融利益，把握金融改革和金融开放的节奏与力度，强化金融政策的独立性和人民币的国际地位，以保证金融稳定和金融安全。危机救援不分国界，但金融利益是有国界的。

我国应采取灵活的方式积极参与救援。就流动性注入这一救援方式，中国可以利用金融机构进行，可以通过国家贷款进行，也可以通过国际货币基金组织（IMF）、世界银行等国际机构进行，尤其是加强和IMF、世界银行的合作进行救援，可以规避对手风险和国家信用风险。如果IMF、世界银行愿意提供担保，那么中国通过这些机构参与全球金融救援的风险将大大降低。该救援方案在资金的获取上，一是动用当月国际收支顺差中的美元；二是人民银行与其他货币当局进行货币互换；三是动用存量外汇储备资产。在实际操作中，三种方式各有长短，需要灵活把握。

如果考虑到救援的可持续性和中国金融市场的发展，统筹内外两个市场，那

么允许 IMF、其他国家在中国发行债券可能是一个更加有益的选择。在这个方案中，根据发债主体的不同可以有如下 3 种渠道：一是外国金融机构直接在中国发行债券；二是主权国家在中国发行债券；三是国际金融机构在中国发行债券，例如熊猫债券。尤其是扩大熊猫债券的发行规模，有利于中国债券市场的扩大和发展，有利于中国规避救援的汇率风险，更为重要的是，可以进一步巩固人民币的国际地位。从中长期来看，这种方法更加有利于中国金融市场结构的完善。

另外，允许外国公司在华上市融资，也是参与救市的一个途径。尤其，欢迎在华投资的外资企业在中国上市，一是可以救援这些大企业并维持其在中国的业务开展，二是在华投资并获利的跨国公司其利润可以为对其做出贡献的中国居民所分享，三是有利于促进中国股票市场的发展。不过，这种方式可能是中长期的政策选择。

（三）加强国际合作，改革国际金融秩序

中国作为最大的发展中国家和负责任的大国，理应承担与国力相适应的国际责任，应在力所能及的条件下积极参与全球金融救援，同时也应积极倡导多边合作和国际金融体系改革以抵御和防范全球金融风险。一是提倡强化国际金融监管，建立主要货币汇率的稳定机制和货币发行机制。目前市场信心的不足和市场不稳定来自于主要货币汇率的大幅震荡，在金融危机下，主要国际货币的汇率的相对稳定对于恢复市场信心和市场功能是十分必要的。对主要储备货币的发行进行监督是保证汇率稳定的基础，国际社会应该对此制定相应的标准和机制，以防止一些国家滥发货币。

二是倡议加强国际合作，成立全球金融救援基金。由主要经济体按一定比例（例如各国在 IMF 的份额比例）出资，由 IMF 统一施行救援，尤其是对发展中国家和贫困国家的救援。通过与 IMF、世界银行等国际机构进行联合发债融资，也可能是非常有效的方式。有报道称，日本可能正在考虑通过流动性互换安排向 IMF 借出最多高达 2000 亿美元的外汇储备。中国如果有意通过 IMF 参与全球金融救援，就可以倡议将此机制化，成立全球金融救援基金，以作为 IMF 现行危机救援机制的补充。

三是呼吁建立国际金融新秩序。温家宝总理对此已经做了全面而深刻的阐述，这个层次包括 3 个方面的内容：其一，完善国际金融组织体系，积极发挥其在维护国际和地区金融稳定、加强金融监管等方面的作用，提升新兴国家及发展中国家的知情权、话语权和规则制定权；其二，改革国际金融监管体系，制定合理有效的金融监管标准、预警系统和风险防范体系，特别要加强对主要储备货币

国的监管；其三，加快推进多元化国际货币体系的建设，努力发挥多种货币的作用，共同支撑国际货币体系的稳定。

三、中国参与全球金融救援的方式

中国国内经济形势不容乐观，面临着经济下滑和物价较高的双重风险，出口行业、房地产行业等经济部门也面临着较大的挑战。因此，在稳定国内经济发展的同时，如何有效参与全球金融救援是考验国人智慧的重大问题。因此，充分考虑国内国际的经济形势，立足国情，采取有效的方案参与国际金融救援是非常必要的。从中短期而言，中国参与国际金融救援的方式包括流动性直接注入、在华发行人民币债券、在华上市筹资等。

（一）流动性直接注入

尽管美国、欧盟和日本等主要经济体的货币当局大量注入流动性，并出台一系列政策进行系统性救援，但是从最近的金融市场走势和其他经济体的经济表现来看，这些救援并没有从根本上恢复市场信心和市场体系的基本功能，市场信用紧缩和流动性不足仍是市场功能得以发挥的首要问题。因此，向国际金融市场持续注入流动性可能是国际金融救援的一大任务。

就中国参与救援而言，中国直接向国际金融体系注入流动性可能有 3 种渠道：其一，中国金融机构直接向国外金融机构注入流动性；其二，中国政府通过贷款给其他国家，再由其他国家向其金融机构注入流动性；其三，中国政府通过 IMF 等国际金融组织向其他国家注入流动性。

就第一个渠道而言，两个市场主体都是金融机构，由于中国大型的金融机构都有国有企业性质，具有一定的政府担保，因此也是对国家信用的一种运用。但是，这个渠道仍然是市场行为，主要是股权收购或者贷款，其最主要的风险在于“对手风险”。目前，国际金融市场的一大风险就是“对手风险”，因此，这个渠道需要谨慎进行，并主要依据相关金融机构的经营策略和需要。这里暂不讨论。

第二个渠道实际上是主权国家之间的货币互换协议。相关国家需要对货币种类、期限、利息率和偿还方式等做出相关安排，例如利率可以用中国国内市场 10 年期的信贷利率或者伦敦同业拆借利率。另外，美国、欧盟可能会要求中国进一步增持美元、欧元债券，以稳定市场对两种货币的估值。因为该方式由两个国家的国家信用作为担保，所以其风险要小于第一个渠道。

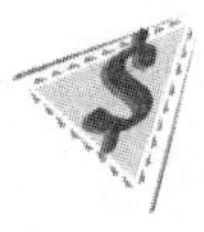

第三个渠道主要借助 IMF 等国际金融组织的载体作用，避免了直接面对主权国家，从而避免了其无理的要求，此外，还由 IMF 提供了另外一个层面的担保，中国参与救援的金融资产的安全性可以进一步强化。例如，一些面临主权信用风险的国家就不适宜采取第二种渠道，而需要通过第三方进行。

但是，流动性直接注入需要解决一个重大问题，就是向国际市场注入的美元及美元资产的来源。如果中国采取出售美元或者其他货币资产（如果出售欧元或日元资产换取美元）的方式，势必会引起世界主要货币汇率的大幅度调整，这是不可行的。那么，获取美元只能由下面 3 种方式，一是当月国际收支顺差中的美元；二是人民银行与美联储的货币互换；三是动用存量外汇储备资产。

第一种方式最为简单，中国直接将国际收支的顺差借给其他国家或者 IMF，这样中国不需要再购买美国国债、欧盟债券等外币资产，外汇储备短期内不会增加。中国人民银行将要面对的是原来的基础货币投放渠道中断，人民银行需要降低准备金率或者减少中央银行票据净存量增加基础货币投放。还有就是借款国家或者 IMF 以后还是以美元还本付息，这样还是会增加未来的外汇储备。比较现在增加外汇储备和以后增加外汇储备，前一种的收益是国债利息（假定中国人民银行将新增国际收支顺差的外汇全部购买国债），后一种没有这部分收益。这就是中国采取国际收支顺差进行救援的机会成本。当然，这部分成本可以通过要求其他国家偿付更高的利率来补偿。

如果中国国际收支顺差不断萎缩，以至于无法参与有效救援，那么可能就需要通过货币互换协议进行。中国人民银行用人民币向美联储换取美元，然后再贷给其他国家或者 IMF。其中需要解决的问题是互换中的利率和汇率。主要考虑汇率，如果是同一个汇率，考虑到人民币兑美元在今后将会升值，人民银行在以后需要用更多的美元才能换回同样数额的人民币，人民银行将面临亏损。也就是说，中国需要承担救助过程中由于货币互换带来的汇率风险。

第三种方式，是将存量外汇储备资产，例如美国国债，直接贷给其他国家或者 IMF。例如，人民银行将价值 50 亿美元的美国国债资产划贷给 IMF，IMF 向其他国家贷款，未来由 IMF 直接还本付息。这种方式不改变中国存量外汇储备资产的规模和构成，相当于把 50 亿美元的美国国债从人民银行手中划给 IMF。中国可以对 IMF 的救援对象提出建议，例如主要用于发展中国家的救助。但是，IMF 或者得到贷款的国家可能会抛售美国国债以得到美元，这将直接拉低美国国债的价格，对中国外汇储备资产的价值造成冲击。而以上则取决于中国贷出的资产规模和 IMF、获得贷款的国家抛售资产的规模，进而给中国外汇储备资产的价值带来了一定的不确定性。

（二）允许在中国发行人民币债券以获得流动性

通过流动性直接注入，虽然是一种直接的、有效的迅速救援方式，但是除了金融机构进行兼并考虑之外，货币当局进行直接流动性注入在财务上中国并没有明确的好处，反而可能需要承担收益减少或者汇率风险，甚至可能会对中国外汇储备资产的总体价值造成负面的影响。另外，对于提高金融市场的深度，促进中国金融体系的发展，没有实质性作用，简而言之，流动性直接注入相当于是两个主权国家的贷款。

如果考虑到中国金融市场的成长，统筹内外两个市场，那么允许 IMF、其他国家在中国发行债券可能是一个更加有益的选择。在这个方案中，根据发债主体的不同可以有如下 3 个渠道：一是外国金融机构直接在中国发行债券；二是主权国家在中国发行债券；三是国际金融机构在中国发行债券。在三个渠道下，由于不同的发行对象，还有多种衍生的方式。

外国金融机构直接在中国发行债券，可以较快地获得资金，以解决其资本金不足问题，有利于其资产负债表的改善，也有利于其去杠杠化金融行为的进行。这对于外国金融机构是最优的选择，一是可以较好地完成筹资，因为中国目前的投资品种太少，尤其股市暴跌，风险巨大；二是找到一条进入中国债券市场的捷径；三是不需要以出售股本作为代价。但是，这个渠道对于外国金融机构而言成本不小，因为以人民币发行债券，人民币升值预期强烈，可能需要承担人民币升值的风险，其还本付息的压力较大。更值得注意的是，如果外国金融机构是以中国民众作为发行对象，可能会挤占国内金融机构的存款份额，从而对宏观层面的储蓄投资关系造成冲击；如果是以国内金融机构作为发行对象，那么国内机构将面临直接的“对手风险”。整体考虑，这个方案不适合实施。

主权国家在华发行人民币债券，就是相关国家发行国际债券。具体操作可以按如下进行：相关国家通过在上海或者香港发行人民币计价的国际债券，在得到人民币资金之后，向人民银行购买美元，或者在外汇市场购买美元，之后汇回救市。发行的国际债券可以在中国债券市场流通。债券到期时，相关国家再用美元向人民银行购买人民币，以还本付息。实际上，相关国家在中国发行美元债券是最好的选择，尤其是美国，这样就可以以本币借入外国贷款，避免承担汇率风险而遭遇“原罪”风险；但是，如果这样发行债券，那么人民币对美元的升值风险将必须由中国全部承担，这对中国来说是不利的。如果美国在华发行人民币债券，那么美元就和人民币成为一个利益相关体，美元如果大幅度贬值，那么就必须还更多的人民币，而且不能通过“印美元”来偿还。美元汇率的稳定，对于

中国外汇资产的稳定是最大的利好。

最后一种方式就是国际金融组织在华发行债券，即熊猫债券。在该方案下，中国允许 IMF、世界银行和亚洲开发银行等国际金融组织在中国发行以人民币计价的熊猫债券，用于危机救援。发行的熊猫债券也可以在中国的债券市场上流通。到期后，IMF 等机构以人民币还本付息。中国可以和相关组织商讨资金救助的对象，例如 IMF 救助并稳定发展中国家的金融市场，世界银行等主要关注受危机冲击的贫困和发展问题等。虽然，美国通过救市计划，相当于扇了 IMF 一个响亮的耳光，但是强化 IMF、世界银行等机构在稳定国际金融体系、促进世界发展方面的作用还是具有重大意义的，例如 IMF 对冰岛进行救援就避免了冰岛的破产。

通过在华发行债券的方式，在速度和效率上，虽然可能不及直接的流动性注入，但是，这种方案将国际金融救助和国内金融发展，将人民币与美元，将全球金融稳定与中国国家财富等有机地联系起来。这种方式至少有以下几个重要的意义。一是规避了汇率风险，国外机构发行人民币债券，必须承担美元或者其他货币与人民币的汇率风险。二是有利于促进国内债券市场的发展，尤其是二级市场将得到长足的发展。三是有利于人民币国际地位的提高，在不必开放资本项目的条件下，就可以成为与美元相互关联的“硬通货”。四是有利于美元与人民币汇率的相对稳定，人民币升值压力可能相对减小，扩大了国内金融改革的空间。

但是，这些融资活动都只能局限在机构层面上，不能允许主权国家和国际金融机构直接对中国居民融资，否则将打破中国内部的储蓄投资关系，对宏观经济稳定不利。有专家认为，中国救市的规模不能超过国内人民币存款总额的 1%。目前，中国国内人民币存款规模为 5.6 万亿美元，总体上可以向全球提供不超过 560 亿美元的贷款或者流动性支持。

（三）允许外国公司在华上市融资

这是一种相对中期的方案，因为目前中国还缺乏外国公司在华上市融资的相关法律规范。但是，本轮金融危机的影响是深远的，外国公司将面临一段较长时期的财务困难，因此该方案中期是可行的。尤其，欢迎在华投资的外资企业到中国上市，这样在华投资并获利的跨国公司其利润可以为对其做出贡献的中国居民所分享。

（四）呼吁建立主要货币汇率稳定机制，并进行国际货币体系改革

目前国际金融动荡一个诱因在于主要国际货币的汇率大幅波动，因此建立主

要货币的汇率稳定机制是非常必要的。而且，国际金融救援能否有力开展及其有效性仍存在较大的不确定性，除此之外，国际社会需要关注金融制度、金融监管等长期性问题。因此，中国必须在积极参与的同时，呼吁国际社会加强对国际金融体系的长期性问题的关注。

四、中国如何缓解危机对实体经济的冲击

诚如温家宝总理所言，在全球金融危机动荡的时刻，中国经济保持持续较快的增长，就是对世界经济作出的最大贡献。问题在于，在当前非常不利的国际环境下，由于中国经济本身也处于一个景气周期下行的阶段，中国经济要做到独善其身是非常困难的。次贷危机对中国宏观经济的直接影响是外需下降。在净出口对中国经济增长的贡献率下降的前提下，如何刺激内需增长是摆在中国政策制定者面前的严峻问题。

（一）如何应对外需下降

次贷危机对中国宏观经济增长的最重要的冲击就是外需下降。不仅美国外需下降，次贷危机还造成其他发达国家或地区对中国出口产品需求的普遍下降。例如目前中国对欧盟的出口增速也显著放缓。尽管 2008 年 9 月中国的单月外贸顺差再创新高，但这主要源自进口下降，而非出口增长。如果欧盟和美国这两个中国最重要的出口市场同时出现衰退，那么中国出口行业在 2009 年的发展前景就将十分黯淡。

在外需下降、劳动力成本提高、信贷成本提高、原材料与燃料价格上升、出口退税率下降、环保压力加大、人民币升值等各种不利因素的冲击下，中国出口行业面临着前所未有的压力。

我们应该正确看待这种压力。在过去相当长的时间内，我们通过保持人民币汇率水平的低估、推迟要素市场价格改革、忽视环境成本的方式，实施出口导向型的经济增长。这种依靠人为压低成本的出口导向发展战略是不可持续的。然而由于中国出口商品在国际市场上具有明显的价格优势，中国出口商没有动力进行技术升级、提高产品的附加值。而在次贷危机爆发之后，中国出口行业面临着外需显著下降的不利局面，这事实上为中国出口行业的产业升级与收购兼并提供了外部压力。我们应把握住这一时机，加速推动出口行业的产业升级。那种认为政府应该停止人民币升值、重新实施各种优惠

性政策以刺激出口的做法是短视的。在应对外需下降的问题上，中国宁可牺牲增长速度也不应牺牲结构性调整。

在造成当前出口行业面临的不利环境的诸多因素中，外需下降、原材料与燃料价格上升是外部不可控因素。而在其他因素中，环境保护事关中国经济的可持续增长、人民币升值关系到中国国内制造业与服务业之间的产业结构调整，这两项政策的方向不应该改变。而除此之外，在劳动力与信贷成本、出口退税政策方面，政府应该出台相关政策来缓解外需下降对出口行业的冲击。新劳动法的实施应该缓行或者更加变通。在货币政策方面可以考虑扩大对出口企业的信贷额度。出口退税应该成为一项中性政策，而非用于刺激或遏制贸易增长的政策工具，因此，可以考虑将出口退税率提高到出口企业实际承担的国内增值税负担的水平。

如果中国外贸顺差的绝对水平发生大规模下降，FDI 的流入显著放缓，则在更加市场化的人民币汇率制度下，人民币有效汇率的升值幅度也会自然放缓。但目前中国政府不应该通过干预市场让人民币贬值的方式来刺激出口。

（二）如何更有效地刺激内需

无论如何，美国经济陷入衰退已经不可避免，欧盟经济同样不容乐观。中国出口行业将在 2009—2010 年面临前所未有的困难局面。即使中国政府通过各种手段刺激出口，也难以阻止出口增速的下降甚至绝对值的下滑。在这一前提下，为了保证国民经济的平稳增长，中国政府必须通过有效的手段来刺激内需，以消费和投资更高的增长来对冲净出口的下降。

内需的两大支柱是消费和投资。事实上，2008 年以来中国居民消费的同比增速一直处于较高的水平上。然而随着次贷危机对中国经济的基本面产生影响，中国居民对未来收入与支出预期的不确定性可能显著增强，因此他们可能削减支出，尤其是耐用品的支出。在这种情况下，为进一步提振居民消费，中国政府可能需要采取如下措施：第一，进一步改善国内的收入分配状况，包括在转移支付政策上更多地向农民和城市低收入阶层倾斜，提高个人所得税的起征点以及降低税率等；第二，加大财政对教育、医疗、社会保障等社会公共产品的支出，降低居民对未来支出的不确定性，从而削弱居民的预防性储蓄动机；第三，放松政府对金融、教育、医疗等高收益服务性行业的行政垄断，向民间资本开放上述市场，从而降低服务品的价格，扩大居民对服务品的消费。

尽管在刺激居民消费方面仍有空间，但是消费相对而言依然是刚性的，在短期内增长有限。因此，刺激内需的关键在于如何刺激投资。概括而言，投资可分为企业固定资产投资、房地产投资、基础设施投资以及服务业投资。企业固定资产投资是企业根据经济景气周期而制定的，政府固然可以通过放松货币政策来刺激企业投资，但在财政政策方面的作用有限。虽然扩大基础设施投资仍有很大空间，但是之前我国在基础设施投资方面存在着比较严重的重复建设与产能过剩，在进一步扩大基础设施投资方面必须避免浪费。下面我们将重点讨论房地产投资以及服务业投资。

从2007年下半年起，沿海某些城市开始出现房地产成交量萎缩与价格下降的情况。2008年更多的大城市出现房地产交易量和交易价格齐跌的局面。我们必须认识到，中国房地产市场存在明显的泡沫，目前处于才刚刚开始挤泡沫的阶段。如果泡沫不能充分挤出，那么未来中国房地产行业的发展将始终面临隐患。在这种情况下，中央政府不应被房地产开发商与地方政府的利益共同体所绑架，应继续坚定不移地推行针对房地产行业的宏观调控政策，将房地产投资增速压下去，让房地产价格回落到中国居民可支付的水平，为未来房地产市场的可持续发展奠定基础。在这个问题上，我们同样宁愿牺牲经济增长的速度，也不能容忍价格泡沫的继续滋长。

中国经济存在着制造业过度发达、服务业投资不足的内部经济结构失衡。因此，刺激服务业投资既有利于改善经济结构失衡，也有利于在次贷危机的冲击下刺激内需、维持宏观经济持续较快的发展。然而问题的关键在于，导致近年来中国服务业投资不足的两大障碍目前依然存在。第一是人民币汇率水平的低估导致资源过度流入贸易品部门（制造业部门）；第二是很多高盈利的服务业部门依然被国有企业所垄断。因此，为刺激更多的民间资本流入服务业部门，中国政府应加快实施人民币汇率形成机制的市场化，尽快取消国有企业对服务业部门的垄断控制。

简而言之，为更好地刺激内需，政府可以有针对性地采取扩张性财政政策。由于房地产市场存在着较大泡沫，目前不宜过度放松针对该行业的宏观调控措施。政府应通过大力推动服务业投资来刺激内需。目前通货膨胀压力并未完全消除，房地产价格泡沫依然存在，当前仍不宜显著放松从紧的货币政策。

（三）中国外汇储备管理如何应对次贷危机①

截止2008年9月底，中国外汇储备达到1.91万亿美元。不出意外，中国外汇储备将在2009年第一季度突出2万亿美元大关。目前全球金融市场正处于次

① 本部分的修改版曾发表于英国《金融时报》中文网，2008年10月17日。

贷危机肆虐的多事之秋，如何实施外汇储备的保值、增值，是中国外汇管理当局面临的重大挑战。

我们利用IMF官方外汇储备币种构成（COFER）数据库来推测中国外汇储备的币种结构。在中国外汇储备的币种结构中，美元资产约占65%，欧元资产约占25%，英镑、日元及其他币种资产约占10%。我们利用美国财政部国际资本系统（TIC）定期公布的外国投资者持有美国证券的资料来推测中国外汇储备的资产结构。在中国外汇储备的资产结构中，中长期国债约占50%，中长期机构债约占35%，股权、企业债与短期债券约占15%。

由于次贷危机对美国的冲击最为严重，我们假定美元资产最容易遭受次贷危机的直接冲击。根据上述推测，到2008年9月底中国外汇储备中美元国债约为6200亿美元，美国机构债约为4300亿美元，两者合计为1.05万亿美元。

中国在次贷危机上被美国所绑架，这种说法并不为过。事实上，不论次贷危机如何演进，不论美国政府救市与否，如何救市，中国外汇储备的国际购买力受损都已成为不争的事实，区别仅在于受损程度而已。例如，如果美国政府放任两房破产，则中国外汇储备中4000多亿机构债将面临违约，市场价值将急剧缩水。而美国政府接管两房，无非意味着两房的信贷风险转移到美国政府的资产负债表上，美国国债的信用等级可能被调降，市场价值缩水，从而中国外汇储备中的6000多亿国债将面临亏损。次贷危机对中国外汇储备的国际购买力构成了显著冲击，在这一问题上我们陷入了左右为难的尴尬境地。

然而对于中国外汇储备管理而言更为紧迫的问题是，美国如何为财政救市融资？从传统上而言，美国政府有三种方式为财政支出融资。第一种是通过减税增加财政收入，目前来看可能性很低，尤其考虑到7000亿美元救市方案中还附加了1500亿美元的减税方案。第二种是美国财政部新发国债，由其他国家投资者购买。第三种方案是财政部新发国债，由中央银行购买，这意味着美国政府通过印刷钞票、制造通货膨胀来应对危机。

从目前来看，美国政府采取第二种方式融资的可能性最大。那么中国中央银行就不得不面临一个问题：美国新发国债，中国中央银行是否购买？相关决策无非是一个权衡。其一，如果中国中央银行购买，且美国政府救市措施正确，则金融市场可能较快地稳定下来，各方均从中获益；其二，如果中国中央银行购买，但美国政府救市措施未能发挥作用，危机进一步蔓延，中国外汇储备将面临更为严重的亏损；其三，如果中国中央银行不购买，则美国被迫通过大幅提高新发国债收益率的手段来吸引潜在购买者，这将导致中国拥有的存量美国国债的市场价值大幅贬值。

笔者认为，如果我们判断美国政府最新的救市措施能够发挥作用，那么在这种情况下，适当购买美国国债或许有助于实现中国外汇储备的潜在损失的最小化。

然而，目前国内一种流行观点认为，中国不应为次贷危机继续买单，因此不能继续购买美国国债①。不过最大的问题在于，目前中国每个月还有200—300亿美元的新增外汇储备，这部分储备可以用来购买什么资产？

当前欧元区金融市场不比美国更好，欧元甚至有相对于美元贬值的风险，这就意味着目前欧元资产太贵。日元资产收益率太低。其他币种资产或者规模太小、或者流动性不足。

有观点建议可以用外汇储备购买石油、大宗商品与黄金。这种观点具有一定的合理性。然而，随着世界经济的进一步减速，石油与大宗商品价格还有大幅下滑的空间，目前可能不是最好的买入时机。全球黄金市场的供应有限，即使中国仅投入1000亿美元购买黄金，黄金价格就有可能被炒出天价。

另一种观点建议中国可以用外汇储备购买在华投资的外资企业的股份。然而，在中国投资的外资企业大多为实体企业，而非金融企业。在次贷危机中，目前除汽车行业面临困境之外，其他行业的实体企业并未受到严重冲击，它们是否愿意出售在华企业的股份仍是一个问题。此外，即使对美国金融机构而言，由于在中国的业务可能是全球范围内获益最大的业务类别之一，不到万不得已的时候，它们未必愿意出售。因此，用外汇储备买到的，最终可能是投资收益并不理想的外资企业的股份。

也有观点认为，中国政府可以利用外汇储备购买国有商业银行海外上市过程中向战略投资者出售的股份。例如，目前市场上对中国建设银行的股价存在这样一种担忧，即作为建设银行的战略大股东，美洲银行可能因为需要流动资金而在市场上抛售建设银行的股票，从而严重打压建设银行的股价。为避免出现这种情况，可以由汇金公司或其他机构出面，与美洲银行等海外股东进行协商，以一个合理价格回购股份。这种建议固然具有一定程度的合理性，但是即使从战略投资者手中收购所有中国海外银行的股份，也花费不了几个月的新增外汇储备。这只能从边际上而非整体上改变中国外汇储备的资产构成。

① 国内某些舆论的观点是前后矛盾的。例如，一些分析人士认为，中国不应该对美国进行援助，中国应该抛售美元资产，让美国政府自作自受、让美国经济自生自灭；但这些人士又同时认为，中国应该让人民币对美元贬值，通过扩大出口来刺激经济。事实上，在全球化的世界经济中，中国不可能独善其身，中国经济保持持续增长，中国政府保持外汇储备的保值增值，就等于是在援助美国。那种既希望中国通过出口拉动经济，又试图在次贷危机中置身事外的看法既是不现实的，也是非常危险的。

简而言之，考虑到中国外汇储备的巨大规模，在当前极度恶劣的国际金融环境下，中国政府很难通过多元化来降低外汇储备国际购买力贬值的风险。既然已经面临这样的困境，那么我们就应该改变中国外汇储备继续增长的局面。这意味着我们应尽快地将出口导向的发展战略改为内外平衡的发展战略：取消各种优惠性外资外贸政策、取消要素市场上的价格管制、增强人民币汇率形成机制的弹性、向民间资本开放金融、医疗、教育等服务业领域。只有从源头上遏制外汇储备的增长，中国才能最终摆脱反复被美国所“绑架”的命运。

五、如何解读4万亿元的投资方案

2008年11月9日，中国政府出台了进一步扩大内需、促进经济增长的十项措施，预计在未来两年的时间内投资4万亿人民币。中国政府在例行的中央经济工作会议召开之前突然宣布该方案，既表明了中国政府抗击金融危机、防范经济增长下滑的信心，也反映了中国政府对国内经济增长前景的预期明显恶化。该方案一出台便引起全球范围内的高度关注，并直接推动全球股市的上涨。然而，由于政府并未在第一时间详细披露该方案实施的细则，近日来围绕该方案的猜测与争议绵延不绝。笔者将试图从以下几个层面来解读本次政府救市方案：方案的重心何在？4万亿元的投资方案中新增资金有多大比例？如何为4万亿元的支出融资？政府救市方案的前景与隐忧？

（一）方案重心在于刺激投资与基建

从中国政府提出的十项措施来看，投资与基建是重中之中。其一，从各项措施的先后次序来看，保障性安居工程（房地产投资）排在第一位，农村基础设施建设排在第二位，重大基础设施建设排在第三位，增值税转型（有助于促进企业的固定资产投资）排在第九位，加大金融支持（为投资与基建服务）排在第十位。十项措施中的一半与基建有关，且排名明显靠前。相比之下，加快医疗卫生、文化教育、生态环境建设，加快自主创新与结构调整，提高城乡居民收入的排名则相对靠后。其二，这反映了中国政府在短期内刺激经济增长的思路，即外需不能指望，必须刺激内需；而内需中消费短期内具有刚性，刺激投资更加立竿见影；投资中又以房地产投资与基础设施投资的短期效应更为明显。换句话来说，中国政府试图通过在短期内提振房地产投资与基础设施投资来应对次贷危机对中国宏观经济增长的负面冲击。

（二）4 万亿元中新增资金或许不到一半

目前市场对 4 万亿元的经济刺激方案的最大疑问在于，其中有多大比例是新增投资。根据政府声明，4 万亿元是实施上述十项措施的总投资。问题在于，这十项措施并非中国政府新近提出的，其中多项措施在十一五规划中就早有涉及，其他一些措施在最近几个月内中国政府的一系列表态中也均有提及。这意味着，4 万亿投资方案中很大一部分早已纳入政府计划，并非短期内集中制订。例如，根据美林证券经济学家陆挺与 TJ Bond 的估算，如果扣除掉中国政府在十一五规划中计划支出的额度，则 4 万亿元中有 3.1 万亿元是新增的；但是如果扣除掉中国政府在 2008 年 11 月 9 日之前公布的相应支出计划，则 4 万亿元中仅有 1.7 万亿元是新增的。因此，市场分析人士大都认为，4 万亿元人民币中很大一部分都是政府之前宣布的各种投资计划的金额汇总，这部分很可能超过 2 万亿元人民币。

此外，笔者认为，尽管 4 万亿中很大一部分并非新增资金，但政府完全可能将资金的投入使用期提前，从而在短期内对冲宏观经济下行的风险，例如灾后重建资金的重新使用、增值税改革由局部试点改为全国推行等。此外，对社会宣布一揽子投资计划的具体金额，这是中国政府之前很少采用的方式，这一方面可能受到美国 7000 亿财政救市方案的启发，即向市场公布一个巨额的救市方案可能显著提升市场的信心，另一方面也可能是中国政府深切感受到本轮中国经济与全球经济的下行周期重叠在一起可能导致的经济衰退程度。

（三）4 万亿元源自财政资金、银行贷款和央企投资

考虑到 2007 年中国政府的财政收入为 5.13 万亿元，则未来两年内 4 万亿投资支出不可能完全源自财政资金。笔者预计，4 万亿投资方案中大约 1/4 可能来自财政直接支出，另外 1/2 来自银行配套贷款，剩下部分可能来自央企的相关投资。

就财政资金而言，由于中国政府在 2007 年和 2008 年均有望实现财政盈余，政府可以直接动用财政富余资金；另外，由于中国政府债务与 GDP 之比不到 20%，政府也完全可以通过举债的方式来募集资金。由于房地产投资萎缩影响了地方政府的预算外收入，估计中央财政支出将在本轮政府支出中占据更大的比例。但如果部分地方政府被允许发行市政债券，则地方财政支出的比例也有望上升。就银行贷款而言，一方面从紧的货币政策已经完全转向，困扰银行的贷款额度控制近日内被取消，银行提供贷款的空间再度放大；另一方面，次贷危机恶化

了中国企业的盈利前景，银行可能对企业"惜贷"。在这一背景下，对具有政府信用担保的4万亿投资方案的融资，可能会成为众多商业银行争抢的阵地。就央企而言，如果中央政府暂缓要求央企上缴红利，而把相应资金用于固定资产或基础设施投资的话，这自然是皆大欢喜的事情。

（四）前景光明，隐忧同在

在4万亿元的投资方案出台后，我们基本上可以断言，中国经济在未来两年内GDP增速低于8%的可能性已经微乎其微。其一，4万亿元投资支出相当于2007年中国GDP的15%，2007年中国城镇固定资产投资规模的34%，本轮刺激方案的规模是相当可观的。其二，如前所述，这4万亿元投资很大一部分投资于房地产、基础设施等资本形成率较高的领域，另外一部分则投资于社会性公共产品建设、改善收入分配和结构调整等有助于刺激中国居民消费的领域，资金的具体使用对经济增长的拉动作用是相当强的。其三，如果本轮政府主导的投资能够改善居民和企业对中国经济未来增长的信心，从而扩大对房地产及耐用品的需求和供给的话，刺激方案将发挥更加显著的效应。

然而，我们也不能对刺激方案的负面效应报以轻心。在过去几年内，为了构筑中国经济未来几十年持续增长的基础，中国政府一直致力于结构性调整，包括降低高污染、高能耗、低（两高一低）附加值的企业比重，挤压沿海城市的房地产价格泡沫，降低国有企业对若干服务业部门的垄断等。在这些结构性调整刚刚取得成效之际，次贷危机开始冲击到中国宏观经济。为了刺激经济增长，中国政府可能拖延甚至取消必要的结构性调整，这将损害中国经济未来可持续增长的基础。从4万亿元投资方案的潜在负面影响来看：第一，房地产市场的泡沫挤压过程可能行将结束，开发商将在与居民的价格博弈中胜出；第二，两高一低的企业可能重获生机，它们将继续损耗中国的资源与环境；第三，部分地区、部分领域基础设施的重复建设与产能过剩将更加严重；第四，政府的指令性贷款可能增加，这在未来可能导致商业银行产生更大规模的不良贷款，从而造成前几年国有商业银行改革的成果部分付之东流。

六、刺激经济不能放弃结构性调整

4万亿人民币投资方案在出台时机的选择以及投资金额的规模两方面均出乎市场预料，大幅提振了市场主体对中国经济在未来两年内维持较高增长率的信心，全球股市也以集体上涨的方式作出回应。舆论普遍认为，这对于中国经济乃至世界经济都是一个利好消息。

笔者认为，4万亿投资方案将在刺激保障性住房投资、城乡基础设施投资与企业固定资产投资方面发挥显著作用。在该方案出台之后，中国GDP增速在2009—2010年期间低于8%的可能性已经微乎其微。一旦全球金融市场在2009年下半年稳定下来，中国经济甚至可能在2010年重新返回10%以上的经济增长水平。4万亿投资方案将在促进经济短期增长方面发挥明显作用，然而我们也不能忽视4万亿经济刺激方案的隐忧，这就是该方案的推出可能意味着中国经济某些结构性调整可能会被推迟甚至搁置。

改革开放30年来，中国长期以来依靠投资和出口拉动经济增长的策略已经到了调整的时候。近年来投资和净出口对GDP的贡献率已经超过60%。高投资率拉动经济增长存在着投资边际效率下降、粗放型投资增长对资源和环境的损耗、重复建设导致过剩产能等问题；出口拉动经济增长存在着对外部需求的依赖性增强、贸易条件恶化、面临的贸易保护主义压力加剧、外汇储备过度累积等问题。从十一五规划开始，中国政府开始进行发展战略的转型，试图变出口导向的发展战略为内外平衡、内需拉动的发展战略，并着手实施一系列结构性调整政策。

从出口行业来看，相应的结构性调整政策包括让人民币对美元显著升值、降低“两高一低”（高污染、高能耗、低附加值）企业的出口退税率、实施更加严格的环保标准、信贷额度管理等，中央政府结构性调整的思路是降低两高一低的出口企业的比率、促进出口企业向产业链高端的结构性升级、引导部分资源从贸易品行业（出口制造业）流向非贸易品行业（服务业）。近年来这一系列结构性调整已经开始产生效果。然而自次贷危机深化之后，我们看到人民币对美元的升值趋势事实上已经终止了，出口退税率重新被调高、环保标准被降低、信贷额度管理被取消。简而言之，两高一低的企业因为宏观调控的放松而重新活了过来，在宽松的宏观政策下，出口企业进行产业升级的动力被再度削弱。毫无疑问，4万亿投资方案必然惠及当前的出口企业，这可能会阻碍该行业结构性调整的深化。

从房地产行业来看，2005年以来中国政府采取了一系列宏观调控政策，其主要目的就是试图挤出一些沿海大城市的房价泡沫。今年以来，这些调控措施刚刚开始生效：深圳等城市房价大跌、其他一些大城市房地产交易量严重萎缩。就在开发商即将抗不住的时候，中国政府却明显放松了针对该行业的调控措施，试图刺激房地产投资以应对次贷危机的冲击。这在短期内的确有助于提振经济增长

速度，但长期内却推迟了房地产行业必要的结构性调整，甚至可能使以前的宏观调控努力毁于一旦。虽然4万亿投资方案中关于房地产投资的重点是保障性居住设施，但这一经济刺激政策必然最终惠及广大的房地产开发商。购房者在本次与开发商的博弈中胜出的可能性已经越来越小。

从企业固定资产投资来看，过去几年内政府集中力量治理高污染、高能耗的投资项目；从基础设施投资来看，过去几年政府开始关注重复建设导致的产能过剩问题。然而次贷危机爆发之后，随着4万亿投资方案的推出，上述结构性调整措施可能被抛在脑后。为了刺激短期内的经济增长，政府可能再度放松对于高污染、高能耗企业的固定资产投资以及基础设施的重复建设等问题的治理，从而导致未来几年内这些问题的进一步抬头。

最后，从银行信贷来看，过去几年内，国有商业银行纷纷经历了注资、剥离不良资产、股份制改造和上市等阶段，银行治理水平显著提高，不良资产比率明显下降。而在4万亿投资方案中，有相当大一部分来自银行贷款，其中可能不乏一些指令性贷款。这种具有政府隐含担保的贷款一旦演变为不良债权，则可能意味着过去几年内中国商业银行体系改革的成果将付之东流。

简而言之，我们对中国政府4万亿投资方案的直接效果满怀信心。然而，在刺激经济增长的过程中，我们不应该推迟或取消必要的结构性调整。只有结构性调整才能夯实中国经济在未来30年内可持续发展的基础。

七、危机为中国提供了哪些机遇

每一次重大的金融危机，都会对所在国家甚至全球金融市场造成巨大冲击。1933年的大萧条使得主要发达经济体陷入可怕的长期萧条，最终还引发了第二次世界大战。20世纪70年代的两次石油危机，使得国际资本流动体系发生了重大转变，从一种无序的状态演化为一个相对有序的后布雷顿森林体系。1997年的东亚金融危机使国际社会对国际货币体系的危机预警、防范和救助功能提出了质疑，国际货币体系改革呼声日甚。本轮金融危机势必会对中央银行的行为、国际货币体系的调整、全球货币发行机制等造成实质性影响。在每种体系调整的过程中，总有输家，也有赢家。中国如何在这个过程中，扬长避短，充分利用这个机遇，也是考验国人智慧的时刻。

（一）给中国带来了进行结构性调整的外部压力

到目前为止，方方面面的证据表明中国出口导向的增长战略已经难以为继。随着人民币汇率的上升、要素市场的市场化改革以及国际能源与初级产品价格的上涨、新劳动法的推出、将环境成本内部化等措施的出台，中国出口商品的成本优势已经被显著削弱。中国出口行业需要通过收购兼并、产品结构升级换代来实施多元化，并提高产品附加值。

但是，由于出口行业吸纳了太多的就业，造成出口企业利益集团在中国政府的决策过程中发挥着重要作用。只要中国出口商品目前还有价格优势，出口企业往往就缺乏进行调整的动机。因此，美国经济陷入衰退，一方面降低了中国出口商品的外部需求，另一方面造成发达国家贸易保护主义的抬头，从而将显著恶化中国出口的外部环境。这就给了中国政府针对出口行业进行结构性调整的机会。如果中国政府能够利用这一时机，积极调整出口产业政策，容许出口企业的优胜劣汰、兼并收购，鼓励出口企业进行技术创新和产品升级换代，提高中国出口产品的多元化和附加值，那么一方面有助于改善中国的贸易条件，增进整体福利水平，另一方面有助于降低中国的经常项目顺差，改善国际收支失衡状况，缓解随之而来的外汇储备累积和流动性过剩。

（二）为中国海外投资提供了难得的机遇

次贷危机启动了全球资本市场的风险重估。各大股票市场指数纷纷回落，金融机构与企业的股票价格大幅度下挫。目前全球资本市场估值处于较低水平，投资价值相应上升。

在次贷危机爆发之前，发达国家政府对发展中国家主权性机构的股权投资通常是持警惕和抵制态度的。然而在次贷危机爆发后，为了缓解危机对金融系统的冲击，发达国家政府的态度发生了极大转变，目前它们对发展中国家主权财富基金的投资持谨慎欢迎的态度。

因此，次贷危机为中国政府在发达国家金融市场进行股权投资提供了难得的机遇。但是，中投投资黑石、摩根士丹利的案例表明，如何判断股市的行情是否到了底部是非常困难的。虽然危机提供了机会，但是如何把握投资的时机以及如何选择投资的对象并不容易。我们建议，中国国有投资机构可以与美国成熟的机构投资者进行合作投资，例如让美国机构投资者主投，而中国国有投资机构跟投的方式，用这种共享收益、共担风险的做法来学习美国机构投资者的眼光和经验。中铝和美铝联合投资力拓的案例值得效仿。

（三）有利于提升中国经济及其人民币的国际地位

随着中国的改革开放取得越来越大的成就，中国经济及其人民币的地位逐渐上升是水到渠成的事情。然而，次贷危机的爆发客观上很可能加快上述进程。如果中国经济在美国经济陷入衰退的前提下依然能够保持较快的增长，那么中国经济对全球经济的拉动作用将凸显出来，中国经济的引擎效应将会更加明显。

虽然中国政府实施了比较严格的资本项目管制，但是人民币在东南亚地区的国际化趋势已经比较明显。随着次贷危机造成美元持续大幅贬值，人民币在亚洲区域内成为结算货币的概率显著上升。中国政府应该把握好次贷危机为人民币国际化提供的机遇，积极推进人民币成为一种区域货币。例如，中国政府、中国金融机构和中国企业可考虑在香港等境外金融市场发行以人民币计价的国债、机构债和企业债，以及设立人民币的清算中心等。这一方面可促成在海外人民币的流转、提高人民币的国际影响，另一方面也有助于推动人民币汇率制度的进一步改革。

八、危机为中国提供了哪些经验教训

次贷危机自从2006年初见端倪，2007年夏天爆发，2008年3月升级，2008年9月份全面升级。目前，中国金融机构受次贷危机影响的损失值并不很大，但是次贷危机对中国金融机构、外汇储备和实体经济的影响日益显现化，中国可能要被动地承担重大损失的风险。鉴此，中国应该对此保持警惕，进行深入研究，采取相关政策，以防范未来的金融风险和全球化风险。

其一，“走出去”战略应严防金融风险，抄底时机有待观察。中国应该对美国和全球的金融体系风险和对外投资风险进行再认识。从次贷危机的演进过程来看，中国对美国和全球金融体系的风险认识不足。中国应该加强对包括美国国债、机构债等资产在内的风险评估，对美国的金融资产进行重新定价，以防范“走出去”的金融风险。国家开发银行投资15亿英镑购买巴克莱3.1%的股份、中投公司向摩根士丹利投资50亿美元等投资，目前都遭到严重的浮亏。2008年3月份贝尔斯登被收购，市场上就曾出现次贷危机见底的声音，呼吁中国抄底。如果中国金融机构投资者相信了这一观点，那么到现在可能要蒙受巨大损失。美国大型金融机构纷纷倒下，对中国“走出去”的确是一个机遇，但是风险并存，我们应该把握好时机。

其二，金融监管当局应该加强对金融机构和金融资产的风险管理。一是监管当局应该对中资金融机构的海外投资和资产进行动态监管，以防止金融机构的海外风险敞口过大；二是监管当局应该加强在华外资金融机构的监管，外资金融机构的风险管理并不一定是审慎的；三是加强金融风险防范标准和规范的制定，防止出现监管“死角”。四是相关部门应该建立相应的信息收集、风险评估和预警系统，并定期或不定期地进行绩效评估，并适时调整和完善投资策略、投资组合和投资机制，以控制中国对外投资的风险和收益的平衡。次贷危机使中国遭到的损失较小，“不是因为中国做得好，而是因为中国投资少”。

其三，应加强中国和世界的沟通，减少信息劣势，同时要创造舆论优势。从此次危机来看，中国处在信息劣势之中，对次贷危机的信息沟通主要是通过媒体，而官方渠道没有得到有效利用，或者说利用效率不高。中国应该理顺中国与世界的沟通渠道，充分利用双边和单边的国际交往场合，强调中国在稳定全球金融市场、促进全球经济增长方面的作用，以树立负责任的大国形象。中国在一定意义上承担了最终贷款人的角色，应争取社会舆论对中国积极作用的肯定。例如，中美之间有中美战略经济对话、中美商贸联委会等高层磋商机制，应该更多地关注中方的关切以及中方对稳定金融市场作为最后贷款人的角色。

其四，加强区域金融合作。东亚经济持续快速增长，已经成为全球经济增长最快的地区；区域内各经济体之间的贸易往来不断扩大，经济和金融联系日益增强，客观上要求进一步加强本地区在金融稳定、金融市场发展和金融基础设施建设等领域的合作。从东亚金融危机、次贷危机来看，国际货币基金组织在一定意义上已经丧失了最后贷款人和风险监管者的职能，中国和东亚地区的经济体必须加强自救，通过加强区域货币合作对维护本地区的货币和金融稳定具有十分重要的意义。

其五，加强资本双向管制，防止资本大规模进出。受次贷危机全面升级的冲击，美国和其他发达国家的经济增长可能放缓，发达经济体的资产吸引力下降，如果中国经济持续保持平稳较快的发展，那么对国际资本的吸引力将加大。中国需要加强对资本双向流动的监管，以防止资金的大规模进出，进而防止中国金融市场和金融体系受到冲击，并保证货币政策的独立性。

其六，中国应该加强金融机构的能力建设和人才储备。中国金融机构的风险管理、投资策略和资产配置等能力亟待提高，中国监管当局的监管能力和对风险的预警、防范和控制能力也有待改善。次贷危机的爆发和大型金融机构的倒下，为中国提供了教训。一方面，中国要加强金融机构和监管机构的建设，另一方面由于许多欧美金融机构大量裁员，中国可以适时引进相关人才，做好金融人才的储备工作。

其七，中国应该加快金融创新和金融发展步伐。中国金融市场处于发展的初级阶段，储蓄无法有效地转换为投资，进而无法支持经济的发展和自我发展，因此必须通过加强金融创新来满足经济增长的需要。随着我国经济社会的持续快速发展，企业和居民的金融需求不断增加，迫切需要高质量的金融产品和服务。例如，可以加快农村金融创新，使农村储蓄转换为有效投资，并吸收农村剩余劳动力，促进农村的发展；可以发行城市发展债券，加快城市化进程，促进城镇就业；可以利用巨额的外汇储备建立股票市场平准基金，缓解股票市场的大幅起伏，促进直接融资市场的发展等。

其八，中国应该重新认识金融自由化，加强全球金融战略的研究与部署。金融是全球市场经济的核心，金融自由化似有不可阻挡之势，但从目前来看，中国对金融自由化的认识有待提高，中国也尚未制定并形成统一的全球金融战略。各机构和各部门各自为战，由于利益和视角差异性使其对全球化、金融自由化和金融风险的理解形成差异，使得中国海外资产的配置缺乏安全性、流动性和收益性的有效统一，使得中国在国际金融市场和国际金融体系中的地位和作用无法得到集中体现。相关部门应加强合作，深入研究，重新认识经济全球化和金融自由化，充分研究全球金融体系的未来发展方向，制定中国的全球金融战略，部署相关的政策措施，为中国在未来国际金融体系中的位置和作用建立战略与制度框架。

G20 峰会：救市重于重建

中国社会科学院世界经济与政治研究所　张明

2008 年 11 月 15 日，20 国集团（G20）领导人金融市场与世界经济峰会在华盛顿举行。这是全球主要发达国家与发展中国家在美国次贷危机全面爆发后举行的第一次集会，兼具重要的现实意义和象征意义。所谓现实意义，是指次贷危机已经扩散为席卷全球金融市场的系统性危机，并将导致全球主要发达经济体集体陷入衰退，如何依赖全球主要国家的集体行动来摆脱危机，尤其是以金砖四国为代表的新兴市场大国应该在危机的救援中扮演何种角色，是本次峰会的看点之一。所谓象征意义，是指本次峰会将对酿成次贷危机的美国国内、国际因素进行全面清算，例如金融创新与金融监管、以美元和IMF为主导的国际货币体系等。在美国式自由市场资本主义遭遇重大挫折、全球投资者对美元和美国金融产品信心不足之际，以法国为首的欧元区国家能否随势跟进抢占地盘，是本次峰会的看点之二。

专栏图：二十国集团（G20）领导人金融市场和世界经济峰会

次贷危机发展至今，世界各国均对次贷危机的破坏性以及传染性感同身受，心有余悸。世界各国都处于同一条船上，一旦美国沉没，谁都不能幸免。没有任何一个大国再敢抱有独善其身的侥幸心理，这是各主要国家均踊跃参加G20峰会的一大背景。美国想通过峰会统一世界各国的思想认识，提高集体干预行动的一致性。欧盟国家想通过峰会敦促美国采取更加直接有效的措施来遏制次贷危机的进一步升级。在过去几个月内，深受短期国际资本外逃之苦的新兴市场国家则试图通过与发达国家加强合作来尽快稳定金融市场，尽快结束金融机构去杠杆化的过程。当然，以美国和欧盟为代表的发达国家也对东亚国家和石油输出国持有的巨额外汇储备分外眼红，前者希望后者既能为全球范围内的集体救援行动出更多的钱，又不提出挑战前者在国际货币金融领域统治地位的“非分之想”。

从全球各国集体应对次贷危机的角度来看，本次G20峰会可能产生如下成果：首先，世界各国就采取集体行动应对次贷危机达成共识，向全球投资者

展示各国政府联合应对危机的决心；其次，各国政府就未来联合实施大规模的财政、货币刺激政策达成一致，如果危机进一步恶化，则市场可以再度看到各国政府联合降息甚至联合出台财政刺激方案；再次，就一些跨境的金融援救计划达成一致意见，例如进一步加大各国货币呼唤机制的规模，避免再度出现爱尔兰单边实施存款保险的类似行为重演；第四，IMF 可能显著放宽对借款国的贷款条件，贷款的提供将更加及时，且不与特定的国内经济政策捆绑在一起。如果必要，部分国家可能向 IMF 增资，以提高 IMF 贷款资产池的深度；第五，如果美国通过发行国债来为财政救市成本融资，其他国家政府应该继续购买，以避免美国被迫通过制造通货膨胀的手段来转嫁救市负担；最后，在全球经济衰退之际，贸易保护主义压力必然增大。全球各国应承诺避免本国货币竞争性贬值、竞相提高本国进口关税等“以邻为壑”的做法，以至于陷入旷日持久、没有赢家的货币战、贸易战。

次贷危机的爆发证明了在监管缺位的前提下，无节制、不透明的金融创新将会产生多么巨大的杀伤力。一国范围内的分业监管难以应对跨越行业的金融衍生产品，各国自扫门前雪式的监管体系难以应对跨越国界的复杂金融交易，不同类型的会计准则与会计记账方式则增加了监管的复杂性以及信息披露的透明度。简而言之，针对一个日益全球化、难以人为割裂的金融市场，面对不断突破人类想象力极限、魔高一尺的金融创新，局限于行业、国家的分割式监管体系以及尚未统一的会计制度已经远远落后了。

从加强金融监管的角度来看，本次 G20 峰会可能产生如下成果：其一，就改善各国监管架构、提高风险管理能力、加强对表外业务与信用评级机构的管理方面达成原则上的一致；其二，各国承诺加强对国际金融市场的联合监管，压缩金融机构实施“制度套利”的空间；其三，统一国际会计准则，尤其统一欧洲与美国会计准则的共识，甚至出台粗略的时间表。

实际上，以法国为代表的欧盟国家之所以踊跃参加本次全球峰会，原因在于这些国家试图在改革国际货币体系的问题上向美国“逼宫”，力图削弱美国的主导权。包括英国首相布朗与法国总统萨科奇在内的欧洲领导人均提出要重建布雷顿森林体系，应大刀阔斧地改革 IMF 等布雷顿森林机构。为了拉拢新兴市场国家，欧盟方案也提出要赋予新兴市场国家在全球金融市场中更多的话语权。毫无疑问，美国对欧洲“乘人之危”的做法并不感冒，美国必将千方百计地阻挠任何削弱自己主导权的议案的通过。当然，为了取信于全球，美国不得不赞成一些无伤大雅的非实质性方案的通过。对于东亚国家和石油输出国

而言，它们自然想扩大在国际货币金融领域的话语权，但它们对自身实力有着清醒的认识，现在还不到它们来主导国际货币体系的时候。韬光养晦、笑看风云变迁似乎成为新兴市场国家的一种集体性智慧。

从改革现有国际货币体系的角度来看，本次G20峰会可能产生的成果包括：第一，扩大IMF的职能，IMF未来将密切监控全球金融市场的异动，加强预警机制并提出一些前瞻性的解决方案；第二，将IMF的额度再分配与新兴市场国家对IMF的增资相结合，激励拥有巨额外汇储备的新兴市场国家为应对全球金融危机贡献更多的力量；第三，IMF设置新的融资工具，为在全球信贷危机中面临融资困难但运行良好的国家迅速提供支持，而不附加任何贷款条件；第四，扩大“金融稳定论坛”的作用，将新兴市场国家吸纳进来，形成一个定期讨论全球金融稳定问题的制度性机构。

总之，在各国存在共同利益的短期“救市”与中期“监管”问题上，本次峰会预期将取得重大进展。然而在各国利益存在重大分歧的长期“国际金融体系重建”问题上，由于存在利益纷争与合纵连横，本次峰会很难达成实质性成果，而可能仅仅出台一些非实质性的象征承诺。

参考文献

1. 查尔斯·金德尔伯格:《金融危机史》,朱隽等译,中国金融出版社2006年版。

2. 戴维·德罗萨:《20世纪90年代金融危机真相》,中信出版社2008年版。

3. 何德旭、王卉彤:“全球视野中的金融创新”,《世界经济导刊》,2006年第10期。

4. 何帆、张明:“美国次贷危机是如何酿成的”,《求是》,2007年第20期。

5. 何帆、郑联盛:“美国政府接管‘两房’:原因、计划及影响”,《中国金融》,2008年第10期。

6. 孙立坚、彭述涛:“从‘次级债风波’看现代金融风险的本质”,《金融与保险》,2008年第1期。

7. 易纲:“美国次贷危机的起源、传导与启示”,中国人民银行,2007年10月。

8. 约翰·伊特韦尔、艾斯·泰勒:《全球金融风险监管》,成家军等译,经济科学出版社2001年版。

9. 张明:“透视美国次贷危机及其对中国的影响”,《国际经济评论》,2007年第5期。

10. 张明:“美国次贷危机的演进逻辑和风险涵义”,《银行家》,2007年第9期。

11. 张明:“国际资本流动可能一波三折”,中国社科院国际金融研究中心,Policy Brief No. 08009,2008年2月14日。

12. 张明:“次贷危机的传导机制”,中国社科院世界经济与政治研究所工作论文,2008年9月。

13. 张明:“透视CDO:类型、构造、评级与市场”,《国际金融研究》,

2008 年第 6 期。

14. 张明和郑联盛："透视房利美、房贷美危机"，《当代金融家》，2008 年第 8 期。

15. 张亦春和许文斌："金融全球化、金融安全和金融演进"，《华北金融》，2002 年第 10 期。

16. 郑联盛："中国参与全球金融救援：原则与方法"，《中国金融》，2008 年第 22 期。

17. 中金公司："徘徊在十字路口的中国经济：2008 年 1 季度经济回顾与展望"，2008 年 4 月 1 日。

18. 中金公司："经济陷入衰退，通胀高位回落"，《美国经济》，2008 年 4 月 17 日。

19. Aizenman, Joshua and Yothin Jinjarak. The US as the "Demander of Last Resort" and Its Implications on China's Current Account. NBER Working Paper No., 14453.

20. Anel, Marcos Escobar, Seco, Luis. Dependence Structures and the Pricing of CDOs [R]. Working Paper, Risklab, University of Toronto, 2005.

21. Atif Mian, Amir Sufi, and Francesco Trebbi. The Political Economy of U. S Subprime Mortgage Default Crisis. NBER Working Paper, No. 14468. Nov. 2008.

22. Bernanke, Ben. Non - Monetary effects of the Financial Crisis in the Propagation of the Great Depression. American Economic Review, 1983.

23. Bernanke, Ben and Harold James. The Gold Standard, Deflation, and Financial Crisis in the Great Depression. An International Comparison, 1991.

24. Bernanke, Ben. The Macroeconomics of the Great Depression: A Comparative Approach. Journal of Money, Credit and Banking, XXVII, 1995.

25. BIS. Recent Innovation in International Banking. BIS Report, April, 1986.

26. BIS. Innovations in Credit Risk Transfer: Implications for Financial Stability. BIS Working Paper No. 255, July, 2008.

27. BIS. Financial System: Shock Absorber or Amplifier? Working Paper No. 257, July, 2008.

28. BIS. Central Bank Operations in Response to the Financial Turmoil. CGFS Paper No. 31, July, 2008.

29. Black, D. G.. Success and Failure of Futures Contracts: Theory and Empirical Evidence. Salomon Brothers Center for the Study of Financial Institutions

Monograph Series in Finance and Economics, 1986: 1.

30. Cantor, R., Hu, J.. Structured Finance Rating Transitions: 1983 - 2002. Comparisons With Corporate Ratings and Across Sectors.

31. Cecchetti, Stephen G. Crisis and Response: The Federal Reserve and the Financial Crisis of 2007 - 2008. NBER Working Paper 14134, June, 2008.

32. Cousseran, Olivier, Rahmouni, Imene. The CDO Market - Functioning and Implications in Terms of Financial Stability [EB/OL]. http://www. banque - france. fr/gb/publications/telechar/rsf/2005/etud1_0605. pdf, June, 2005.

33. Credit Suisse. Mortgage Liquidity Du Jour: Underestimated No More. Equity Research, Americas/United States, March 12, 2007.

34. The Department of Treasury of USA. A Blueprint for Financial Regulatory Reform. March 31, 2008.

35. Dooley, Michael P. David Folkerts - Landau, Peter Garber. An Essay on the Revived Bretton Woods System. NBER Working Paper 9971, September, 2003.

36. Dynan, Karen E., Douglas W. Elmendorf, and Daniel E. Sichel. Can Financial Innovation Help to Explain the Reduced Volatility of Economic Activity? Finance and Economics Discussion Series 054, Federal Reserve Board, 2005.

37. Economist. Investment banking, Is there a future? Sep 18th, 2008.

38. Economist. Wall Street's Bad Dream. Sep 18th, 2008.

39. Economist. Saving Wall Street, The Last Resort. Sep 18th, 2008.

40. Eichengreen, Barry. Central Banks Cooperation under the Interwar Gold Standard. Explorations in Economic History, 1984.

41. Eichengreen, Barry and Eichard Grossman. Debt Deflation and Financial Instability. Two Historical Explorations, University of California at Berkeley, 1994.

42. Finnerty, J. D.. An Overview of Corporate Securitics Innovation. Journal of Applied Corporate Finance 4 (4): 23 - 39, 1992.

43. Friedman, Milton and Anna Schwartz. A Monetary History of the United States, 1870 - 1960. Princeton University Press, 1963.

44. FSA: Financial Risk Outlook 2008, 2008.

45. Greenlaw, David., Jan Hatzius, Anil K Kashyap, Hyun Song Shin. Lessons from the Mortgage Market Meltdown. US Monetary Policy Forum Conference Draft, February29, 2008. http://www. chicagogsb. edu/ usmpf/ docs/ usmpf2008 confdraft. pdf.

46. Goldstein, Morris. The Subprime Credit Crisis: Origins, Policy Responses, and Reforms. Peterson Institute for International Economics, 2008.

47. Gorton, Gary B. The Subprime Panic. NBER working paper #14398, 2008.

48. IMF. Financial Stability Report. April, 2008.

49. IMF. The Recent Financial Turmoil—Initial Assessment, Policy Lessons, and Implications for Fund Surveillance. April, 2008, www. imf. org.

50. Jermann, Urban, and Vincenzo Quadrini. Financial Innovation and Macroeconomic Volatility. Finance. wharton. upenn. edu/ ~ jermann/fspaper - may8u. pdf, 2006.

51. Kothari, Vinod. Rating of CDO Tranches. The Catwalk of Models [EB/OL]. http: //www. vinodkothari. com/cdoratingmodels. htm, 2005.

52. Mendoza, Enrique G.. Sudden Stops, Financial Crises and Leverage: A Fisherian Deflation of Tobin's Q. NBER Working Paper #14444.

53. Mengle, David. Credit Derivatives. An Overview [R]. Paper Delivered at the 2007 Financial Markets Conference, Federal Reserve Bank of Atlanta, May 15, 2007.

54. Mulligan, Casey and Luke Threinen. Market Responses to the Panic of 2008. NBER Working Paper, #14446.

55. Securities Industry and Financial Markets Association. Global CDO Market Issuance Data [EB]. 2007.

56. Krugman, Paul. Crisis Endgame, New York Times. September 18, 2008.

57. Lambert, Richard. Crashes, Bangs and Wallops. Financial Times, Aug 7 & 8, 2008.

58. Merton, R. C. Financial Innovation and Economic Performance. Journal of Applied Corporate Finance, 4 (4), 1992.

59. Miller, M. H.. Financial innovation: The Last Twenty Years and The Next. Journal of Financial and Quantitative Analysis 21 (4): 459 - 471, 1986.

60. Minsky, Hyman P. The Financial Instability Hypothesis. NBER Working Paper No. 74, 1992.

61. Niehans, Jürg. Innovation in monetary policy: Challenge and response. Journal of Banking & Finance, Volume 6, Issue 1, March, 1982.

62. Niehans, Jürg. Financial innovation, multinational banking, and monetary policy. Journal of Banking & Finance, Volume 7, Issue 4, December, 1983.

63. Nigel Jenkinson, Adrian Penalver and Nicholas Vause. Financial Innovation: What have we learnt? Reserve Bank of Australia, July, 2008.

64. Reinhart, Carmen and Kennerth S. Rogoff. Is the 2007 Subprime Financial Crisis So Different? An International Historical Comparison, Feb, 2008, Draft.

65. Reinhart, Carmen M. And Kenneth S. Rogoff: This Time is Different: A Panoramic View of Eight Centuries of Financial Crises. Apr, 2008. www. economics. harvard. edu/faculty/rogoff/files/This_Time_Abstract. pdf.

66. Roubini, Nouriel and Setser, Brad. Will the Bretton Woods 2 Regime Unravel Soon? The Risk of a Hard Landing in 2005 – 2006. http: //ideas. repec. org/a/fip/fedfpr/y2005ifebx13. html, 2005.

67. Roubini, Nouriel. The Worst Financial Crisis Since the Great Depression. http: //www. rgemonitor. com.

68. Roubini, Nouriel. The Transformation of the USA into the USSRA (United Socialist State Republic of America). http: //www. rgemonitor. com.

69. Ross, S. A.. Presidential Address: Institutional Markets, Financial Marketing and Financial Innovation. Journal of Finance, 44 (3): 541 – 556.

70. S&P/Case – Shiller Home Price Indices, http: //www2. standardandpoors. com/spf/pdf/index/CSHomePrice_History_072943. xls.

71. Silber, W. (1983): "The process of financial innovation", American Economic Review, 73: 89 – 95.

72. Stigliz, Joseph. The Fruit of Hypocrisy. September 16, 2008, http: //www. guardian. co. uk/.

73. Treasury of the United States, http: //www. ustreas. gov/tic/fpis. shtml.

74. Tufano, P.. Financial Innovation, in Handbook of the Economics of Finance, edited by George Constantinides, Milt Harris and Rene Stulz, North Holland, Chapter 6.

75. Van Horne, J. C.. Of Financial Innovations and Excesses. Journal of Finance, 15: 621 – 631, 1985.

76. Wolf, Martin. The End of Lightly Regulated Finance has Come Far Closer. Financial Times, Sept., 18, 2008.

后 记

自2007年8月美国次贷危机全面爆发以来，中国社会科学院国际金融研究中心就在余永定主任和何帆副主任的领导下，对次贷危机展开了及时、全面的跟踪研究。简而言之，我们对次贷危机采用了两种截然相反但又充分互补的研究方法。一种由下而上，从具体的金融衍生产品、信用风险的扩散传递机制、危机的不同阶段来剖析次贷危机；另一种则由上而下，从国际收支失衡、美国的过度消费与储蓄不足、通过输出金融产品来支付商品与资源的进口角度来剖析危机爆发的深层次根源。这两种方法的结合使得我们可以比较系统、全面、深入地认识与理解危机进程。

迄今为止，我们对次贷危机的研究取得了比较丰富的成果。若干研究成果首先在第一时间以中国社会科学院国际金融研究中心（Research Center for International Finance，RCIF）工作论文与财经评论的形式发布，其次以学术论文的形式发表于《国际经济评论》、《国际金融研究》、《世界经济与政治》、《当代亚太》等学术期刊上，以财经评论的形式发表于《21世纪经济报道》、《南方周末》、《上海证券报》等财经媒体上。这本著作是迄今为止我们研究成果的一个阶段性总结。

感谢中心主任余永定老师。次贷危机爆发之初，余老师就判定这次危机的强度可能不亚于20世纪90年代初日本泡沫经济的强度，及时组织相关团队就此开展研究。我们的一系列研究成果离不开余老师的指导、建议和敦促。感谢中心副主任何帆老师。他一直前瞻性地布置团队的研究计划，并随时给予我们指导与评论，这本书的出版也源自何帆老师的撮合。感谢中心的高海红、张斌、姚枝仲、李众敏、涂奇渊等师友们的帮助、建议、评论与鼓励。感谢中国社科院财贸所何德旭研究员对部分篇章的指导。同时，还要感谢财政部亚太财经与发展中心杨金林先生、财政部国际司王焰宁先生的支持。感谢中国财政经济出版社的付克华编辑，这本书能够及时付诸出版，在很大程度上源自他的眼光与敦促。

次贷危机并未终结，它仍在以各种形式深化、扩展。同样，这本书也并不意味着我们对次贷危机研究的结束，它仅仅是我们对阶段性研究成果的一次梳理。我们将继续跟踪这一百年难遇的金融危机，尽可能充分、透彻地研究其机理与作用，探寻、总结这次危机对未来中国金融体系改革、中国经济可持续发展所提供的经验教训。

张明　郑联盛

2008 年 11 月 23 日